아틀라스 마이오르
세상에서 가장 아름다운 지도책

일러두기

1. 이 책에서 언급된 네덜란드는 '북부 네덜란드'이다. 17세기의 네덜란드는 스페인에 대항해 격렬한 독립전쟁을 치렀다. 이후 네덜란드 북부에 자리한 7개 주가 독립을 선언하며 국제적 승인을 받아 '네덜란드 7개 주 연합공화국Republic of the Seven United Netherlands'이라는 이름의 독립국을 창건했다. 그렇기 때문에 별도로 '남부'라고 언급되지 않는 한 이 책에서 네덜란드는 모두 '북부 네덜란드'를 가리킨다.

2. 이 책에서는 〈아틀라스 마이오르〉를 책이 아닌 예술품으로 간주한다. 따라서 도서 표기에 사용하는 『 』이 아니라 예술 작품 표기에 사용하는 〈 〉로 표시한다.

3. 17세기 당시 〈아틀라스 마이오르〉는 라틴어, 프랑스어, 스페인어, 네덜란드어, 독일어 판본으로 제작되었다. 이 책에서는 하나의 〈아틀라스 마이오르〉 판본만을 대상으로 삼지 않고 모든 판본을 대상으로 탐구한다.

아틀라스 마이오르
세상에서 가장 아름다운 지도책

강민지 지음

모요사

네덜란드 7개 주 연합공화국은 1581년부터 1795년까지 존재했다. 각 주는 중앙의 통제로부터 자유로운 독자적인 정부를 가지고 있었고, 7개 주 이외에 연방의회Staten-General의 직할령인 공동 영토가 있었다. 연방의회는 7개 주의 투표를 통해 선출되었고, 헤이그에 소재했다. 네덜란드 연합공화국의 행정구역은 다음과 같다.

헬데를란트·홀란트·제일란트·위트레흐트·오버레이설·프리슬란트·호로닝언

1648년 베스트팔렌 조약이 체결된 후에는 몇몇 국경지대가 공화국령이 되었다. 이 신규 영토는 공동영토로 취급되어 슈타츠브라반트, 슈타츠플란데런, 슈타츠오퍼헬러를 구성했다. 실제로 드렌터까지 포함하면 네덜란드 연합공화국의 주는 8개였지만, 드렌터 지역은 매우 빈곤해서 연방세 징수를 면제받았고 이 때문에 연방의회에서 대표권을 행사하지 못했다.

아름다운 지도책의 향기에 취하는 취향 여행

#해외여행 #해외여행가고싶다 #해외여행그램. 요즘 들어 SNS에서 가장 빈번히 접하는 해시태그다. 해외여행이 대중화되면서 휴가나 연휴 기간에 해외로 나가는 것이 당연시되었고, 한국인들은 배달의 민족에서 여행의 민족으로 새롭게 등극했다. 하지만 전례 없는 바이러스로 인해 국내에 머무는 시간이 길어지면서 상당수의 사람들이 해외여행병에 걸렸다는 소식이 들려온다. 해결책으로 그들은 유튜브나 인스타그램에 업데이트되는 해외여행 관련 영상이나 사진들을 들여다보며 대리 만족한다.

이 시대의 한국인들은 지도의 민족이기도 하다. 하루에도 몇 번씩 지도를 접한다. 스케줄이 잡히면 목적지까지의 경로를 검색하는 일이 무조건 제일 먼저다. 이는 전 세계인을 통틀어 한국인이 최고일 듯하다. 한국의 포털 사이트나 애플리케이션은 세상에서 가장 친절한 서비스를 제공하니 왜 아니겠는가. 여행에서도 지도 앱은 단연 필수적인 존재이자 최고의 메이트다. 이들이 제공하는 거리 뷰 서비스는 전 세계의 어느 곳이라도 그곳을 실제처럼 탐험할 수 있게 해주며 여행의 민족인 우리의 마음을 달래준다.

여행의 민족이자 지도의 민족인 2021년의 한국과 참 많이 닮아 있는 또 다른 민족이 있다. 바로 17세기의 네덜란드인들이다. 갑자기 4백여 년 전인 1600년대의 네덜란드라니? 당대의 네덜란드인들은 그 어느 시기 그 어느 민족보다 여행을 갈망한 사람들이었다. 지금 우리에게 베프가 스마트폰이라면, 그들의 베프는 지도였다. 당시 네덜란드인들에게 지도는 필수 아이템이었다. 현대인들은 진보하는 과학기술 덕택에 여행을 가지 못하더라도 본인이 원하는 국가와 지역을 손쉽게 감상할 수 있지만, 17세기 네덜란드인들은 그저 지도를 들여다보면서 여행의 이미지를 그렸다. 그래서 전 세계의 모든 국가와 모든 지역의 지도가 9~12권의 책으로 총망라된 〈아틀라스 마이오르Atlas Maior〉(1662~1672년)는 17세기 네덜란드인들의 우아한 지성과 따뜻한 감성을 자극하며 당대 최고로 핫한 아이템이자 가장 아름답고 가치 있는 예술품이 되었다.

요즘은 '코로나 블루'라는 신조어가 생길 정도로 많은 사람들이 우울증과 무기력함을 호소한다. 삶의 의지마저 없어지는 상황을 경험하기도 한다. 그래서 바로 지금 우리에게 필요한 것이 1600년대 네덜란드인들의 여행병을 치료해준 〈아틀라스 마이오르〉가 아닐까 생각한다. 왜일까? 지도로써 동시대인들의 여행병을 달래줄 수 있기 때문에? 하긴 이것도 틀린 말은 아니다. 아날로그적인 방식으로 전 세계를 한눈에 살펴볼 수 있으니 제4차 산업혁명 시대에 이 얼마나 우아하고 감성적인가.

〈아틀라스 마이오르〉는 17세기 네덜란드인들의 열정과 지혜로 일궈낸 작품인 만큼 이 지도책의 진면목을 알게 된다면 우리도 어려운 시기를 극복하고 '꿈꾸는 삶'이라는 밑그림 위에 '멋진 인생'이라는 각자의 지도를 그려나갈 수 있을 것이라는 생각이 든다. 당시에 〈아틀라스 마이오르〉는 전 세계의 책 중에서 가장 아름답고, 가장 세련되고, 가장 사치스러우며, 가장 값이 비쌌다. 네덜란드의 신흥 지배계급은 이 지도책을 통해 자신들의 이상적인 세계관을 구현했다. 하지만 이 지도책을 연구하면서 무엇보다 나에게 강렬하게 다가온 것은 〈아틀라스 마이오르〉에 담긴 그들의 순수한 꿈과 미래에 대한 희망이었다.

〈아틀라스 마이오르〉를 처음 본 순간을 아직도 생생히 기억한다. 내 운명을 만난 듯했다. 처음에는 이 지도책의 아름다움과 고귀함에 반했다. 하지만 더 깊이 알아갈수록 〈아틀라스 마이오르〉를 제작한 요안 블라외의 인생과 그의 직업적 열정에 탄복하게 되었고, 당대 네덜란드인들의 삶에 대한 태도에 감탄을 넘어 감동하게 되었다. 그들은 열악하기 짝이 없는 지리적 조건을 극복하고자 사회적 계급을 뛰어넘어 협업했고, 끝없는 전쟁에서 승리했으며, 국가적 사업이 성공하려면 교육이 가장 중요하다는 생각으로 배움에 힘썼다.

이미 성공을 거뒀지만 더 크게 발복하고자 그들이 보여준 끝없는 열정과 패기는 삶의 목표가 흐릿해지고 난관에 부딪힐 때마다 다시금 나를 일으켜 세워준 원동력이었다. 자연스럽게 17세기 네덜란드인들의 삶을 연구하는 동안 그들은 나에게 큰 귀감이 되었다. 그래서 매일매일을 되돌아보았다. 용감하게 도전하며 어제보다 더 나은 오늘의 내가 되었는지……. 마침내 그들의 담대한 도전을 현재 우리의 상황에 비춰보며 책으로 가시화해봐야겠다는 생각을 하게 되었다. 삶에 대한 그들의 태도와 열정, 패기, 이에 더해 순수한 꿈과 미래의 희망까지 담겨 있는 17세기 네덜란드 최고의 문화유산 〈아틀라스 마이오르〉라는 존재를 세상 위로 끌어올리고 싶었다. 지금까지 누구도 시도해보지 않았기에 어쩌면 무도한 도전일 수도 있었다. 하지만 이 흥미로운 여정을 과감히 시작해보기로 마음먹었다.

이 지도책은 당대인들에게 어떤 존재였을까? 그 가치는 어느 정도였을까? 영화나 드라마의 미리보기처럼 우선 대략적인 스케치를 통해 〈아틀라스 마이오르〉의 매력에 본격적으로 빠져들기 위한 워밍업을 해보자.

17세기 네덜란드는 역사상 가장 부유한 국가였다. 그래서 이 시기를 흔히 '황금세기'라고 부르곤 한다. 눈부시게 아름다운 자태를 뽐내며 전 네덜란드를 넘나들던 수많은 재화들 중에서 이 시기를 대표하는 예술품은 누가 뭐래도 〈아틀라스 마이오르〉다. 하르먼스 판레인 렘브란트, 얀 페르메이르, 페테르 파울 루벤스 등 우리에게 익숙한 17세기 네덜란드 거장들의 빛나는 작품들과 당대를 풍미한 엄청난 양의 희귀한 물품들을 제치고 고작 인쇄된 종이 쪼가리에 불과한 이 지도책이 황금세기의 네덜란드를 대표하는 예술품이라니, 이 무슨 뜬금없는 소리인가.

'부'로써 유럽을 제패한 네덜란드의 기저에는 세계 최초의 주식회사인 네덜란드 동인도회사 Dutch East India Company로 상징되는 성공적인 해상무역이 있었다. 이 무역 산업을 토대로 급작스럽게 막대한 부를 쌓은 사람들은 자신들이 벌어들인 엄청난 돈으로 네덜란드 사회를 지배할 수 있는 권력을 누리게 된다. 그런데 이 땅을 터전으로 삼은 사람들은 학문적 DNA를 타고났는지 신흥 지배계급으로 군림한 이들 외에도 당대의 수많은 네덜란드인들 사이에는 지적인 열기가 뜨겁게 달아오르고 있었다. 그 결과 17세기의 네덜란드는 다양한 방면에서 학문적 성취를 이루었고 인쇄와 도서 산업에서도 유례없는 성장을 구가했다.

인쇄와 도서, 이것에 어울리는 공간은 무엇일까? 바로 도서관이다. 급격한 경제적 번영을 성취하며 네덜란드 사회의 새로운 지배계

요안 블라외, 〈아틀라스 마이오르〉, 1662~1672년. 17세기 네덜란드 예술품의 정점을 이룬 역작이다.

급이 된 이들 사이에서는 개인 도서관을 소유하는 것이 유행처럼 번졌고, 도서관에서는 극도로 사치스럽고 화려하게 제작된 지도책을 소장하는 것이 당연한 문화처럼 정착되었다. 이 고귀한 지도책은 그들의 물질적, 지적 풍요로움을 표상하는 것과 다름없었다.

17세기 이전의 유럽에서 미술품은 교회나 궁정, 또는 귀족 같은 사회의 특권 계급이 화가들에게 주문하는 방식으로 제작되었다. 그런데 17세기에 들어서면 이러한 제작 방식에 변화가 생긴다. '주문'으로 성사되던 예술품 제작이 선 제작 후 '소비'의 형태로 바뀐 것이다. 이에 따라 주문자 한 사람만을 위한 것이 아니라 다수의 소비자들을 위한 예술품 시장이 형성되기 시작했다. 〈아틀라스 마이오르〉는 예술품 시장에서 판매된 레디메이드Ready-Made 형식의 상품으로 당대 네덜란드의 지도책 중에서 최고가에 판매되었다. 하지만 네덜란드인뿐 아니라 유럽인들 누구라도 한번 보면 동공 지진을 일으킬 정도로 소장하고 싶어 한 지도책이었기에[1] 가장 높은 판매율을 기록했다.

〈아틀라스 마이오르〉는 1662년부터 1672년까지 11년에 걸쳐 흑백 판본과 채색 판본 두 가지 형태로 제작되어 라틴어, 프랑스어, 네덜란드어, 스페인어, 독일어 등으로 출간되었다. 채색본의 경우 현재의 환율로 따졌을 때 대략 2만 유로, 우리나라 돈으로 약 2천7백만 원에 달하는 실로 엄청난 가격에 판매되었다.[2] 활판술과 장정은 완벽했고 최고급 종이에 화려한 수공 채색, 섬세한 장식, 세련된 서체에 조판도 깔끔했다.[3] 〈아틀라스 마이오르〉는 비주얼이 완벽한 지도책으로서 최고점에 도달하며 17세기 네덜란드에서 가장 고귀하고 매혹적인 책으로 군림할 수 있었다.

〈아틀라스 마이오르〉의 예술적 특징들은 특히 이 지도책을 소유한 이들의 사회적 지위를 과시하는 데 매우 효과적이었다. 당시는 '부의 크기'가 '신분의 위계'를 결정했기 때문이다. 자본주의 사회의 현대인들이 수입 자동차나 고급 시계 또는 명품 가방 같은 사치품으로 자신의 부를 과시하는 것처럼 당대의 네덜란드 신흥 지배계급은 '내돈내산'으로 〈아틀라스 마이오르〉를 구입해 본인의 높은 사회적 위치를 자랑했다. 4백여 년 전의 네덜란드는 자신의 부를 물질로 대변하는 재능에서 지금보다 한 수 위였던 것 같다. 지도책은 자동차나 가방과 같이 일상생활에서 늘 사용할 수 있는 물품이 아니었는데도 〈아틀라스 마이오르〉를 구입하는 데 어떠한 주저함도 없었으니 말이다.

프랑스 왕 루이 14세와 오스트리아 황제 레오폴트 1세 같은 절대권력자들도 이 지도책을 소유함으로써 자신들의 권위를 더욱 드높였다.[4] 또한 사회적으로 존경받는 인물에게 이 지도책을 바치는 것이 사회적 관례로 여겨지기까지 했다.[5] 당대 독일의 저명한 학자이자 도서 수집가, 여행가였던 자카리아스 콘라트 폰 우펜바흐Zacharias Conrad von Uffenbach는 〈아틀라스 마이오르〉를 본 후 "진정으로 아름다운 귀족의 아틀라스"라며 극찬하기도 했다. 이처럼 〈아틀라스 마이오르〉는 황금세기의 네덜란드를 넘어 전 유럽에서 권위와 성공의 상징이었다.

그렇다면 얼핏 보기에도 엄청나게 가치 있는 물품으로 여겨졌을 것 같은 이 지도책을 만든 이는 누구일까? 1600년대 네덜란드 지도책 제작의 명가 블라외 가문의 요안이다. 아버지 빌럼 얀스존 블라외를 시작으로 그의 아들인 요안이 이끌어간 블라외 가문은 네덜란드에서뿐만 아니라 전 유럽에서 명실공히 최고의 지도 제작 가문으로 이름을 떨쳤다. 빌럼을 시초로 요안, 그리고 이들의 사후에는 요안의 세 아들이 지도책 제작을 이어갔다.

블라외 가문은 16세기 후반에 지도책의 시대를 개척한 같은 네덜란드 출신의 측지학자 헤라르뒈스 메르카토르Gerardus Mercator의 지도책에 삽입된 지도 동판을 구입해 『아틀란티스 어펜딕스Atlantis Appendix』(1630년)라는 지도책을 출판한 것을 시작으로 괄목할 만한 지도책을 다수 남김으로써 네덜란드 지도책 산업에 크게 기여했다. 또한 이들은 출판업자로서도 두각을 나타냈다. 유럽 최대의 인쇄소를 보유해 저명한 학자와 지식인의 책들을 상당수 발행하기도 했다. 이에 더해 빌럼과 요안 두 인물 모두 과학과 지도학 분야에서 탁월함을 인정받아 네덜란드 동인도회사의 공식 지도 제작자로 임명되기까지 했다. 자연스럽게 이들은 네덜란드 정치와 상업의 중심인물로 떠오르며 당대에 큰 명성을 얻었다.

지도책 제작뿐 아니라 다양한 방면에서 활발한 활동을 펼친 블라외 가문이 사회적 지위와 명예의 정점에 도달한 순간은 〈아틀라스 마이오르〉가 출판되면서부터였다. 뜨겁지만 감성적인 열정으로 블라외 가문이 만든 역작, 황금세기 네덜란드 신흥 지배계급의 마음을 단번에 사로잡은 책 〈아틀라스 마이오르〉. 이 지도책에는 당대인들이 열광할 수밖에 없었던 세련된 취향과 앞날의 꿈이 고스란히 담겨 있었디.

그렇다면 이 지도책의 탄생에는 어떠한 이야기가 숨겨져 있을까? 당대의 신흥 지배계급의 취향은 과연 무엇이었을까? 당시의 무수히 많은 찬란한 예술품들을 제치고 왜 이 지도책이 17세기 네덜란드를 대표하는 예술품이라는 것인가? 지도가 예술품이 될 수 있는가? 전염병의 확산으로 고통받고 있는 이 시국에 이 지도책이 우리에게 전해주는 메시지는 무엇인가? 왜 이 지도책에 당대인들의 꿈과 희망이 담겨 있다는 것인가? 이러한 질문들이 지금 머릿속에 떠오른다면, 이 책을 덮는 순간 어느 정도 분명한 답을 얻을 수 있을 것이다.

이 책을 쓰게 된 가장 주된 이유는 물론 그동안 잘 알려지지 않았던 〈아틀라스 마이오르〉라는 위대한 문화 예술의 결정체를 이 세상에 소개하고 싶었기 때문이다. 그러나 저자로서 내 안의 자아가 진정으로 바라는 목표는, 꿈과 미래를 향한 발걸음은 삶을 풍요롭게 하고 전신에 기분 좋은 전율이 흐르는 듯한 충만한 기쁨을 가져다준다는 사실을 독자들에게 전달하는 것이다. 19세기 러시아의 대문호 레프 톨스토이는 저서 『사람은 무엇으로 사는가』에서 사람은 '사랑'으로 산다고 말했다. 하지만 17세기 네덜란드인뿐만 아니라 인간사 전체를 통찰해보면 결국 사람은 '꿈'을 위해, 그리고 이 '꿈'으로 사는 존재인 것 같다.

독자들도 〈아틀라스 마이오르〉와 17세기 네덜란드인들이 전해주는 꿈과 희망을 통해 어려운 시국 때문에 짊어지게 된 삶의 무기력함에서 조금이나마 벗어날 수 있다면, 그래서 '인생'이라는 땅에 '꿈'이라는 씨앗을 다시금 뿌릴 용기와 도전정신이 생긴다면 저자로서 더없는 영광과 기쁨이겠다. 현재 당면한 걱정과 불안감, 두려움 때문에 지금으로서는 상상조차 할 수 없지만 나에게 곧 다가올 엄청난 기회들을 놓치지 않기 위해 자신의 분야에서 과감히 새로운 시도를 해보는 것, 이 얼마나 가슴 설레는 일인가.

그럼 지금부터 4백여 년 전, 유럽 북서부의 작은 나라 네덜란드로 우아하고 아름다운 지도책의 향기에 취하는 '취향醉香' 여행을 시작해보자!

차례

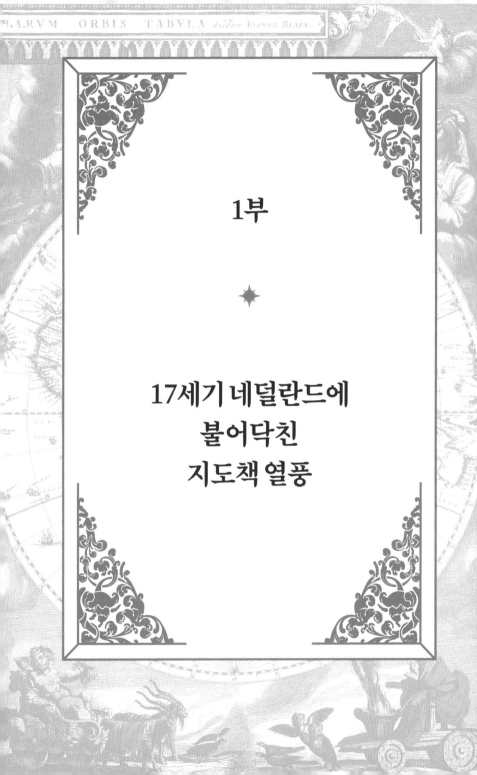

1부

＊

17세기 네덜란드에
불어닥친
지도책 열풍

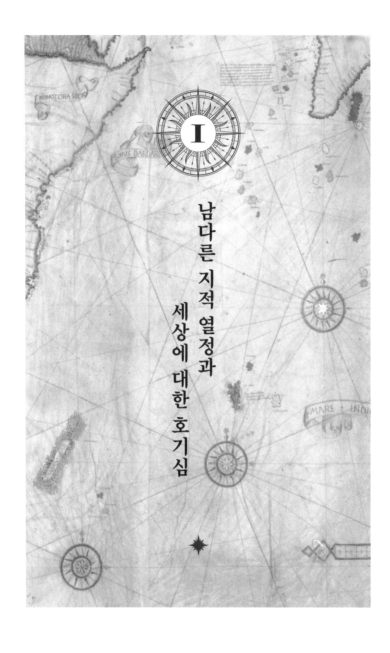

I

남다른 지적 열정과
세상에 대한 호기심

높은 곳에서 내려다보는 풍경은 경이로움과 함께 언제나 우리의 감성을 오묘하게 자극한다. 이 풍경을 보고 있노라면 단단하게 굳어진 마음의 근육이 어느 순간 한없이 부드럽게 풀어지는 듯하다. 그런데 이 느낌은 만인에게 적용되나 보다.

연인에게 사랑을 고백하기 위해 사람들은 도심 속 높은 빌딩의 최고층에 자리한 분위기 좋은 레스토랑을, 그것도 가장 전망이 좋은 자리를 차지하기 위해 몇 주 전부터 예약한다. 해외여행을 가면 그 나라에서 가장 높은 빌딩의 전망대에 오르기 위해 고가의 엘리베이터 티켓을 구매하는 것도 서슴지 않는다. 또 건설사들은 하늘을 향해 끝 모르게 솟구치는 신축 아파트와 건물을 짓는 것을 최고의 지향점으로 둔다. 고층에서만 누릴 수 있는 특권인 '뷰'는 언제나 세상에 대한 호기심과 섬세한 감수성을 살랑살랑 건드린다. 참 기분 좋은 감각적 자극이다.

지도의 기원과
16세기까지의 지도

상상하기조차 어려운 까마득한 원시 시대의 사람들도 높은 곳에 올라가 아래를 내려다보는 것을 좋아했다. 그들이 아래를 바라보며 웅대한 감성에 젖었는지, 기분 좋은 감각을 만끽했는지는 알 수 없지만, 다른 지역에 무엇이 있는지에 대해서는 늘 호기심으로 충만했다. 원시인들은 높은 곳에 올라가 내려다본 세상에 큰 흥미를 가졌고, 그것을 기록하고자 했다. 자신들이 살고 있는 이 세상을 멀리 두고 바라볼 줄 아는 눈의 필요성을 느꼈던 것이다. 이것이 최초로 지도가 만들어진 이유로 추측된다. 그들은 삶에 필수적인 채집과 농경, 그리고 사냥을 위해서 한번 가본 곳의 위치를 꼼꼼히 기록했다.[1]

처음에 그들은 주변의 사물을 문자나 기호를 이용해 동굴 벽면이나 갈댓잎, 동물의 가죽이나 뼈에 그림으로 그렸다. BC 6000년경 터키 중서부 지방에서 만들어진 것으로 추정되는 지도가 세계에서 가장 오래된 지도로 기록되어 있다. 태평양의 마셜Marshall 제도에서는 나무줄기, 돌, 조개껍질과 같은 재료들을 엮어 만든 지도와 해도海圖 또한 발견되기도 했다.

이렇게 시작된 지도는 그리스와 로마 시대를 거치면서 정치적, 군사적 목적으로 제작되기에 이르며, 빠르게 약진을 거듭했다. 그 결과 2세기 후반 이집트 북부의 알렉산드리아에서 활약한 천재적인 천문학자이자 지리학자인 프톨레마이오스가 혁신적인 전기를 마련한다. 그는 자신의 저서 『지리학 입문Geographike Hyphegesis』을 통해 지도 제작 방법, 지구의 크기와 형태 같은 지도학 이론을 제시했다. 또 지구 구형의 표면을 경위도라는 평면 좌표를 이용해 나타내는 방법인 투영법을 적용해 근대 지도의 기초를 정립했다.

딱 보아도 이때까지의 지도는 과학적이고 치밀하게 관측해 제작

프톨레마이오스의 『지리학 입문』에 삽입된 세계지도를 재구성한 필사본.

된 것으로 보이지 않는가. 그러나 중세 시대로 넘어오면서 지도는 이전 시기와는 전혀 동떨어진 사고와 방식으로 제작되기 시작했다. 이때 만들어진 신비로운 세계지도가 이름하여 '마파 문디Mappa Mundi'이다. 이탈리아가 주도해 제작한 마파 문디는 인간을 위해 제작했다기보다 신을 위해 만든 지도라고 할 수 있다. 중세는 신을 중심으로 세상 전체가 돌아가는 신본주의 시대였다. 자연스럽게 이 지도에도 당시의 사상이 고스란히 반영되어 종교적인 세계관이 표현되었던 것이다. 이렇듯 이전까지 과학적 진보를 꾀하는 듯 보였던 지도는 중세에 이르러 학문적으로 뒷걸음질 치며 퇴보를 보였다.

지도는 시기에 따라 변화하며 시대별로 지도를 부르는 이름도 달

◀ 영국 헤리퍼드Hereford 대성당의 마파 문디. 현존하는 마파 문디 중에서 가장 큰 것으로 마파 문디의 주요한 특징인 'TO' 형태(T와 O의 문자를 조합한 형태)로 표현되어 있다. O자형의 바다에 둘러싸인 원형의 육지가 T자형의 해협으로 분리된 형태다.

▶ 이탈리아의 지도 제작자 프라 마우로Fra Mauro가 그린 세계지도. 지도 제작 역사상 가장 중요한 지도 중 하나이다. 이 지도는 종교적 세계관을 지도로 표현한 마파 문디였다. 하지만 종교적 믿음보다 정확성을 우선시해 제작한 지도의 시작점이 되었다.

랐다. 서양에서 지도라는 단어는 고대 그리스에서는 '피낙스Pinax'라 불렸고, '지구 순회periodos gēs'라는 말도 자주 사용되었다. 로마 시대에는 '타불라tabula'라는 이름으로 불렸으며, 이후 중세 시대에는 라틴어인 '마파 문디'로 대체되었다. 흥미롭게도 현재 통용되는 지도의 영어 명칭인 '맵map'은 마파 문디에서 유래된 것이다. 앞서 살펴본 것과 같이 마파 문디는 중세 사회에서 사용된 세계지도를 총칭하는 단어였는데, 여기서 '마파'는 천 또는 헝겊이라는 뜻이고 '문디'는 세계라는 뜻이다. 합치면 '세계를 그린 천'이라는 의미가 된다. 우리가 살고 있는 땅이 아닌 바다를 탐험하는 해양인들을 위해 만든 해양지도

◀ 작자 미상, 〈바스쿠 다가마의 초상〉.

▶ 세바스티아노 델 피옴보, 〈콜럼버스의 초상〉.

는 오늘날 '차트chart'라고 일컫는데, 차트는 라틴어 '카르타charta'에서 파생된 단어이다. 마파가 천이나 헝겊을 뜻하는 라틴어라면 차트는 파피루스papyrus라는 식물을 재료로 만든 종이인 파피루스나 양피지를 의미한다. 이처럼 지도는 그림을 그리는 데 사용된 재료의 이름을 따서 명명되었다.

그럼 다시 지도의 기원으로 돌아가 중세 시대를 지나 이제 15세기로 가보자. 대항해 시대를 맞이하게 된 1400년대에는 우리가 익히 알고 있는 포르투갈인 바스쿠 다가마, 이탈리아인 크리스토퍼 콜럼버스와 같은 항해가들에 의해 새로운 지리적 지식을 획득할 수 있었다.

이러한 시대적 발견으로 다시금 실질적이고 과학적인 프톨레마이오스의 저술이 수면 위로 떠오른다. 그리고 이 시기를 기점으로 16세기 중반까지 독일과 스위스의 학자들은 천문학과 수학을 기반으로 치밀하고 정확한 관측을 통해 마파 문디에 표현된 허구의 세계에서 벗어나 실생활에 필요한 지도들을 다시 부활시켰다.

시간이 갈수록 더욱 축적된 지리적 지식은 16세기 후반에 이르러 효용성과 가치가 폭발한다. 더 넓은 세상으로 나가려는 사람들의 욕망뿐 아니라 무역이나 외교에서도 꼭 필요한 존재가 지도였기 때문이다. 게다가 네덜란드 독립전쟁, 프랑스의 위그노 전쟁, 영국과 네덜란드의 1차 전쟁 등 여러 전쟁을 치르면서 군사적 목적에서도 지도는 필수적인 도구가 되었다. 이때 해상무역으로 크게 번성한 네덜란드, 특히 남부의 안트베르펜^{Antwerp}(안트베르펜을 포함한 네덜란드 남부의 10개 주는 이후 벨기에가 된다)이 지도 제작의 선두에 서게 된다. 해상무역을 성공시키고자 하는 열의로 온 국가가 뜨거웠던 네덜란드에서는 지도를 더욱 정확하고 확실하게 만들어야만 했다. 그래야 망망대해에서 안전하게 무역선을 네덜란드에서 타국으로, 타국에서 네덜란드로 수송할 수 있었다. 당연한 얘기지만 항해에는 지도가 필수이기 때문에 지도 산업은 자연스럽게 전 유럽을 통틀어 네덜란드에서 가장 발전할 수밖에 없었다.

네덜란드 남부의 안트베르펜을 중심으로 제작된 16세기 후반의 지도는 이전 시기의 지도와는 확연히 다른 특징을 보인다. 가장 뚜렷

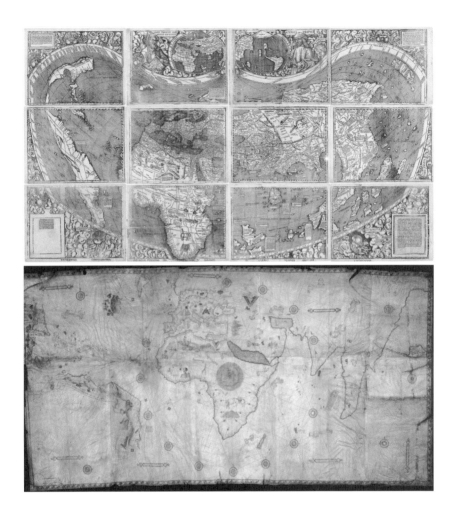

▲ 독일의 지도 제작자 마르틴 발트제뮐러Martin Waldseemüller가 제작한 세계지도, 1507년. '아메
리카America'라는 이름을 최초로 사용한 지도로 알려져 있다. 현재 유네스코 세계문화유산
으로 지정되어 있다.

▼ 리스본에서 만들어진 것으로 추정되는 이탈리아인 니콜라이 드 카베리Nicolay de Caveri의 지
도. 북아메리카의 동쪽 해안을 놀라울 정도로 자세히 묘사하고 있다.

한 특징을 꼽는다면 지도가 예술품과 같은 심미적 가치를 획득했다는 것이다. 당시 진보한 인쇄술, 회화, 판화, 서체 등의 분야와도 적극적으로 결합해 이 시기의 지도는 단순히 지정학적 위치를 표시한 인쇄물을 넘어 미적인 면모가 현저히 두드러졌다. 드디어 보기에도 세련된, 팔기 위한 상업적 목적이 분명한 지도가 세상에 처음으로 등장한 것이다.

'아름다운 지도' 제작의 발판이 된
지적인 열정

안트베르펜은 동인도 지역에서 들여온 후추와 계피 같은 향신료 무역과 아메리카 대륙에서 은광을 개발한 스페인과의 은 무역을 통해 16세기 유럽에서 가장 부유한 도시로 이름을 날렸다. 동시에 전 유럽의 금융, 산업, 정치의 중심지로 발돋움하며 지도 제작에서도 선두에 있었다. 이 지도 산업을 이끈 인물이 바로 예술적 면모를 띠는 '아름다운 지도'를 제작한, 근대 지도학의 창시자로 불리는 아브라함 오르텔리우스Abraham Ortelius였다.

하지만 안트베르펜에서 시작된 '아름다운 지도' 제작의 토대와 인프라는 17세기로 진입하면서 네덜란드 연합공화국이라는 국가적 차원으로 확대된다. 네덜란드 독립전쟁(80년 전쟁) 이후에 안트베르펜이 몰락의 길을 걷게 되었기 때문이다. 독립전쟁은 안트베르펜의 칼뱅주의자들이 가톨릭교에 대해 항거 운동을 벌이면서 촉발되었다. 스페인 합스부르크 왕가의 펠리페 2세가 이를 강경 진압하기 위해 나섰는데, 이 과정에서 네덜란드 북부의 7개 주는 공화국으로 독립을 쟁취한 반면 안트베르펜은 여전히 가톨릭 지역으로 펠리페 2세의 지배하에 남겨졌다.

지도 제작의 중심지가 네덜란드 북부로 옮겨간 또 다른 계기도 있다. 안트베르펜이 한창 번영을 구가하던 시기에 틈새를 파고든 암스테르담이 발트 해의 곡물 무역을 차지하게 되었고 곧이어 유럽 최대의 밀 집산지로 성장했다는 것이다. 이후 암스테르담을 중심으로 한 네덜란드 연합공화국은 발트 해뿐 아니라 이베리아 반도와 북대서양까지 화물 무역을 확장하면서 17세기의 강대국으로 우뚝 섰다. 네덜란드는 곧 유럽에서 지도와 지도책 제작의 중심지로 빛을 발하기 시작했다. 해상무역으로 이룬 눈부신 경제 성장과 더불어 지적인 삶에 대한 네덜란드인들의 강렬한 열정이 뒷받침되어 이룩한 성취였다.

17세기 네덜란드는 지식의 개방성을 장려하며 학문에 높은 가치를 두었다. 교육을 중시하는 분위기는 네덜란드를 지배한 엘리트 계층뿐 아니라 국민 개개인에게도 지대한 영향을 미쳤다. 이 시기의 네덜란드는 교육이 곧 국가의 정체성인가 싶을 정도로 교육에 진심이었다. 네덜란드 정부는 사회적 계층의 구분 없이 교육받기를 희망하는 모든 국민에게 양질의 교육을 제공하기 위해 총력을 기울였다. 이를 기꺼이 받아들인 국민들 덕택에 네덜란드는 학문적 성취에서 당시 영국, 프랑스와 함께 유럽 사상의 3대 중심지가 된다. 나아가 대학 간의 학업 성과에서는 영국, 프랑스뿐만 아니라 유럽의 모든 국가를 확실히 압도했다.[2]

홀란트Holland 주에 속한 암스테르담과 레이던의 교육열은 여러 지역 가운데서도 단연 으뜸이었다. 이 두 도시는 다른 도시들에 비해 일찌감치 교육기관과 교육 시스템을 정비해 시립학교, 예비학교, 대학, 공공도서관을 설립했을 뿐 아니라 공공 강좌를 운영하고 폭넓은 장학 제도를 시행하기도 했다. 제도, 시설, 환경 면에서 양질의 인프라 확충에 전력을 기울인 것이다. 그 결과 17세기 네덜란드의 식자율(문해율)은 여타 유럽 국가를 압도적으로 뛰어넘는 성과를 보였다. 1650년에는 암스테르담에 거주하는 성인 남성의 절반 이상이, 성인 여성은 3분의 1 이상이 초등교육을 이수할 정도였고 이 수치는 점차 증가했다.

이처럼 네덜란드에서는 남성과 여성 모두 읽고 쓰는 능력이 보통 수준 이상이었다. 이것은 다른 유럽 국가들에서는 수세기가 지난 후에야 일반화된 것으로 당대 유럽에서는 유일하게 네덜란드에서만 일어난 현상이었다.[3] 프랑스의 동방 고전어학자 조제프 쥐스튀스 스칼리제Joseph Juste Scaliger(1540~1609년)는 네덜란드를 방문했을 때 기록한 노트에서 하녀까지도 글을 읽을 수 있다고 회고한 바 있고, 오스트리아의 저명한 문화사학자 에곤 프리델Egon Friedell(1878~1938년) 역시 타 유럽 국가인들 대다수가 문맹인 것에 반해 17세기의 네덜란드에서는 누구나 읽고 쓸 줄 안다고 언급했다.[4]

교육열이 넘치는 국가나 도시에서는 시대를 막론하고 자식의 교육을 위해서라면 치맛바람을 일으키는 것이 공통적인 현상인 모양이다. 당시 네덜란드 정부는 대다수의 아이들이 저렴한 학비와 보조금 혜택을 받으며 초등교육을 받는 것을 목표로 세웠다. 그러나 암스테르담과 레이던은 현재 우리나라의 대치동 같은 명문 학군 지역이었기 때문에 특히나 이 지역에 거주하는 부모들은 자식의 교육이라면 과감한 투자를 아끼지 않았다. 부모들은 상당한 추가 비용을 부담하면서까지 자신의 아이들이 기초적인 교육 외에도 더 수준 높은 양질의 교육을 받을 수 있는 환경을 제공하고자 노력했던 것이다.[5] 하교 시간이면 학원으로 아이들을 데려다주기 위해 엄마들의 승용차가 학교 앞에 즐비하게 늘어서듯이 당대에는 부모들이 말과 마차를 학교 앞에 세워두느라 주차 전쟁을 치렀을 것만 같다.

네덜란드인들의 학문에 대한 열정을 엿볼 수 있는 또 다른 흥미로운 예가 있다. 스페인에 대항해 네덜란드인들이 치른 독립전쟁은 1567년부터 80년 동안 이어졌는데 전쟁 당시 네덜란드의 군사 거점은 홀란트 주의 레이던이었다. 정부는 전쟁으로 삶의 터전이 무자비하게 무너져버린 것에 대한 대가를 보상하고 전쟁의 참혹함과 공포를 견뎌낸 레이던 시민들을 위로하기 위해 포상을 주기로 결정한다. 시민들은 정부에서 제시한 두 가지 옵션 중 하나를 선택해야 했다. 그것은 대학 설립과 세금 면제였다. '어떤 것을 골라야 잘 골랐다고 소문이 날까?' 하고 고심할 겨를도 없이 시민들은 한마음으로 대학 설립을 택했다. 동시대의 대한민국을 넘어서는 정말 대단한 학문적 열정이 아닐 수 없다.

네덜란드에서 가장 오래된 대학인 레이던 대학은 1575년에 이렇게 창립되었다. 17세기 네덜란드에서 가장 많은 재정적 지원을 받은 곳이 바로 레이던 대학이었다. 든든한 서포트에 힘입어 레이던 대학에서는 특히 신학과 법학, 의학에서 뛰어난 인재를 배출하고 수준 높은 논문을 발표하는 등 탁월한 교육 성과를 이루었다. 당시에는 라틴어를 사용하는 것이 교양인으로 행세할 수 있는 가장 좋은 방법이었으므로 모든 수업은 라틴어로 진행되었다. 레이던 대학은 1640년대에는 네덜란드 학생뿐 아니라 독일, 영국, 프랑스, 스칸디나비아 등지에서 1만 1천여 명의 학생이 등록했다.[6] 네덜란드, 프랑스와 함께 당시 유럽 사상의 3대 중심지였던 영국에서 가장 큰 대학으로 8천 4백여 명이 수학했던 케임브리지 대학을 능가하며 범유럽적으로 명실공히 최고의 대학으로 군림했다. 지금으로 치면 미국의 아이비리그를 뛰어넘는 명성을 날린 셈이다.

그런데 레이던 대학과 같이 입학 문턱이 높은 대학에 진학하고자 하는 학생들은 필수적으로 중등교육기관인 예비학교에 진학해야 했다. 우리나라로 치면 자사고, 국제고와 같은 역할을 했던 교육기관인 예비학교에서 학생들은 대학에서 배우게 될 학문의 기본 지식

▲ 1610년대 레이던 대학 도서관의 모습. 책이 꽂혀 있는 책장 위에 역사, 수학, 철학, 신학, 의학 등의 글자가 씌어 있는 점이 재미있는데, 이를 통해 당시 인기 있는 학문이 무엇이었는지 엿볼 수 있다.

▼ 1650년 암스테르담 예비학교의 정문 모습. 레이던 대학에 진학하기 위해 이 학교를 다니고 있는 어린 학생들이 삼삼오오 모여 있다.

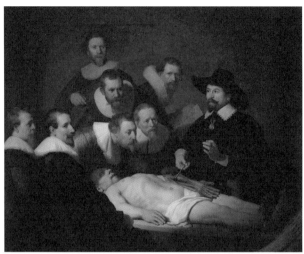

▲ 렘브란트 하르먼스 판레인, 〈니콜라스 튈프 박사의 해부학 강의〉, 1632년.

▼ 빌럼 이사크스 판스바넨뷔르흐·얀 코르넬리스 판트바우트, 〈레이던 대학의 해부학 극장〉, 1610년.

과 라틴어, 그리스어, 독일어, 히브리어, 프랑스어, 수학, 지리학, 천문학, 역사, 식물학, 해부학, 의학 등의 기초 과정 그리고 교양인으로서의 소양과 기예를 학습했다.

네덜란드 예비학교의 대표 격은 암스테르담의 시립 예비학교인 아테나이움 일루스트레^{Athenaeum Illustre}(저명한 학당)였다. 네덜란드에서 최고의 대학이 레이던이라면 최고의 예비학교는 아테나이움이었다. 17세기 네덜란드에서는 의학에서도 두드러진 발전이 이루어졌는데, 아테나이움 예비학교는 특히 렘브란트의 작품인 〈니콜라스 튈프 박사의 해부학 강의〉의 배경이 된 곳으로 유명하다. 신성한 창조의 걸작으로서 인간의 몸을 '읽는' 것이 가장 가치 있는 활동으로 여겨짐에 따라 당시에는 의학을 공부하는 사람들뿐 아니라 일반인들도 해부학을 관람했으며 '해부학 극장^{Anatomical theatre}'은 네덜란드의 주요 관광지가 되기도 했다.[7] 지금까지도 렘브란트의 작품을 통해 해부학 강의 모습을 볼 수 있는 아테나이움 예비학교는 레이던 대학과 마찬가지로 전 유럽 국가의 학생들을 지성인으로 성장시키기 위한 기관으로서 상당한 명성을 떨쳤다. 이러한 위상을 기반으로 아테나이움은 이후 1877년에 암스테르담 시립대학교로 승격되었다.

17세기의 네덜란드는 이곳에서 교육받는 것이야말로 유럽의 상류사회에 완벽하게 부합하는 것으로 여겨질 만큼 괄목할 만한 학문적 성취를 이루었다. "반박의 여지가 없는 국제적 문화 공화국이자 떠오르는 유럽 지식 사회의 중심지"[8]가 된 것이다.

해상무역으로
필수 학문이 된 지리학

사회 전반에서 학구적인 환경을 지향한 네덜란드인들의 열정과 노력은 곧 지리학에 대한 관심으로 발전하게 된다. 그 기저에는 네덜란드의 빛나는 성장 동력이었던 15세기의 청어 산업부터 1602년에 설립되어 17세기 네덜란드를 세계에서 가장 부유한 국가로 발돋움시킨 동인도회사에 이르기까지 네덜란드의 성공적인 해상무역이 자리하고 있었다.

해상무역의 시초 격은 청어 산업이었다. 청어는 암스테르담을 당대 무역의 중심지로 격상시킨, 대혁신을 이루어낸 생선이다. 15세기초 네덜란드의 어민들은 영국 북동쪽 앞바다에서 쉽게 잡을 수 있는 청어에 주목했다. 그들은 청어를 더 많이 잡기 위해 전용 선박과 염장법 개발에 총력을 기울였다. 그리고 청어 내장 빼기, 염장, 포장, 항해사 등과 같이 역할을 세분화해 전문적인 팀을 구축해갔다.[9] 그 결과 청어 산업은 네덜란드를 대표하는 산업으로 자리 잡았다. 네덜란드는 폴란드, 독일, 프랑스, 그리고 러시아에까지 청어를 수출하며 15세기의 청어 시장을 장악했다. 동인도회사는 이 청어 산업을 선례로 삼아 삽시간에 급속한 성장을 이룰 수 있었던 것이다.

"역사적으로 그들보다 영향력이 컸던 사업체는 없었다"[10]고 할

페테르 클라스, 〈청어, 와인과 빵이 있는 정물화〉, 1647년.
정물화가 유행한 17세기 네덜란드의 그림에는 청어가 자주 보인다. 그만큼 청어는 당시 네덜란드에서 빼놓을 수 없는 생선이었다.

만큼 동인도회사는 기본적으로는 종합상사라 할 수 있겠지만 조선업, 해운업에 이르기까지 다방면에서 가늠조차 어려운 다국적 거대기업으로 성장했다.[11] 동인도회사가 네덜란드의 앞날을 책임지게 될 회사가 되리라는 것을 고위 관료들이 용한 점성술사에게서 미리 듣기라도 한 것처럼 이 기업이 놀랄 만큼 빠르게 성장한 데에는 정부의 역할이 지대했다. 네덜란드 정부는 이들에게 외국 정부와 조약을 체결할 수 있는 독점적인 권리를 부여했고, 무역 활동에 대한 재정적 지원도 아낌없이 쏟아부었다. 동인도회사의 로고 VOC^{Vereenigde Oost-}

◀▲ 17세기 네덜란드 동인도회사의 암스테르담 본부에 걸려 있는 명판. 동인도회사의 마스코트 라고 할 수 있는 거대 상선들의 모습이 새겨져 있다.

◀◆ 동인도회사의 로고인 VOC가 새겨진 은화.

◀▼ VOC가 새겨진 청화백자 접시.

▶▲ 동인도회사의 거대 선박들은 동인도회사의 깃발을 배의 맨 앞부분에 매단 채 위풍당당하 게 대항해를 이어갔다.

▶▼ 동인도회사에 소속된 병사들.

Indische Compagnie가 새겨진 독자적인 화폐가 지금의 달러화만큼이나 널리 유통되었을 정도이니, 얼마나 글로벌한 경제력을 쥐고 흔들었는지 능히 상상할 수 있을 것이다. 심지어 네덜란드 정부는 이들에게 독자적으로 전쟁을 수행할 수 있는 막강한 권한을 주기도 했다. 17세기 중반 동인도회사는 유럽 전체 상선의 60퍼센트를 차지하는 1만 5천 척의 선박을 보유했다.[12] 직원도 5만 명 이상이나 고용했으며, 육지와 해상에서 직원들이 안전하게 목적지까지 도달할 수 있도록 호위하는 군인들도 1만여 명이 넘었다.[13] 1650년에 암스테르담의 인구가 176,873명인 것을 감안하면 아동 인구를 포함하고도 인구의 4분의 1 이상이 동인도회사에서 근무한 셈이다.

이렇듯 넓은 세상을 직접 체험하게 된 수많은 무역인들, 그리고 이들을 통해 다른 세상을 간접적으로 경험할 수 있었던 네덜란드인들은 가보지 못한 미지의 세계에 대해 엄청난 호기심을 갖게 되었다. 외국에 쉽게 드나들 수 있는 요즘 시대에도(코로나로 인해 하늘길이 닫히기 전에 말이다) OO에서 인생 샷을 건졌다는 둥 OO의 케이크가 끝내주게 맛있었다는 둥 가보지 못한 외국의 시시콜콜한 이야기를 듣게 되면 흥미가 슬슬 발동하고 언젠가 가보고야 말겠다는 열망으로 여행병을 앓게 되는데, 아무나 쉽게 인도양을 건널 수 없었던 당시에는 오죽했을까. 그것도 지적 호기심이라는 DNA를 장착하고 있는 네덜란드인들이니 더 말할 것도 없겠다.

당시 네덜란드의 해상 무역인들은 북해에서 남아프리카의 희망봉을 돌아 인도양으로 진출해 세계 도처의 인적, 물적 자원들을 접했다. 하지만 그 여정은 결코 쉽지 않았으며 무사히 유럽으로 돌아오기까지 온갖 위험을 감수해야 했다. 항해 도중에 좌초되는 일도 허다했다. 그러면서 그들은 보다 체계적인 항해술과 거리 측정의 필요성을 절실히 깨달았고, 이러한 연유로 지리학은 17세기의 필수적인 학문으로 자리 잡게 되었다.

예비학교와 대학에서는 지리학을 중요하고 요긴한 교과 과정으로 교육했다. 학생들은 학교에서 지리학과 지도학을 공식적, 비공식적으로 학습하며 상당히 흥미로운 학문으로 받아들였다. 요즘은 대학교에서 수강 신청을 할 때 아주 인기 있는 과목들은 뒤에서 은밀히 거래하기도 한다는데, 17세기 네덜란드 대학에서는 지리학이 바로 그런 핫한 과목이었다. 당시의 교수진과 학생들은 지리학을 더욱 심화 학습하기 위해 프톨레마이오스의 『지리학 입문』이나 1세기경 로마 제국의 지리학자인 폼포니우스 멜라Pomponius Mela의 『지리지De situ orbis libri』(전 3권) 같은 지리학 책을 비롯해 다수의 지도를 소유했던 것으로 전해진다.[14] 나랏일을 하는 고위 관료들은 대학 학위까지 받을 필요는 없었지만 통치 수단으로써 반드시 지리학을 익혀야 했다. 특히 무역인들에게 지리학은 사업을 개척해나가기 위해 부단히 배우고 익혀야 하는 기본적인 학문으로 받아들여졌다.

지리학에 관한 연구서들도 몇몇 학자들에 의해 출간되었다. 그중 전 유럽을 통틀어 가장 돋보이는 활약을 한 인물은 독일인으로

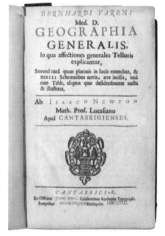

▲◀ 1518년에 출간된 폼포니우스 멜라의 『지리지』 표지. 17세기 네덜란드의 청소년들은 『지리지』로 지리학을 더욱 깊이 학습했다.

▲▶ 폼포니우스 멜라가 묘사한 유럽의 모습.

▼ 지리학이 대세가 된 당대 네덜란드에서 가장 큰 활약을 한 베른하르두스 바레니우스가 1650년에 출간한 『일반지리학』. 이 책으로 인해 지리학은 천문학의 범주에서 벗어나 독자적인 학문으로 자리매김하게 되었다.

레이던 대학에서 의학을 공부한 베른하르두스 바레니우스^Bernhardus ^Varenius이다. 그는 레이던 대학을 졸업하고 암스테르담에서 의술을 펼쳤다. 그러면서 몇몇 항해사들과 빌럼 얀스존 블라외^Willem Janszoon ^Blaeu를 비롯한 지리학자들과 절친한 사이가 되면서 지리학에 매료된다. 그는 대학을 졸업하고 이듬해에 고작 28살로 사망하는데, 사망한 그해에 『일반지리학^Geographia Generalis』이라는 책을 출간한다. 이 책에서 그는 지리학을 일반지리학과 특수지리학으로 구분하자고 제안했다. 지리학이면 지리학이지 일반지리학은 무엇이고 특수지리학은 또 무엇인가? 복잡하다고 생각할 수 있지만 의외로 구분은 아주 간단하다. 지리학은 바레니우스 이전까지 우주지宇宙誌에 포함되며 천문학 연구의 범주에 속했다. 그런데 바레니우스는 지리학을 우주지에서 분리했다. 그 결과 일반지리학은 우주가 아니라 지구의 일반적인 작용을, 특수지리학은 지금의 지리학처럼 지역의 위치와 경계, 기타 탐구할 것들을 살펴보는 것으로 정의되었다. 바레니우스에 의해 드디어 지리학이 독자적인 학문으로 자리 잡게 된 것이다.

『일반지리학』은 당시에도 여러 외국어로 번역될 만큼 화제가 되었다. 일례로 1669년 영국의 수학자이자 물리학자인 아이작 뉴턴은 케임브리지 대학교의 수학과 석좌 교수로 임명되었는데, 그는 케임브리지 대학생들을 위해 『일반지리학』의 내용을 조금 더 쉽게 수정해 1672년과 1681년 두 차례에 걸쳐 개정하기도 했다.[15]

17세기 네덜란드의 핫 키워드
#지리학 #천문학

이처럼 의학을 공부한 이가 젊은 나이에 수준 높은 지리학 책을 출간할 만큼 네덜란드는 17세기 지리학의 중심지였다. 점차 학문적인 깊이를 더해간 네덜란드의 지리학은 지도학이 성장하는 데 자양분이 되어 17세기의 네덜란드는 곧 유럽 지도 산업을 선도할 정도로 폭발적인 성장세를 보였다. 학자, 무역인, 탐험가, 정치가뿐 아니라 지리학에 관심 있는 시민들이 지도를 지적, 경제적 가치를 지닌 정보의 원천으로 여긴 결과였다. 바야흐로 지식을 축적하고 상업 발전을 이끄는 산업으로서 지도학이 대두하기 시작한 것이다.

네덜란드의 여러 지역 중에서도 암스테르담은 지도의 발달과 수요에서 극적인 성과를 이루었다. 해외로 나간 무역인들은 동인도회사의 본거지인 암스테르담으로 돌아올 때 여러 국가와 해상 지리에 관한 많은 지식을 함께 지니고 왔다. 네덜란드는 17세기 유럽의 인쇄 산업을 주도했기에 암스테르담에는 뛰어난 역량을 가진 인쇄업자와 지도 제작자가 대거 포진하고 있었다. 무역인들이 가져온 새로운 지리적 지식은 이들에 의해 끊임없이 보완되며 암스테르담에서 가장 먼저 지도로 제작될 수 있었다. 암스테르담의 시민들은 매일 업데이트되다시피 하는 신상 지도를 바로 접할 수 있는 행운아들이었다.

더욱이 암스테르담은 80년 전쟁 당시 레이던처럼 군사적 거점이었다. 따라서 수많은 요새가 지어지고 지속적으로 인프라가 변화해 나가는 특이성을 지니고 있었다. 이것은 암스테르담이 지도 제작의 허브가 되는 근본적인 동인으로 작용했다. 지속적으로 변모하는 도시 형태와 해상의 지리적 변화들은 지리적, 군사적, 상업적 정보가 담겨 있는 지도로 변용되어 최신의 지리적 지식을 얻고자 하는 수많은 시민들에게 제공되었다. 이렇듯 당시의 지도는 네덜란드인들에게 교육과 상업의 목적을 넘어 기본적인 삶을 영위하기 위한 필수적인 도구로 인식되었을 것이다. 현대인에게 필수적인 도구는 누가 뭐라고 해도 스마트폰과 구글 지도인 것처럼 당대의 지도는 남녀노소 누구에게나 없으면 불안한, 이 세상이 무너진다 해도 절대 헤어질 수 없는 영혼의 친구이자 핵인싸가 되기 위한 필수 아이템이었다.

15~16세기 하면 르네상스가, 18세기 하면 계몽주의가 떠오르듯이 17세기 유럽을 대표하면서 유럽 사회에 새롭고도 지대한 영향을 끼친 문화적 조류는 무엇이었을까? 바로 과학혁명이다. 이것을 빼고는 어떠한 사회적 변화도 논할 수 없을 정도로 당시 과학혁명은 사회의 전 분야에 걸쳐 심대한 반향을 일으켰다. 과학혁명의 수많은 이슈들 중에서 17세기 유럽에 단연 센세이션을 일으킨 주제는 폴란드의 천문학자인 니콜라우스 코페르니쿠스가 한 세기 전에 제기한, 태양을 중심으로 여러 행성과 지구가 둥근 궤도를 그리며 태양의 둘레를 운행한다는 '태양중심설'이다. 지구는 더 이상 우주의 중심에 정

코페르니쿠스가 태양중심설 이론을 필기한 노트.

지해 있는 것이 아니라 태양의 주위를 1년에 한 바퀴 회전한다는 점
과 동시에 그 자체의 축에 따라 자전한다는 이유로 코페르니쿠스
의 태양중심설은 '지동설'이라 불렸다. 하지만 그간 유럽 사회에서
는 '우주의 중심은 지구'이며 지구 주위를 행성 천구인 토성, 목성, 화
성, 태양, 금성, 수성, 달이 순서대로 지구를 중심으로 회전하며, 토
성보다 밖에 있는 항성 천구stellar sphere는 행성들이 도는 방향과 반대
방향으로 하루에 한 바퀴 돈다는 천동설 이론이 너무나도 당연시되
어왔다. 그런데 갑자기 우주의 중심이 태양이라니? 이 무슨 설렁탕

을 피클과 함께 먹는 소리란 말인가.

코페르니쿠스의 우주 구조는 프톨레마이오스의 우주 구조와 거의 비슷했다. 다만 우주의 중심에 있던 지구와 달의 위치를 태양의 위치와 바꾸어 태양이 우주의 중심에 오도록 하고 항성 천구의 1일 1회전 운동을 없앤 것뿐이었다. 그러나 프톨레마이오스의 우주 구조는 고대부터 중세를 거쳐 받아들여온 아리스토텔레스의 우주관과 결부되어 있었기 때문에 프톨레마이오스의 우주 구조를 깨뜨리는 것은 프톨레마이오스뿐 아니라 곧 아리스토텔레스의 세계관 전체에 문제를 제기하는 것으로 당시로서는 감히 상상조차 할 수 없는 엄청난 파격이었다.

처음 지동설이 발표되었을 때에는 확실한 과학적 증거가 없었기 때문에 선뜻 사회적 통념으로 받아들여지지 않았다. 하지만 교회의 정설인 천동설을 부정하는 것은 이단 행위라는 이유로 1633년 로마 교황청이 코페르니쿠스의 지동설을 옹호한 이탈리아의 천문학자 갈릴레오 갈릴레이를 종교 법정에 세우면서부터 지동설 이론은 범유럽적으로 공론화되었다. 지동설 자체가 당대 유럽인들에게는 엄청난 충격으로 다가왔기 때문에 공론화되지 않았다면 그게 더 이상한 일이었다. 그리고 이 지동설은 네덜란드인들이 지리학과 함께 천문학에도 지대한 관심을 보이게 되는 계기로 작용한다.

지동설은 전 유럽에서도 네덜란드에서 가장 격렬하게 논의되고 탐구되었다. 극도로 보수적인 정책으로 국민들을 억압한 다른 유럽 국가들과 달리 스페인으로부터 독립하며 신교(프로테스탄트)를 국교로 채택한 네덜란드는 기존의 철학적, 과학적, 신학적 사고 체계를 뒤집는 지적 환경을 수용했기 때문이다. 따라서 당시의 네덜란드인들은 어디서든 지동설 논쟁에 대해 자유롭게 토론하고 연구할 수 있었다. 지동설은 1630년대 중반까지 수학자이자 물리학자인 시몬 스테빈Simon Stevin과 수학 교수인 루돌프 스넬리우스Rudolf Snellius, 그리고 그의 아들이자 아버지의 길을 따라 레이던 대학의 수학 교수를 역임한 빌레브로르트 스넬리우스Willebrord Snellius가 계획했던 길을 따라 조용히 네덜란드에서 진화했다. 네덜란드에서도 1633년의 종교재판 이후 지동설 논쟁에 대한 인식이 높아졌는데, 그해 아테나이움 예비학교에서 일반 시민들을 대상으로 지동설의 중심 개념에 대한 강연이 펼쳐진 이후로는 대중들 사이에서도 지동설에 관한 인식이 더욱 높아지고 수준도 상당히 심화되었다. 그 결과 1640~1650년대에는 대학과 교회를 포함한 사회 전반에서 지동설이 화두로 떠오르며 어디서든 갑론을박의 격렬한 논쟁이 펼쳐졌다.[16]

지리학과 천문학은 17세기 네덜란드인들의 지적인 풍요로움과 경제적인 풍요로움 모두를 만족시켜준 학문이었다. 즉 그들의 지적 갈증을 해소해주면서 삶을 지배하는 세계관을 확장시켜준 학문이었던 것이다. 갈릴레이와 이후 뉴턴의 영향으로 급속히 발전한 지리학과 천문학이 국가적 지지를 받으면서 힘차게 성장하는 동안 신학, 법학, 의학, 인문학과 같은 다른 학문들 또한 약진하며 17세기 네덜란드는 상당한 학문적 성과를 획득해나갔다.

이놈의 경도 문제,

제발 누가 해결해줄 수 없나요?

지리학과 천문학은 17세기 네덜란드에서 초미의 국가적 관심사로 떠올랐다. 17세기 중반에는 그 열기가 가히 최고조에 이른다. 이 두 학문이 이토록 성장할 수 있었던 이유는 무엇일까? 단지 유익한 정보와 지식을 주기 때문에? 혹은 사회적 풍조에 따른 시류의 영향으로? 여러 학문들이 동시에 성장해가는 가운데서도 유독 지리학과 천문학이 네덜란드에서 지배적인 학문으로 떠오른 배후에는 1600년대에 네덜란드 부의 원천이었던 원거리 무역이 자리한다. 해상무역을 안전하면서도 성공적으로 이끌기 위한 필수 조건은 항해술이었는데, 항해술의 핵심이자 기초가 바로 지리학과 천문학이었던 것이다.

항해술 중 하나인 천문 항법Celestial Navigation은 천체의 고도와 방위를 관측해 선박의 위치와 방위를 알아내는 것으로 무역인들에겐 매우 유용한 항법이었다. 그런데 여기서 큰 문제가 발생한다. 위도는 태양과 수평선의 각도로 남과 북의 위치를 거의 정확하게 측정할 수 있었지만, 경도의 측정은 실질적으로 불가능했다는 것이다. 바다에서 경도를 알아내려면 바다 위의 선박이 위치한 곳의 시각을 정확히 알아야 했고, 그 순간 배가 출발한 모항의 시간도 알아야 했다. 하지만 당시 태엽 장치와 시계추로 작동하는 시계는 거친 파도에 흔들리는 선박 위에서는 정확히 시간을 잴 수 없었고, 금속으로 된 시계 부품은 습기와 거센 바람에 자주 손상되었다. 무엇보다 온도가 높아지면 금속이 열을 받아 속도가 느려지고 온도가 낮아지면 반대로 속도가 빨라졌다. 결국 바다 위에서 사용할 수 있는 정확한 시계가 없다면 경도 측정은 불가능했다.

위도와 경도를 동시에 측정해야만 바다 위에서 정확한 자신의 위치를 알 수 있을 텐데, 경도를 알 수 없는 상황이니 무역인들은 망망대해에서 위도선을 따라 평행항해를 할 수밖에 없었다. 게다가 위험을 자초하지 않으려면 잘 알려진 루트를 따라 항해해야만 했고, 값비싼 금은보석과 후추, 시나몬, 차 같은 진귀한 물품을 가득 실은 배들은 먼저 알고 길목을 지키는 해적들의 먹잇감이 되기 십상이었다. 무역인들은 하루라도 빨리 경도 문제를 해결해 달라고 국가에 빗발치게 요구했고, 자연스럽게 전 유럽의 관심은 경도를 측정하는 것에 집중되었다.

애초에 경도 측정에서 가장 주목받은 방식은 우주의 규칙성을 이용한 천문 관측이었다. 달과 태양, 달과 별들의 거리를 잴 수 있다면 경도 위치를 알아낼 수 있다고 믿었기 때문이다. 그래서 천문학은 지리학과 더불어 국가적 차원에서 심도 있게 연구할 수밖에 없었고, 각 유럽 국가의 지도자, 학자, 무역인들 외에 일반 시민들까지 높은 관심을 보였다. 특히 네덜란드는 당시 원거리 무역을 주도한 만큼 경도 문제에 가장 민감했다. 경도 측정에 대해 고심한 네덜란드의 학자는 의학자이자 지도 제작자, 철학자인 헤마 프리시위스^{Gemma} ^{Frisius}(1508~1555년)다. 그는 지구는 24시간마다 한 번씩 회전하는 360도 구형이므로 경도 15도는 바로 한 시간을 의미하며, 천문학적 관찰과 시계의 새로운 사용법을 통해 경도를 정확히 측정할 수 있다고 제안했다.[17] 하지만 안타깝게도 그것만으로는 경도 문제를 해결할 수 없었다. 앞서 말했다시피 바다 위에서 정확한 시간을 잴 수 있는 시계가 그때까지 개발되지 않았기 때문이다.

'아, 대체 어떻게 해야 경도 문제를 확실히 풀 수 있을까?' 네덜란드 정부의 고위 관료들은 다크 서클이 발끝까지 내려오도록 매일 고심했다. 그래도 그들에겐 동인도회사를 통해 들여온 세상에서 가장 건강한 음료이자 당시 가장 핫한 음료였던 커피가 있었으니 그나마 다행이었다. 당시 커피는 '꼬부랑 늙은이를 회춘시키는 차'라고 선전되었고, 만병통치약으로 여겨진 국가가 허락한 마약이었다.[18] 고위 관료들은 너도 나도 에스프레소를 밤낮으로 들이켜며 해결 방안을 논의했다. 우선 항해용 기구와 항해술의 개선을 위한 위원회를 조직하기로 했다. 그 직후에는 레이던에 엔지니어 학교를 설립해 항해술 전문가를 양성하기도 했다. 이렇듯 네덜란드는 항해술의 개선에 특별한 관심을 보이면서 국가의 핵심 사업으로 이끌었다.

▲ 프랑스 파리에 설립된 파리 천문대. 1667년 루이 14세의 통치 시기에 건립되었다.

▼ 프랑스 왕립천문대의 '별의 방'. 이곳에서는 달에 의한 별의 일식, 월식 등을 관찰했다.

이쯤 되면 경도 문제가 언제 어떻게 해결되었는지 궁금할 것이다. 결론부터 말하자면 경도 문제를 해결한 이는 네덜란드인이 아니었다. 17세기가 다 지나가도록 경도 문제가 도대체 풀릴 기미를 보이지 않자 탐험가들뿐 아니라 각 나라를 대표하는 저명한 천문학자와 물리학자들이 파이팅을 외치며 경도 문제 해결에 도전했다. 또 천체 관측을 통해 경도를 측정하겠다는 목적으로 천문대가 건립되기도 했다. 영국과 프랑스에서는 각각 1714년과 1715년에 경도위원회를 설립해 상당한 보상금을 제시하며 이를 해결하려 했다. 특히 영국은 지구의 중심을 지나는 평면으로 자를 때 생기는 원 또는 그 둘레를 일컫는 '대권'의 1/2도 오차 이내로 정확하게 경도를 측정하는 방법을 제시하면 현재 가치로 몇백만 파운드에 달하는 2만 파운드를, 2/3도 이내의 오차에 대해서는 1만 5천 파운드의 상금을 내거는 등 가장 적극적이었다.[19]

영국의 그리니치 천문대는 당시 경도위원회의 본부 격이라 할 수 있었는데, 왕실 천문학자 에드먼드 핼리 경(핼리 혜성을 발견한 바로 그 핼리다!)을 위원회의 멤버로, 아이작 뉴턴을 고문으로 앉혔다. 뉴턴은 일찍이 갈릴레이가 발견한 목성의 위성에 주목했고 그 위성과의 거리를 측정해 경도 문제를 해결하고자 했다. 프랑스의 루이 14세 역시 외국의 천문학자들을 불러들여 목성의 위성을 관찰해 대략의 경도를 알아냈다. 독일의 괴팅겐 대학에서는 지도 제작자이자 수학자인 토비아스 마이어Tobias Mayer가 경도 위치로 응용할 수 있는 달 좌표

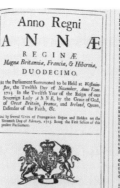

▲ 1714년 7월 8일에 통과된 경도법. 오른쪽 페이지에는 경도 문제를 성공적으로 해결한 인물에게 약속하는 포상액이 적혀 있다.

▼◀ 경도 문제를 속 시원히 해결한 영국의 존 해리슨.

▼▶ 존 해리슨이 발명한 크로노미터 제1호 H-1. 5년의 제작 과정을 거친 뒤 1735년에 완성되었다.

를 만들어 영국의 경도위원회에 보냈다. 그는 자신이 수학적 계산으로 경도 문제를 마침내 해결했다고 확신했다.

하지만 경도 문제는 복잡한 천문학적 계산으로 해결된 것이 아니라 한 집념 어린 시계공에 의해 기계역학적으로 해결되었다. 1735년 영국 시골 마을의 소박한 시계 제작공인 존 해리슨^{John Harrison}이 선박 항해에서 배의 위치를 산출하는 데 사용하는 정밀한 시계인 크로노미터^{Chronometer} 제1호를 제작하면서 경도 문제는 새로운 국면을 맞이한다. 여전히 천문학적 해결 방법을 고수하고 있던 경도위원회와 사사건건 시비가 붙긴 했지만, 1761년 81일의 시험 항해에서 단 5초의 오차를 내는 정밀한 크로노미터 제4호를 제작하면서 마침내 경도 문제는 속 시원히 해결되었다![20] 해리슨이 최초의 설계도를 그린 지 50여 년이 지난 뒤였다.

네덜란드, 당대에도 지금도
세계에서 가장 자유로운 국가

네덜란드 특유의 관용과 자유로운 분위기는 유럽 전역의 많은 지성인들을 네덜란드로 이끄는 동인으로 작용했다. 현재의 네덜란드는 마약과 성매매, 안락사뿐 아니라 동성 결혼도 합법적으로 허용되는 국가다. 2024년부터는 '제3의 성'도 합법화된다니 아마도 세계에서 가장 자유로운 국가라고 해도 과언이 아닐 것이다.

　그런데 이런 네덜란드 특유의 자유로운 분위기는 17세기에도 마찬가지였다. 네덜란드는 저지대$^{Low\ Country}$라는 뜻을 담고 있는, 육지의 대부분이 바다나 늪지를 개간한 땅이다. 낮은 국토라는 불리한 지리적 조건을 극복하고자, 그리고 국가의 주요 산업이나 다름없는 청어 산업을 성공시키고자 네덜란드인들은 사회적 계층에 관계없이 서로 협업했다. "이 번영의 나라에는 귀족이 없으며 어떠한 계급과 종교를 가지고 있더라도 함께 공존하며 살아간다"[21]라고 한 네덜란드의 대표적인 철학자 스피노자의 이 말이 당대의 분위기를 고스란히 보여준다. 비만 오면 수제비 반죽처럼 땅이 질척이고 이 곤죽에 몸과 삶의 터전이 푹푹 빠졌으니 얼마나 힘들었을까. 이 같은 네덜란드

작자 미상, 〈스피노자의 초상〉, 1665년경.
네덜란드의 철학자 스피노자는 모국에서 어떠한
억압도 없이 학문을 즐길 수 있었다.

국민들의 눈물겨운 협업으로 관용의 정신이 싹텄고, 그 바탕 위에 자유 또한 중요한 가치로 자리 잡게 되었다.

그들은 그 어떤 민족보다 자유를 갈구했다. 80년 전쟁 당시 맺은 헨트 협약과 위트레흐트 동맹(1579년 스페인의 통치를 받던 네덜란드 북부의 7개 주가 독립을 위해 맺은 동맹)에서는 자유를 보장받고자 하는 결의가 가장 굳건히 드러난다. 이상적인 아내 같은 고정된 성 역할의 관습을 따르고 엄격한 젠더적 제약에 복종해야 했던 다른 유럽 국가들의 여성들과는 달리 네덜란드의 여성들은 미혼일지라도 남성들과 동일한 일을 수행할 수 있었다. 그들은 사업체를 운영하기도 했으며 남성들과도 자유롭게 대화할 수 있었다.[22] 인접한 프랑스만 하더라도 여성들은 집안에서 정해주는 정혼자와 결혼해야 했지만 네덜란드의 미혼 여성들은 자유롭게 그들의 연인과 데이트를 즐겼다. 또 기혼 여성들은 남편이 사망하면 그의 재산을 상속받을 수도 있었다. 당시의 다른 유럽 국가 여성들이 이런 사실을 알았다면 '아니! 저게 과연 가능해? 맙소사! 나도 네덜란드로 갈래!' 하며 당장 짐을 싸서 네덜란드로 달려가고 싶어 할 만큼 엄청나게 파격적인 상황이었던 것이다.

이같이 당대의 네덜란드에는 다른 유럽 국가에서는 상상도 할 수 없는 자유로운 분위기가 널려 퍼져 있었다. 프랑스의 철학자이자 수학자, 물리학자인 르네 데카르트는 당시 네덜란드의 상황을 보고 "어떤 나라에서 이토록 완전한 자유를 찾을 수 있고, 불안해하지 않고 잠들 수 있으며, 독살과 반역 행위의 불안에서 벗어날 수 있단 말인가?"²³라고 감탄했다. 절대 권력을 쥐고 억압적으로 국가를 통치한 여러 유럽 국가들과는 판이하게 달랐던 것이다. 어떠한 제약도 받지 않는 학문적인 환경을 갈구한 지성인들은 자유로운 탐구를 위해, 이러한 사회적 분위기를 반영한 교육기관으로 이직하기 위해, 우수한 학교에서 수학하기 위해 네덜란드로 이주했다.

1600년에 6만여 명이던 암스테르담의 인구는 1660년이 되자 대략 20만 명으로 늘어났다. 인구의 3분의 1 이상이 암스테르담으로 이주해 온 이민자들이었다.²⁴ 독일, 프랑스, 영국과 같은 서유럽 국가의 사람들과 스칸디나비아의 사람들이 네덜란드로 많이 이민을

◀ 프란스 할스, 〈르네 데카르트의 초상〉, 1649~1700년.
　르네 데카르트는 모국인 프랑스가 아니라 암스테르담에서 학문적 역량을 자유로이 펼쳤다.
▶ 르네 데카르트가 암스테르담에서 출간한 『방법서설』 표지.

왔다. 데카르트는 『방법서설』(1636년)의 출판을 위해 1628년부터 20년간 네덜란드에 거주했고, 네덜란드에서 가장 뛰어난 수학자이자 데카르트에게 수학을 가르치기도 한 아이작 베크만Issac Beeckman도 남부 네덜란드에서 북부 네덜란드로 이주한 후 기계론적 세계관을 지향하며 학문적 성취를 이루었다.

독일의 셰익스피어라고 불리는 안드레아스 그리피우스Andreas Gryphius 또한 작품의 대다수를 네덜란드에서 완성했다. 이외에 레이던 대학으로부터 최고의 대우를 받는 조건으로 프랑스에서 넘어와 활약한 조제프 쥐스튀스 스칼리제르, 식물학의 선구자인 프랑스 출신의 카를루스 클루시우스Carolus Clusius 등이 자유로운 학문의 세계를 펼치기 위해 네덜란드로 이주한 17세기의 대표적인 유명 인사들이다.[25] 독일, 영국, 프랑스, 스칸디나비아 반도의 많은 학생들도 네덜란드로 유학을 왔다. 덴마크의 경우는 의학과 수학, 과학을 연구하는 대부분의 학자들이 네덜란드에서 학업을 꾸려나갔을 정도였다.[26] 당대의 모든 학자들에게 네덜란드는 세상에서 가장 아름답고 설레는 에덴 그 자체였다.

풍부한 인적 자원과 더불어 교육에 대한 네덜란드인들과 정부의 관심, 국가적 지원이 융합되어 17세기의 네덜란드는 독보적인 지성의 장이 되었다. 외교관 자격으로 1668년부터 1670년까지 네덜란드에서 체류한 영국의 윌리엄 템플William Temple은 저서 『네덜란드 연합공화국에 대한 논평Observations Upon the United Provinces of the Netherlands』

(1673년)을 통해 네덜란드를 "자유국가의 대표, 경제적 번영을 이룩한 모범적인 공동체, 잘 교육받고 관대하며 인도적인 공동체"[27]라고 평하며 네덜란드의 독특한 매력에 찬사를 보냈다.

트렌드 아이콘으로 자리 잡은
지도책

'관용과 자유'의 나라 네덜란드는 17세기에 접어들면 성공적인 해상무역으로 '지성과 부'까지 갖춘 국가로 격상된다. 19세기의 한 역사학자가 1600년대 네덜란드의 분위기를 "부자가 되는 것이 모두의 꿈이다"[28]라는 한 문장으로 압축한 것처럼 해상무역을 통해 꿈을 이룬 네덜란드인들은 급작스레 일군 부로 자신들의 지적, 물질적 번영을 과시하고자 하는 욕구를 가지게 되었다. 그리고 이 과시 욕구를 투영하기에 가장 적합한 대상이 당시 네덜란드의 화두였던 지리학과 천문학이 농축된 지도책이었다.

최초의 근대적 지도책은 앞서 언급했듯이 안트베르펜 출신의 오르텔리우스에 의해 16세기 후반에 제작되었다. 당시의 지도는 크기와 무게 모두 상당했다. 동시에 여러 개의 지도를 보려면 볼 때마다 두루마리 형태로 말린 지도를 풀어야 했는데, 이것을 다 펼쳐보려면 상당히 넓은 공간이 필요했을 뿐만 아니라 이를 수행할 인력과 시간

▲ 페테르 파울 루벤스, 〈아브라함 오르텔리우스의 초상화〉, 1633년.

▼ 오르텔리우스가 세계 최초로 제작한 지도책인 『세계의 무대』에 삽입된 세계지도.

또한 필수적이었다. 엄청나게 무겁고 크기도 큰 지도들을 매일같이 펼쳤다가 다시 말아야 하다니 정말 힘들었을 것이다. 이러한 현실적인 문제를 해결하고자 고안해낸 것이 바로 지도책이었다. 오르텔리우스는 지도를 책으로 만든다면 이 문제들을 해결할 수 있을 것이라 판단했고, 이 판단은 네덜란드의 미래를 혁신적으로 바꾸어놓는 발판이 되었다.

그는 당시 뛰어난 학자들이 제작한 지도들을 수집해 각 지도에 관한 설명을 달아 '책'의 형태로 발행했다. 1566년부터 작업에 착수한 그는 1570년부터 지도책으로서는 기념비적인 작품이 되는 『세계의 무대Theatre of the World』를 판매하기 시작했다. 결과는 대성공이었다. 오르텔리우스는 '사회의 지배적 가치는 바로 돈'이라고 인식하는 시대를 살아간 인물이다. 당연히 그가 지도책을 개발한 목적은 두루마리 지도를 펼치는 수고로움을 덜기 위한 것이 아니라 큰 부를 얻기 위해서였다. 지도책은 사회적 권익보다 개발자 개인의 영리적 목적을 위해 만들어진 '상품'이었던 것이다.

지도책 탄생의 배경은 순수하지 않을지 모르지만, 오르텔리우스의 독창성만큼은 인정해야 마땅하다. 그는 다른 사람들이 알아차리지 못한 것을 재빨리 캐치했고, 그것을 보완할 새로운 형태를 고안했으며 그에 걸맞은 이름을 부여했다. 그는 당대의 진정한 이노베이터였다. 이로써 새로운 세계와 문화를 열어갈 근사한 도구가 마침내 탄생했다.

『세계의 무대』를 시작으로 17세기에 접어들면 지도책의 수요가 폭발적으로 늘어난다. 지도책이 돈이 되자 지도 제작자들이 너도 나도 앞다투어 고급스럽고 기품 있는 지도책을 제작한 것이 주효했다. 지리적, 상업적, 군사적 정보를 얻기 위한 필수 도구로 여겨진 당시의 지도책은 더 이상 화려할 수 없을 정도로 호화롭게 제작되었다. 얼리 어답터였던 신흥 지배계급이 이를 놓칠 리 없었다. 화려함의 극치를 보여주는 지도책이 시장에 등장하자마자 제대로 그들의 취향을 저격했다. 지도책은 신흥 엘리트 부르주아 계급을 단번에 사로잡으며 그들의 과시 욕구를 충족시켰다. 지금 같으면 인스타그램에 올라온 지도책 사진에 미친 듯이 '좋아요' 하트를 누르는 바람에 서버가 다운될 지경이었을 것이다.

당시 엄청난 가격을 호가한 지도책은 신흥 엘리트 부르주아 계급의 드높은 교양과 계급 정체성을 대변하면서 그들의 세련된 감각까지 한껏 과시할 수 있는 가장 적절한 예술적 상품이었다. 특히 블라외 가문이 제작한 〈아틀라스 마이오르〉에는 당시 가장 트렌디한 이론인 지동설을 포함한 천문학적 이미지들이 아름답게 표현되어 있었다. 이 점은 여러 지도책 중에서 이 지도책이 최고의 판매고를 올린 가장 큰 이유 중 하나였을 것이다. 당대 신흥 지배계급이 만약 지금 이 시대에 태어난다면 인스타그램에 업데이트되는 전국의 핫 플레이스라면 어디든지 다 가봐야 직성이 풀릴 만큼 이들은 그 어느 시대의 지구인들보다 유행에 민감하고 트렌디한 것에 온 촉각을 곤두

세웠다.

    이쯤 되면 이들의 집단 심리가 궁금해질 법도 하니 이를 위해 스위스의 정신과 의사이자 심리학자인 카를 구스타프 융Carl Gustav Jung을 소환해보자. 그는 분석심리학Analytical Psychology을 창안했는데, 여기서 가장 핵심적인 개념은 집단무의식Collective Unconscious이다. 집단무의식은 인류가 문화와 역사를 통해 공유해온 정신적 자료의 보관소 같은 개념이다. 융은 이 집단무의식 중에서 가장 심층부에 있는 제일 중요한 원형이 바로 '자기Self'임을 역설했다. 그리고 이 '자기'를 구현해나가는 과정인 '자기실현'이 인간이 추구해야 할 인생의 최종적인 의미라고 보았다.

    17세기 신흥 지배계급은 '자기실현'을 〈아틀라스 마이오르〉를 구입함으로써 실천한 듯하다. 물질로써 본인의 사회적 정체성과 지위를 대변했던 그들에게 '자기'를 구축해나간다는 것은 곧 당대 최고의 재화를 손에 쥐는 것이었을 테니 말이다. 예술적, 지적 과시욕에 자신이 일구어낸 막대한 부까지, 이 모든 것을 시각적으로 구현하고 있는 17세기의 지도책은 네덜란드 신흥 지배계급의 과시욕을 투사하기에 더할 나위 없이 적합한 아이템이었다. 바꿔 말하면 〈아틀라스 마이오르〉는 '자기실현'을 투영할 수 있는 이 세상의 모든 존재자 가운데 대외적으로 가장 성공적이고 아름답게 보일 수 있는 당대 최고의 문화 예술적 산물이었다고 할 수 있다.

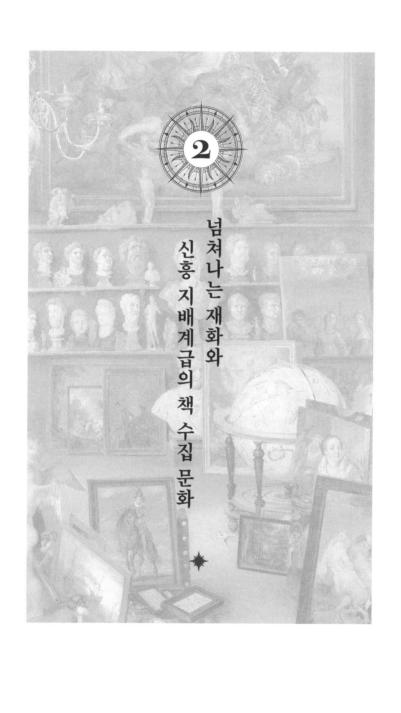

2

넘쳐나는 재화와
신흥 지배계급의 책 수집 문화

얼마 전까지만 해도 인터넷을 뜨겁게 달군 '미니멀' 열풍이 지금은 많이 사그라진 듯하다. 미니멀 인테리어, 미니멀 디자인, 미니멀 라이프스타일 등 미니멀에 관한 책들이 베스트셀러 순위를 다투고 유튜브에는 이와 관련된 콘텐츠가 넘쳐나더니, 이제는 언제 그랬냐는 듯 '플렉스flex'라는 단어가 대한민국을 휩쓸고 있다. 1020세대는 아르바이트를 해서 번 돈이나 용돈을 모아 명품 브랜드 매장에서 플렉스한다고 하고, 3040세대는 집을 사는 대신 빚을 내어 고급 수입 자동차로 플렉스한다고 한다. 지난주에는 신문에서 플렉스 열풍이 불어닥친 이래 슈퍼카의 판매량이 두 배로 늘었다는 기사를 보았다.

사랑하는 사람들과 함께하는 맛있는 한 끼 식사, 선선한 바람이 불 때 뜨거운 커피 한 잔을 들고 산책하는 것과 같은 작지만 확실하게 실현 가능한 행복을 추구하는 나에게는 딴 세상의 이야기로만 들린다. 하긴 요즘은 쏙 들어갔지만 '소확행'이란 말도 한때 유행하긴 했다. 자본주의 사회가 고도화되면서 한편에서는 반대급부로 욜로Yolo(현재 자신의 행복을 가장 중시하는 태도)를 외치는 세상이라지만, 전 세계는 이미 심각하게 물질주의의 깊은 늪에 빠져 있는 듯하다. 세상사에 욕망을 품지 않고 자연의 아름다움을 마주하면서 안분지족安分知足의 도를 지키며 살라고 했던 노자老子가 지하세계에서 이 소식을 들으면 버럭 화를 낼 것만 같다.

그러나 지금의 대한민국도 17세기 네덜란드는 따라가지 못한다. 역사상 가장 화려하고 가장 빛난 시대답게 당대 네덜란드인들의 플렉스는 가히 상상을 초월하기 때문이다. 17세기의 네덜란드인들이 상상 이상의 플렉스를 할 수 있었던 것은 이를 뒷받침한 대단한 서포터가 있었기 때문이다. 그 서포터는 바로 놀라운 속도로 성장을 거듭하며 전 세계로 규모를 확장해나간, 세계 최초의 주식회사인 '동인도회사'였다.

동인도회사가 만들어낸
신흥 귀족의 수집 문화

네덜란드의 동인도회사는 준* 국가적 권력을 위임받아 활동 영역을 넓혀가며 끝없는 성공 가도를 달렸다. 그 결과 그들과 첨예한 대립각을 세우고 있던 포르투갈과 영국을 수월하게 제치는 쾌거를 올렸다. 이 같은 괄목할 성과는 어마어마한 규모의 상선이 있었기에 가능했다. 1650년 당시에는 무려 45만 톤 규모의 물품을 수용할 수 있는 상선들을 다수 보유했는데[1] 이 상선들의 수는 전 세계 선박 수의 절반 이상이나 되었다. 이 거대 상선들은 아시아 국가들뿐 아니라 유럽을 포함한 세계 여러 나라의 희귀하고 귀중한 물품들을 끊임없이 실어 날랐다. 향신료 무역을 독점하고 있던 만큼 도시 곳곳에는 약 3천 톤가량의 후추가 쌓여 있었고 시나몬과 건어물, 차, 상아, 고래 기름, 설탕, 귀금속, 소금, 도자기, 비누, 비단, 맥주, 담배, 커피 등 셀 수도

▲ 라우레이스 아 카스트로, 〈호른에 하선하는 네덜란드 동인도회사 선박〉, 1686년.
　동인도회사의 이 거대한 상선 안에 얼마나 많은 재화들이 들어 있었을지 상상해보자.

▼ 아브라함 스토크, 〈고래잡이〉, 1654~1708년.
　북극해에서 고래잡이가 한창인 가운데 왼쪽 바다 멀리서는 계속해서 상선들이 뒤따라오고
　있다. 당시 항구에는 VOC의 로고가 배 앞머리에 새겨진 상선들로 가득 차 있었다.

▲ 대大 얀 브뤼헐·페테르 파울 루벤스, 〈시각의 알레고리〉, 1617년.

▼ 소小 얀 브뤼헐, 〈시각의 알레고리〉, 1660년.

이 그림들은 당시 네덜란드가 얼마나 많은 재화들로 가득했는지 가늠해볼 수 있게 해준다.

없는 다양한 품목의 사치스러운 상품들이 널려 있었다. 당시 동인도 회사의 거점인 암스테르담은 도시 전체가 지금의 택배회사 물류 창고와는 비교가 안 될 만큼 거대한 물류 창고 그 자체로 변모했다.

네덜란드에서 학문적 역량을 펼치는 동안에 이러한 상황을 직접 경험한 데카르트는 "선박들이 동인도의 각종 산물과 유럽 타국의 희귀 상품들을 가득 싣고 항구에 들어오고 있다. 지구상 또 어디에서 상상도 못 할 이 진귀한 것들을 이곳만큼 쉽게 발견할 수 있겠는가?"[2]라며 그의 프랑스인 친구이자 작가인 발자크에게 편지를 썼다. 글로 썼기에 이 정도이지, 만약 그의 목소리를 직접 들을 수 있다면 아마도 그는 "오, 대박 사건! 듣도 보도 못한 물건들을 어디서나 매일같이 볼 수 있어! 완전 신기해!" 하고 외쳤을지 모른다. 또 당시 암스테르담을 방문한 토스카나 대공국의 군주 코시모 3세 데 메디치는 "암스테르담에서는 세계 어느 도시보다 훨씬 큰 규모의 무역이 이루어지고 있다. 이 광경을 처음 본 외국인들은 놀라움을 금치 못하며, 각 나라의 가장 진귀하고 희귀한 보물들이 모두 이곳으로 오고 있는 것처럼 느껴진다"[3]라는 글을 남기기도 했다. 이러한 기록들은 얼마나 화려하고 귀한 재화들이 17세기 암스테르담에 넘쳐났는지 짐작하게 해준다.

세계 주요 국가들 중 부유한 순위로 따졌을 때 1위인 국가가 2위인 국가보다 국민소득이 두 배 이상 높았던 국가는 역사상 17세기 네덜란드가 유일하다. 상황이 이렇다 보니 '부'는 당대 네덜란드의 사

◀ 작자 미상, 〈장 루이 게즈 드 발자크〉, 1685~1700년.
발자크는 친구 데카르트를 통해 암스테르담에서 벌어지는 일들을 마치 그곳에 가본 것처럼
생생하게 전해 들을 수 있었다.

▶ 발다사레 프란체스키니, 〈웅장한 공작 가운을 입은 코시모 3세 데 메디의 초상화〉, 1676~
1677년.
코시모 3세 데 메디치는 암스테르담을 방문했을 때 라우런스 판데르헴의 도서관에 들르기
도 했다.

회적 가치에서 가장 중요시되었고, 소유한 부로 신분의 위계가 정해
졌다. 현재 우리는 자본주의 사회를 살아가고 있지만 지금보다 더 자
본주의가 만연한 시기가 바로 17세기 네덜란드였다. 오로지 삶의 목
표가 '돈'으로 귀결되는 듯한, 어쩌면 참으로 잔인한 시기였다고 할
수 있다. 이에 따라 자연스럽게 당대인들은 다양한 물질에 집착할 수
밖에 없었고, 국민들 대부분이 사치스러운 재화에 지나치게 경도되
자 네덜란드는 1665년 사치금지법을 제정하는 웃지 못할 상황까지
벌어졌다. 막대한 부를 축적해 신흥 귀족으로 편입될 수 있었던 신흥

엘리트 부르주아 계급은 자신들의 높은 신분을 고가의 재화로 만방에 과시했던 것이다. 그들이 사들인 값비싼 재화는 사람들을 향해 이렇게 외치는 듯했다. "여보시오. 이것 좀 보게나. 내 주인장이 이렇게나 돈이 많은 사람이라오! 알겠나?"

고귀한 재화들이 사회에 흘러넘치자 당연한 듯 수집 문화가 부흥하기 시작했다. 수집은 16세기까지 유럽의 왕실과 귀족 계층의 권력, 그리고 지식을 나타내는 특권적 문화였다. 그런데 17세기 네덜란드는 연합공화국을 표방했기에 절대왕정이 존재하지 않았다는 특이점이 있었다. 이에 더해 도시 전체가 물류 창고였던 만큼 고가의 희귀 물품들을 아주 수월하게 접할 수 있었다. 이러한 물적 조건에 의해 그동안 제한적으로 이루어진 수집 문화의 계보를 신흥 엘리트 부르주아 계급이 손쉽게 이어갔던 것이다. 그래서 세상은 공평하다고 하는 모양이다. 그들은 비만 오면 진창으로 변하는 삶의 터전을 숙명으로 받아들이며 평생을 살아가야 했지만, 다른 국가의 유럽인들은 감히 꿈에서도 접할 수 없었던 자유를 누릴 수 있었으니 말이다.

그들은 세계 각지에서 들어온 희귀품과 사치품들을 수집해 자신만의 컬렉션을 구축했다. 이들의 컬렉션은 당시 쿤스트카머 Kunstkammer라 불리는 공간에 차곡차곡 진열되었는데, 여기서 잠깐 이 쿤스트카머에 대해 알아보자. 16세기에 진입하면서 지리상의 발견이 본격화되자 신대륙에서 희귀물들이 유럽으로 대거 유입되었다. 이에 따라 유럽 전역에서는 이를 수집하고 진열하는 공간을 구축하

프란스 프란켄 2세, 〈쿤스트카머〉, 1636년.
당시 수집가들의 감식안을 잘 보여주는 쿤스트카머. 화면의 왼쪽 그리스도 조각상 바로 뒤에 있
는 사각형의 프로필 초상화에 아브라함 오르텔리우스가 묘사되어 있다.

는 활동이 유행했다. 이렇게 등장한 새로운 공간들은 영어권에서는 '캐비닛cabinet', 독일어권에서는 진열실을 가리키는 말로서 '경이로운 방'이라는 의미의 '분더카머wunderkammer'라는 용어로 불렸다.

왕실에서는 분더카머 대신 '예술품이 있는 방'이라는 의미의 '쿤스트카머'라는 명칭을 선호했다. 방대한 영토에서 확고한 통치력을 행사한 프랑스나 오스트리아의 합스부르크 왕조, 영국의 튜더 왕조와 스튜어트 왕조 등은 그들의 절대 권력을 쿤스트카머에도 반영했다. 이들 쿤스트카머의 규모와 소장품의 양은 엄청났는데, 신성로마 제국의 황제인 루돌프 2세의 쿤스트카머가 대표적이라 할 수 있다. 그의 방에는 청동이나 상아로 만든 각종 물건, 책과 동전, 과학 실험 기구, 시계 장식을 갖춘 천구 외에도 자연에서 가져온 각양각색의 희귀물로 가득했으며, 레오나르도 다빈치나 알브레히트 뒤러, 피터르 브뤼헐과 같은 화가들의 회화 작품도 많았다.

절대 권력을 지닌 이들 왕조의 컬렉션만큼은 아니더라도 17세기 네덜란드 수집가들의 쿤스트카머에는 온갖 진귀한 물품들이 넘쳐났다. 이것은 물론 그들의 자산이 주축이 되어 이루어졌지만, 수집가들의 높은 학식과 세상에 대한 호기심 또한 컬렉션을 구성하는 중요한 요소로 작용했다. 여하튼 당시의 신흥 엘리트 부르주아 계급 사이에서는 이처럼 사적인 수집 공간을 갖는 것이 물질적, 지적 풍요를 과시하는 또 하나의 문화로 자리 잡았다.

17세기 네덜란드만의
독특한 책 문화

1600년대의 네덜란드는 인쇄 산업과 책 산업에서도 해상무역만큼이나 전례 없이 빠르고 풍성하게 성장했다. 네덜란드인들의 높은 문해율과 학문을 숭상하는 문화가 수많은 서적과 인쇄물의 수요를 촉진시킨 것이다. 당대 네덜란드인들은 세계 최고 무역국가의 국민으로서 늘 분주하게 사느라 독서와는 거리가 멀었을 것 같지만, 예상을 뒤엎고 여러 분야를 막론해 독서를 즐겼다. 역시 시간이 없어서 책을 못 읽는다는 것은 예나 지금이나 핑곗거리에 불과하다는 것을 이들을 통해 새삼 깨닫는다.

네덜란드에서는 1618년경 최초로 신문이 출판되었다. 그러면서 신문에 광고를 싣는 풍조가 점차 확산되었고 책 광고를 싣는 일 역시 기하급수적으로 늘어났다. 1621년에서 1650년 사이에 네덜란드 출판사들은 1,231권의 책 제목 광고를 신문에 게재했다. 1650년 이후에는 8개에서 10개의 서적 광고가 매일같이 신문에 실렸고, 일부 출판사들은 자신의 출판사에서 출간된 여러 권의 책을 제목만 광고하기도 했다. 결과적으로 17세기 동안 네덜란드에서는 총 11,500여 권의 책이 신문에 광고로 실렸던 것으로 보인다.⁴ 신문에 실린 책 광고는 네덜란드 사회에 활발한 독서 활동을 촉진시키는 촉매제가 되기도 했다.

17세기의 네덜란드인들은 신교와 구교의 대립이 격렬해지면서 신학에 관한 책을 많이 읽었다. 더 넓은 세상에 관해 언제나 초롱초롱한 눈빛으로 호기심이 넘쳤던 네덜란드인답게 여행에 관한 책도 항상 인기가 높았다. 탐험, 무역, 외교, 순례의 목적으로 다른 나라를 방문한 이들의 이야기는 늘 베스트셀러의 반열에 올랐다. 당시 동인도회사의 선장으로 활동한 빌럼 본테코이Willem Bontekoe가 항해를 하며 겪은 여러 극적인 이야기를 한 권의 책으로 엮은 『호른에서 온 빌럼 본테코이에게 일어났던 많은 놀랍고도 위험한 일들을 포함한 동인도 항해 일기 또는 인상적인 설명』은 1646년에 초판이 나온 이래 70차례 이상 재발행되었을 정도였다.[5]

인기를 끈 또 다른 책 분야는 자기계발서였다. 네덜란드가 급속하게 부를 쌓으면서 시민의식에 대한 관심도 커져 『부유한 무역상의 행동 지침』, 『암스테르담 시민으로서 갖춰야 할 올바른 공민 의식』, 『세계적인 도시 시민의 아내로 사는 법』 등 제목만 봐도 흥미로운 책들이 쏟아졌다. 이 같은 책 제목에서 알 수 있듯이 그들은 처세술에 관해 늘 고민했다. 아마도 자신의 상황과 지위가 달라짐에 따라 그에 맞는 행동과 생각 또한 달라져야 한다고 느꼈던 모양이다. 이처럼 네덜란드 시민들은 그저 물질과 욕망에만 치우쳐 사는 삶이 아니라 항상 올바르게 처신하기 위해 끊임없이 배우려고 노력했다.

글이 주가 되는 책뿐만 아니라 그림책, 음악책, 신문, 저널, 팸플릿

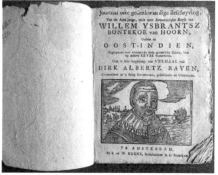

◀ 작자 미상, 〈빌럼 본테코이〉.
본테코이는 당시 네덜란드인들의 많은 사랑을 받은 여행 관련 책을 지속적으로 출간해 베스트셀러를 기록했다.

▶ 70차례 이상 재발행된 빌럼 본테코이의 『호른에서 온 빌럼 본테코이에게 일어났던 많은 놀랍고도 위험한 일들을 포함한 동인도 항해 일기 또는 인상적인 설명』 표제.

등 다양한 인쇄물의 수요도 엄청나게 증가했다. 직접 책과 인쇄물을 구입해 읽기도 했지만, 시립도서관을 방문해서 무료로 독서 활동을 즐기기도 했다. 일례로 암스테르담 시립도서관은 프랑스어, 이탈리아어, 독일어, 네덜란드어는 물론 라틴어, 그리스어, 히브리어, 아랍어로 쓰인 1천여 권의 책을 시민들에게 제공했다.

네덜란드로 대거 이주한 이주민들 중에는 뛰어난 역량을 지닌 출판업자와 인쇄업자가 많았다. 이것이 네덜란드가 인쇄와 도서 산업을 발전시킬 수 있었던 결정적인 이유 중 하나였다. 1600년대 네덜란드의 출판 산업을 선도한 대표주자는 단연코 블라외 가문이다. 출판 산업을 선두에서 이끈 가문답게 그들이 출판한 책의 종류는 상당

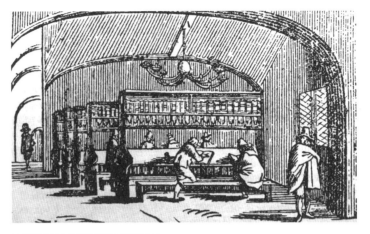

1650년대 암스테르담 시립도서관의 모습.

히 다양했다. 수학과 천문학, 지리학을 위시하여 소설, 고전, 각종 엠
블럼, 여행 잡지, 시, 그리고 시인이자 인문학자인 다니엘 헤인시우
스^{Daniel Heinsius}나 국제법의 아버지로 불리는 법학자 휘호 그로티우스
^{Hugo Grotius} 같은 당대의 저명한 네덜란드 학자들의 논문까지 펴냈다.

갈릴레이와 데카르트의 책을 다수 출간한 로데베이크 엘제비르
^{Lodewijk Elzevir}, 아랍어–라틴어 사전을 편찬한 프란스 판라펠링언^{Frans}
^{van Ravelingen} 그리고 당시에 모르는 게 없는 만능학자로 유명했던 독일
의 예수회 수도사 아타나시우스 키르허^{Athanasius Kircher}의 전 저작을 독
점 출간한 얀 판바스베르허 2세^{Jan II van Waesberghe} 같은 이들도 당대 네
덜란드의 출판계를 이끈 유명한 출판업자들이었다. 그런데 블라외
가문을 제외하고 이들은 모두 스페인의 신교 탄압을 피해 남부 네덜

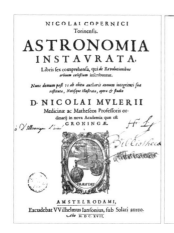

◀ 1617년 암스테르담에서 출간된 코페르니쿠스의 『천구의 회전에 관하여』 표제.

▶ 1638년 네덜란드에서 출간된 갈릴레오 갈릴레이의 『새로운 두 과학에 관한 수학적 증명』 표제. 엘제비르 출판사의 로고가 눈에 띈다.

란드에서 건너온 이주민들이었다. 이주민들 중에는 인쇄업 분야에서 고도의 기술을 연마한 장인들도 많았기 때문에 한층 진보한 인쇄기기를 확보하는 것도 가능했다.

당시 유럽의 수많은 지성인들은 종교와 사상을 억압하는 자신의 국가를 등지고 관용 정책을 베풀어 도서 검열도 느슨한 네덜란드로 이주해 자신의 이론과 사상을 담은 저작물을 출간했다. 유명 작가들의 우수한 저작물은 출판 산업이 융성하는 데 크게 기여했다. 국가가 세운 기준에 맞지 않으면 연구조차 쉽지 않았기 때문에 지식인들은 학문이라는 근육의 손실을 막기 위해서라도 하루속히 네덜란드로 달려가야만 했다. 폴란드의 코페르니쿠스와 프랑스의 데카르트

◀ 1710년대 암스테르담의 서점 거리 풍경. 〈아틀라스 마이오르〉가 판매된 17세기 중후반의
서점 거리의 모습도 이와 비슷했을 것이다.

▶ 17세기 암스테르담의 서점 내부 풍경.

가 네덜란드로 이주한 것도 각각 『천구의 회전에 관하여』와 『방법서
설』을 안전하게 출간하기 위해서였다. 갈릴레이도 이탈리아에서는
펴낼 수 없었던 『새로운 두 과학에 관한 수학적 증명』(1638년)과 자
신의 논문을 출간하기 위해 네덜란드로 건너왔다. 네덜란드에 안착
한 이들은 학문의 근육을 다시금 조련할 수 있었고, 손실은커녕 더
욱 탄탄하게 학문의 근육을 발달시킬 수 있었다.

어떤 이들은 네덜란드에서 영국 왕 찰스 1세와 프랑스 왕 루이
14세를 비판하는 도서를 발행하기도 했다. 왕실과 왕을 비판하는 내
용이 담긴 책을 자국에서 출판했다면 그 출판업자에게는 사형이 선
고될 수도 있는 위험천만한 사건이었다.[6] 그러나 관용과 자유의 국가

인 네덜란드에서는 도서 검열 제도에서도 아주 느슨했다. 출판업자가 관습에 현저히 반하는 인쇄물이나 볼온한 사상을 담은 책을 발행하면 며칠간 사업장 문을 닫게 하거나 인쇄기기를 사용하지 못하게 하는 정도의 솜방망이 처벌을 내릴 뿐이었다.[7] 당시 유럽의 지식인들은 네덜란드행을 택하지 않을 이유가 단 하나도 없었다.

네덜란드, 세계 최고의
도서 시장으로 우뚝 서다

17세기 네덜란드의 출판사들이 출간한 도서는 10만 종을 훌쩍 넘는다.[8] 이 책들은 국내뿐 아니라 해외로도 수출되어 네덜란드는 도서 무역에서도 독보적인 위치를 차지하며 '지식의 보고寶庫'[9]로 자리매김했다. 네덜란드는 책을 출간할 때 영어, 독일어, 스페인어, 프랑스어, 헝가리어 외에 아랍어 등 여러 동양의 언어로 번역한 책들도 발행했다. 이 번역서들은 네덜란드에 거주하는 수많은 이주민들을 위한 것이기도 했고, 외국의 도서 시장을 장악하기 위한 상업적인 수단이기도 했다.

네덜란드의 출판업자들은 국제적인 도서 무역의 토대를 마련하기 위한 방안으로 다른 유럽 국가들에서 개최되는 도서박람회를 이용했다. 그중에서도 독일의 프랑크푸르트 박람회가 가장 주요한 행사였기 때문에 17세기 동안에만 135명의 네덜란드 출판업자들이 이 도서박람회를 방문했다. 그중에서도 로데베이크 엘제비르는 부지런한 사람, 노력하는 사람은 반드시 성공한다는 진리를 몸소 보여준 출판업자였다. 그는 정기적으로 프랑크푸르트 도서박람회에 참석한 유일한 인물이었다. 당대에는 책을 더 폭넓게 유통하기 위해서 서적상들이 보통 프랑크푸르트 도서박람회에서 처음으로 신간을 출시하는 경우가 많았다.[10](프랑크푸르트 도서박람회는 지금도 여전히 세계 최고의 도서박람회이다. 유명 작가나 셀러브리티의 책일 경우 세상에 출간되기 전에 이미 이 도서박람회를 통해 판권 계약이 이루어지는 경우가 많다. 요즘은 도서박람회 시즌에 맞춰 온라인상으로 도서 자료가 배포되고 사전 계약이 이루어지는 추세다.) 따라서 그해의 전략적인 신간 도서는 물론 자신들의 서적을 홍보하기 위한 도서 전체의 목록을 펴내는

◀ 미국 의회도서관 내부에 새겨진 엘제비르 출판사의 인쇄 로고. 15세기부터 인쇄업자의 로고가 책의 속표지와 판권 페이지에 더해지면서 엘제비르 출판사는 이 같은 출판사 로고를 제작해 책에 새겼다.

▶ 엘제비르 출판사가 1653년에 출간한 책에 새긴 유명한 인쇄 로고.

것이 필수적이었다. 엘제비르는 1674년에 자신의 출판사에서 출간한 2만여 종의 책을 8백 페이지에 달하는 팸플릿으로 제작해 홍보하며 적극적인 도서 판촉 활동을 펼쳤다.[11](이 정도면 현대의 어느 출판사도 따라가기 힘들 만한 방대한 양이다.)

유럽의 도서 시장을 지배하며 출판업계의 왕가로 통했던 엘제비르 출판사는 갈릴레이와 데카르트의 저작을 출간하면서 세계적인 유명세를 떨쳤는데, 특히 데카르트는 자신의 이론을 담은 책과 인쇄물을 모두 이 출판사에서 출판했다.[12] 당연히 8백 페이지에 달하는 엘제비르의 팸플릿에는 데카르트의 책도 포함되어 있었다. 이후 엘제비르 출판사는 데카르트 학파 대다수의 출간물을 발행하며 '데카르트 학파의 출판사'가 되었다. 엘제비르 사후에는 그의 자손들이 75년간 프랑크푸르트 도서박람회에 지속적으로 참여했다. 이 같은 노력과 열정은 이 출판사가 현재에도 세계적인 출판사로 우뚝 서게 만든 초석이 되었다.

인쇄업은 일종의 자본집약적 산업이다. 쉽게 말해 인쇄기기 같은 생산 설비에 집중적으로 자본이 투자되는 산업이란 뜻이다. 네덜란드는 우수한 성능의 인쇄기기와 숙련된 인쇄 장인이 수두룩했기 때문에 책의 생산 단가를 크게 낮출 수 있는 이점을 가지고 있었다. 그래서 다른 나라에서 출간된 책이라도 텍스트만 수입해 책으로 만든 후 다시 그 나라에 되팔아 큰 수익을 창출했다. 이를테면 프랑스에서 어떤 책이 베스트셀러가 되면 텍스트만 수입해 이를 네덜란드에서 인쇄해서 책으로 만든 후 다시 프랑스로 수출하는 식이었다.

그렇다면 당시 유럽 전역을 휩쓴 베스트셀러는 어떤 책이었을까? 지금도 마찬가지지만 17세기에도 성경은 전 유럽을 통틀어 늘 베스트셀러 1위의 자리를 놓치지 않았다. 그런데 영국에서는 성경 출판이 수요를 따라가지 못해 고가에 공급될 수밖에 없었고, 성경을 대중적으로 공급하는 데 어려움을 겪고 있었다. 이에 네덜란드는 저렴한 가격에 성경을 수출해 늘 성경 부족에 시달리는 영국을 도왔다. 예컨대 네덜란드의 상인 휘호 피츠 Hugo Fitz는 독점적으로 영국에 성경을 수출할 수 있는 권리를 따내 1644년에 6천여 권의 성경을 영국에 수출했다.[13]

암스테르담, 레이던, 헤이그, 로테르담은 네덜란드의 여러 도시 중에서도 도서 산업이 가장 활발한 곳이었다. 특히 암스테르담은 나머지 세 도시와는 비교가 안 될 만큼 월등하게 많은 도서를 출판했다. 예를 들어 암스테르담은 네덜란드에서 다른 국가로 수출한 서적의 약 60퍼센트를 출판했는데, 이것은 유럽 전체 도서 생산량의 3분의 1을 차지하는 수치였다.[14] 그리고 17세기 네덜란드에서 출간된 서적의 80퍼센트가 암스테르담의 출판사에서 생산된 책이었다.[15] 이처럼 엄청난 양의 도서를 생산할 수 있었던 것은 고도로 전문적이고 숙련된 수많은 사람들이 암스테르담의 도서 무역 산업에 종사했기 때문이다. 활자 주조업자, 종이 소매업자, 식자공, 인쇄업자, 교정자, 책 판매업자, 장정가, 삽화가, 목판화가, 조각가 외에도 당연히 작가,

번역가, 편집자가 출판업이라는 거대한 용광로에 함께 녹아들어 암스테르담을 유럽 최고의 도서 산업 도시로 일구었다.

이렇듯 네덜란드에만 국한되지 않고 외국으로까지 활발하게 도서 수출이 이루어진 상황을 미루어 본다면, 이곳의 신흥 엘리트 부르주아 계급은 수많은 재화 중에서도 인기만 끌면 계속해서 황금 알을 낳는 도서에 단연 주목할 수밖에 없었을 것이다.

수집가의 컬렉션으로
편입된 서적

서적의 범람은 당대 신흥 부르주아 계급의 수집 문화에도 적지 않은 영향을 주었다. 그들의 수집 목록에는 당연히 책이 포함되었으며 점차 여러 분야의 책으로 영역이 넓어졌다. 이제 그들은 고급스러운 책을 최대한 많이 사들여 책으로도 플렉스하기 시작했다. 동시에 너도나도 호화로운 개인 도서관을 지었고, 개인 도서관은 17세기 네덜란드의 새로운 문화로 급부상했다. 크고 아름다운 도서관을 소유하는 것은 학문에 대한 높은 소양과 섬세한 감각을 보여주는 것으로, 소장자의 학식과 위엄의 징표로 여겨졌다. 이에 더해 책은 지식의 물질적인 형태나 다름없어서 책을 소장하는 것은 그 자체로 높은 지위를 상징했다.[16] 이쯤 되면 네덜란드인들의 보여주기 문화는 자아실현 욕구나 인정 욕구를 넘어서 식욕이나 수면욕같이 인간의 일차적인 본능으로 작동한 것처럼 보인다. 하지만 여기서 다시 한 번 상기해야 할 것은 그들이 학문에 매우 진심이었다는 사실이다. 신흥 지배계급이 플렉스한 많은 책들은 사회적 지위와 재력을 과시하기 위한 유용한 도구였지만 그에 못지않게 지식의 원천으로서 고귀하게 여겨졌다.[17] 신흥 엘리트 지배계급은 소장 가치가 높은 다양한 장르의 책을 수집해 자신의 서가를 풍성하게 채우는 데 남다른 애착을 보였다.

이제 이번 장의 하이라이트로 당시 네덜란드를 넘어 국제적인 명성을 얻은 개인 도서관계의 대표적인 셀러브리티 삼인방을 소개하고자 한다. 영예의 첫 번째 인물은 네덜란드의 변호사이자 〈아틀라스 마이오르〉의 소유자로 잘 알려져 있는 라우런스 판데르헴Laurens van der Hem이다. 두 번째 인물은 네덜란드의 귀족 파울뤼스 판위헐런Paulus van Uchelen이다. 그리고 마지막 주인공은 암스테르담 시의 공식 역사학자로 활동한 니콜라스 헤인시우스Nicolaas Heinsius이다.

이 인물들 중에서 가장 독보적이며 또 대표 격으로 꼽을 수 있는 책 수집가는 첫 번째로 호명된 판데르헴이다. 그의 도서관은 당시 네덜란드의 여러 개인 도서관 중에서 단연 으뜸이라는 평을 받았다. 이 도서관이 얼마나 대단했던지 그가 사망하고 6년 뒤 그의 컬렉션에 있던 책과 인쇄물, 드로잉 등을 보존하기 위해 공공도서관이 설립되기도 했다. 비블리오테카 헤미아나Bibliotheca Hemmiana로 불리는 이 도서관은 네덜란드의 100대 유산 중 하나이자 판데르헴 생전에 그

BIBLIOTHECA HEMMIANA,
SIVE
CATALOGUS
Rarissimorum & verè Insignium in omni
materiâ, facultate & Linguâ
LIBRORUM.
Inter quas extant quàm plurimi cum lectissimis Iconibus ab ex-
cellentissimis in Italiâ, Galliâ & Germaniâ, & Belgio arti-
ficibus delineatis, tam nitidè quam illuminatis:
Instructissimæ Bibliothecæ
CLARISSIMI & CONSULTISSIMI VIRI,
D. LAURENTII vander HEM, JC.
P. M.
Quorum auctio habebitur Amstelodami, in ædibus defuncti, in
platea vulgo de Heere graft / op de Schanger Maerckt / die
Aprilis 1684. horâ seminonâ ante, secunda autem post meri-
diem præcise.

AMSTELODAMI,
Ex Officinâ HENRICI & Viduæ THEODORI BOOM,
ubi etiam Catalogi distribuuntur.

비블리오테카 헤미아나의 모든 정보를 담고 있는 카탈로그.

의 도서관에 관한 모든 정보를 담고 있는 귀한 유산이다.

비블리오테카 헤미아나에 따르면 판데르헴의 초창기 컬렉션은 총 1,445권이었다. 이 책 모두의 가격은 당시 암스테르담에서 최고급 주택을 구입할 수 있는 비용인 약 23,000길더였다.[18] 이에 반해 판데르헴보다 훨씬 많은 1만 3천여 권의 책을 보유하며 유럽에서 가장 큰 규모의 개인 도서관으로 명성을 떨친 헤인시우스 컬렉션의 총 가격은 23,833길더에 불과했다.[19] 판데르헴은 도서의 양보다 도서의 질과 외양을 고려한 수집에 집중했던 것이다. 그래서 그의 컬렉션 규모는 당시 네덜란드 서적 수집가들의 평균 정도였지만 그 가치는 타의 추종을 불허했다. 이렇듯 상당한 가치와 영예를 지닌 판데르헴의 컬렉션에는 예술, 법학, 소설, 역사, 신학, 지리학, 의학 등의 장르가 주류를 이루었다. 이 중에서도 유럽 귀족들의 가계도나 문장紋章, 고고학에 관한 서적들의 퀄리티는 그의 모든 컬렉션을 통틀어 가장 뛰어났다.[20]

한편 판위헐런의 도서관은 당시 가장 고가의 책으로 분류된 지도, 지리, 항해와 관련한 분야에서 전문적인 도서관으로 정평이 나 있었다. 또한 극도로 화려하게 꾸며져 있어서 때로는 보여주기식 도서관에 불과하다는 평을 받기도 했지만, 어디에서도 본 적 없는 훌륭하고 아름다운 책들로 감탄을 자아낸다는 평이 더 지배적이었다.

이외에도 당시 신흥 지배계급의 재산을 기록한 물품 목록에는 필히 책장과 책을 포함하고 있었다는 점을 고려할 때[21] 그들의 주거지에는 반드시 서재 공간이 있었을 것으로 짐작할 수 있다. 이처럼 네덜란드의 신흥 지배계급은 누구를 막론하고 책 수집에 지대한 관심과 흥미를 보였다.

특히 판데르헴은 단순히 도서를 수집하는 것에 그치지 않았다. 더 나아가 책을 자신의 기호에 맞게 재구성해 17세기 네덜란드에 '합성 지도책'이라는 새로운 문화를 창조했다. 2천4백 개가 넘는 지도와 해도, 지형도, 그리고 안드리스 베이크만Andries Beeckman, 코르넬리스 헤리츠 데커르Cornelis Gerritsz Decker, 보나벤튀라 페이터르스Bonaventura Peeters 같은 당대 네덜란드 화가들이 그린 도시와 항구, 전원 풍경화 같은 드로잉 3천 점을 모아 자신이 구입한 〈아틀라스 마이오르〉라틴어 판본에 엮어 총 46권으로 편집한 것이다.

▲ 『아틀라스 블라외-판데르헴』의 웅장한 모습. 판데르헴은 자신의 도서관에 이 책들을 전용
   탁자 위에 올려놓고 이 같은 모습으로 전시했을 것이다.

▼ 『아틀라스 블라외-판데르헴』에 실려 있는 드로잉.

이 작업은 판데르헴이 직접 정리하고 제본했기에 제목은 『아틀라스 블라외–판데르헴Atlas Bleau–Van der Hem』이라고 지어졌다. 〈아틀라스 마이오르〉의 거대 확장판이라고 할 수 있는 이 새로운 성격의 서적은 다른 도서 수집가들에게도 영향을 끼쳤다. 〈아틀라스 마이오르〉를 구입한 사람들은 항해, 우주형상학, 오리엔탈리즘 등 취향에 따라 이 지도책을 변형하기 시작했고, 이는 17세기 신흥 엘리트 계급의 새로운 취미로 자리 잡아갔다.

책의 첫인상을 결정짓는
아름다운 장정

오늘날 우리는 오프라인에서 책을 구입할 때 너무나 당연하게도 서점으로 간다. 그런데 17세기 네덜란드의 도서 수집가들에게는 서점이 다른 수집가의 도서관과 서재였다. 도서 시장이 호황을 누리고 있음에도 그들은 책을 새로 구입할 때 일반인들과 달리 다른 도서 수집가들에게서 구입했다. 당시에는 빈티지 서적이 훨씬 값어치가 있었던 것이다.

이 같은 풍토에 따라 수집가들은 자신의 컬렉션에 있는 책을 홍보하고 판매하기 위한 효율적인 방안을 마련해야 했고, 해결책으로 판매 카탈로그를 체계적인 방식으로 제작해 다른 수집가들에게 공급

피터르 판브레데로데Pieter van Brederode라는 인물이 귀족의 가계도에 관한 책을 구입하고 싶어 하는 수집가들을 위해 기록해놓은 도서 목록.

했다.[22] 수집가들은 이 카탈로그를 정기적으로 받아 보는 것을 게을리하지 않았다. 판데르헴처럼 저명한 수집가의 카탈로그는 더욱 눈에 불을 켜고 살펴보았다. 카탈로그를 보고 그의 컬렉션을 벤치마킹해서 자기 컬렉션의 가치를 드높이기 위해서였다.[23] 그렇게 해서 컬렉션의 가치가 높아지면 자연스럽게 자신이 소유한 책들을 더 많이 판매할 수 있었다.

카탈로그는 각 서적의 가격을 책정하고 고가에서 저가 순으로 정렬하는 방식으로 만들어졌다. 책의 가격을 책정하는 기준은 주로 크기와 삽화, 그리고 장정이었다.[24] 특히 장정은 15세기 후반부터 도서의 가격을 결정하는 중요한 요인이었기에 세 가지의 가격 책정 기준에서 가장 우위를 차지했다. 더구나 당시에는 책을 구입하면 반드시 새로 제본해야 했다. 이것이 교양 있는 독자를 판가름하는 중요한 기준이었기 때문이다. 학자들조차 책을 미제본 상태로 놔두는 것은 몰지각한 행위로 치부할 정도였다. 레이던 대학에서 고전사를 가르치며 학자로서 큰 명성을 떨친 조제프 스칼리제르도 장정을 상당히 중시했다. 그는 장정이 되지 않은 미제본의 책을 보고 "제본도 되어 있지 않은 이따위 책은 쳐다보기도 싫다"[25]라고 언급했다. 책을 쓰고 있는 그의 초상화를 보면 미간을 잔뜩 찌푸린 채 못마땅해하는 표정이 절로 그려지지 않는가. 1609년에 스칼리제르가 사망하고 나서 그

얀 코르넬리스 판트바우트, 〈조제프 스칼리제르의 초상〉, 1608년.
프랑스 학자 조제프 스칼리제르는 책에서 장정을 가장 우선시했다. 그는 생애 마지막 16년을 네덜란드에서 지냈다.

의 장서들이 경매에 붙여졌을 때 250권의 책은 모두 고급스럽게 장정된 상태였다.[26]

책 수집가들은 뛰어난 퀄리티로 수려하게 책을 장정하기 위해 당대 최고의 장인들을 고용하기도 했다. 17세기 네덜란드에서 장정에 가장 심혈을 기울인 인물은 판위헐런이다. 그는 자신의 컬렉션이 높은 가치를 인정받을 수 있도록 총력을 기울였다. 타고난 미적 감각을 십분 활용해 자신만의 정체성을 드러낼 수 있도록 모든 책을 동일한 디자인으로 장정했다.[27] 이에 따라 그의 책은 어디에 있더라도 단번에 그의 컬렉션임을 알아볼 수 있었다. 책의 장정에 자신이 추구하는 고유한 정체성을 오롯이 담아낸 것이다.

판데르헴 또한 아름다운 장정을 위해서라면 비용을 아끼지 않았다. 1671년에 그와 대화를 나눈 네덜란드의 학자 다니엘 판파펀브라우크Daniel van Papenbrouck가 남긴 회고록에는 "판데르헴은 최고의 가치를 지닌 책과 가장 아름답게 장식된 책을 소장하는 데 비용을 아끼지 않았던 만큼 미적으로 최고의 가치를 지닌 책이 그의 서가를 채웠다"[28]라고 기록되어 있다. 간혹 그의 책이 다른 수집가에게 판매되어 서가에 꽂혀 있을 때는 우아함과 기품으로 서가의 모든 책 중에서 가장 주목을 받았다. 판데르헴 도서관의 초창기 컬렉션에서는 총 1,445권의 책 중 단 51권만이 제본되지 않은 책이었을 만큼[29] 당시의 수집가들은 제본과 장정에 막대한 공을 들였다.

지도책, 그저 바라만 봐도
배부른 그대

크기, 삽화, 장정 이 세 가지 기준에 모두 부합해 판매 카탈로그에서 최고가의 리스트를 장식한 책은 단연 지도책이었다. 지도책의 각 페이지에는 지도와 그에 관한 설명, 그리고 각 지도와 관련되거나 당시 인기를 끈 주제에 관한 삽화가 삽입되어 있었다. 지도책의 사이즈는 일반적인 책에 비해 상당히 크게 제작되었다. 이는 당시 책의 크기가 가격을 결정하는 요인임을 인식한 지도책 제작자들이 고수익을 노린 상업적 결과였다. 장정도 구매자의 취향에 따라 다양한 형태로 제작되었다. 아주 부유한 구매자의 경우는 가장 품질이 좋기로 유명한 모로코Morocco가죽이나 고급 양피지Vellum 위에 금박으로 문양이나 글자를 화려하게 새겨 넣었다. 그리고 유럽의 왕족 같은 지위가 높은 이들에게 헌정되는 지도책에는 자주색 벨벳 위에 루비나 사파이어 등의 값비싼 보석이 세팅되기도 했다.

당시의 개인 도서관과 서재는 신전에 버금가는 성소聖所로 여겨져 일반인들은 감히 접근하기 힘든 공간으로 인식되었다. 도서관과 서재의 소유주는 자신과 동등한 계급이라고 인정한 인물이나 학자를 '친구'라 칭하며 그들에게만 본인의 소중하고 신비로우며 숭고한 이 공간을 공개했다.[30] 계급적 연대를 공고히 하고 문화와 예술에 관해 자유롭게 소통하던 이 지적 유희의 장에서 화려함과 완벽함의 절정을 보여주는 지도책은 도서관의 가장 중심부에 전시되었다.

수집가들은 〈아틀라스 마이오르〉를 전시하기 위해 전용 테이블을 특별 제작해 관람객들이 방문할 때 지도책을 펼친 상태로 이 테이블 위에 놓아두었다. 그리고 평소에는 다른 장르의 서적들과 철저히 분리해서 오로지 〈아틀라스 마이오르〉만을 위해 마호가니, 호두나무, 올리브나무와 금으로 우아하고 기품 있게 제작한 캐비닛에 보관했다.[31] 이 사랑스러운 캐비닛에는 '크래들cradle'(요람, 거치대)이라는 애칭이 붙여지기도 했다.

지도책을 포함해 당대에 출판된 수많은 책 중에서도 블라외 가문의 〈아틀라스 마이오르〉는 돈으로 살 수 있는 책 가운데 가장 비싼 책이었다. 여러 언어로 된 판본 중에서 소유하기만 하면 당대 최고의 지성인으로 보이기에 안성맞춤이어서 큰 인기를 구가한 라틴어 판본의 경우, 채색본은 430길더였고 흑백본은 330길더였다.[32] 당시에 도서 무역 일을 돕는 인부의 임금이 주당 2길더, 소 한 마리가 100길더, 암스테르담의 평균 집 한 채 값이 500길더였다. 암스테르담의 쇼핑가에 자리한 서점을 렌트하는 비용은 연간 400~700길더였다.[33] 2003년 말에 암스테르담 상점의 연간 임대료가 약 1만 8천~3만 2천 유로였으니, 지금의 가치로 환산해보면 〈아틀라스 마이오르〉는 앞서 살펴본 것처럼 당대에 약 2만 유로(약 2천7백만 원)의 가치를 지녔다. 이처럼 어마어마한 가격만 보더라도 충분히 알 수 있듯이 이 지

〈아틀라스 마이오르〉를 보관했던 전용 캐비닛. '크래들'이라는 애칭으로 불렸다. 〈아틀라스 마이오르〉만큼이나 화려한 외양이 돋보인다.

도책은 당대 최고의 사치품이자 예술품이었다. 그렇기 때문에 신흥 지배계급의 사회적 신분을 대변하는 서재와 도서관의 명예를 드높이는 책으로서 도서관의 정중앙에 당당히, 그리고 가장 빈번하게 전시되었을 것으로 짐작할 수 있다.

인간은 누구에게나 소장품을 통해서 자신의 세계관과 철학을 표현하고자 하는 욕구가 있다. 당시의 신흥 지배계급은 〈아틀라스 마이오르〉라는 지도책을 통해 사회의 리더로서 당당한 자신감과 함께 미래에 대한 포부까지 표출했다. 지도책은 수많은 책 중에서도 신흥 엘리트 지배계급의 자긍심을 상징하며, 그들의 서가를 빛낼 수 있는 수단으로 무엇보다 적절한 책이었다.

한 시대의 문화와 분위기를 정의하는 데 아름다움이라는 기준은 매우 중요한 요소다. 그리고 이 기준은 대개 상업적인 주체들이 만들어간다. 17세기 네덜란드에서는 블라외 가문이 대표자였다. 그들은 아름다움의 기준을 결정할 막강한 권력을 지녔고, 아름다운 예술품과 아름다움의 기준, 더 나아가 아름다운 인생을 당대인들에게 제시했고 또 정의했다.

신흥 지배계급은 국가 전체에 넘쳐나는 다양한 예술품 중에서도 외적인 아름다움과 지적인 아름다움 모두를 충족시켜주는 〈아틀라스 마이오르〉에 열광했다. 이 지도책을 통해 그들이 누리는 핑크빛 삶의 만족을 넘어 앞으로 펼쳐질 미래에 대한 이상적인 희망까지 품을 수 있었다. 그들에게 〈아틀라스 마이오르〉는 겨울밤 나를 안아 주는 엄마 품처럼 포근하고, 가을 아침의 선선한 바람같이 순수하며, 봄날 오후의 눈부신 햇살만큼이나 찬란한 꿈이었다.

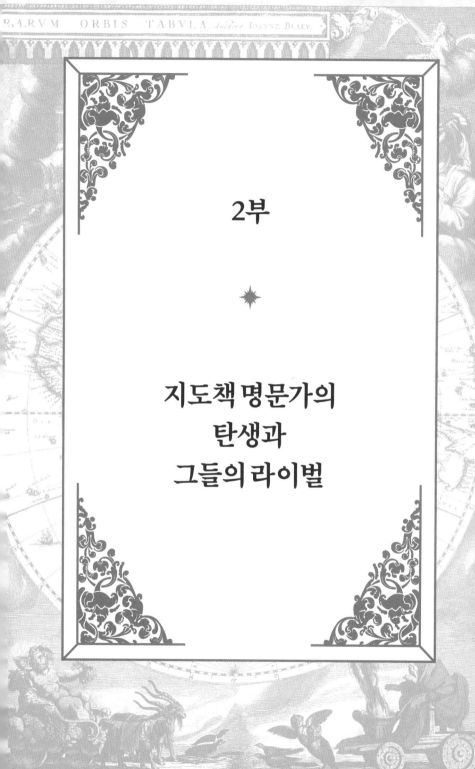

2부

지도책 명문가의
탄생과
그들의 라이벌

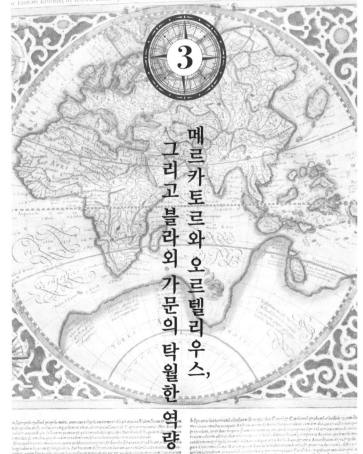

3

메르카토르와 오르텔리우스,

그리고 블라외 가문의 탁월한 역량

하루하루 쌓인 시간들이 오늘의 나를 만든다. 그래서 수많은 경험들이 쌓인 '나의 역사'는 소중하고 감사하다. 남자 친구와 헤어진 후 아픔을 집어삼키느라 힘겨웠던 과거는 어떤 사람을 만나야 진정으로 행복한지를 일깨워주었다. 우연한 사고로 건강의 중요성을 깨닫고 시작한 운동은 점차 시간이 흐르면서 더욱 건강한 육체와 긍정의 기운을 북돋아주었다. 큐레이터가 되려고 대학원에 입학했지만, 훌륭한 교수님들께 배우면서 알게 된 학문의 즐거움은 학문이야말로 내가 가고 싶은 길임을 깊이 인식하는 계기가 되었다. 다양한 경험치들이 쌓이고 쌓여 과거에는 상상도 못 했던 인생이 펼쳐진다. 그러니 경험을 통해 더욱 견고하고 단단해지는 자신을 발견하는 것만큼 값진 일도 없는 것 같다.

블라외 가문도 지도책을 제작한 선배들이 없었다면, 그들의 선례가 없었다면 지도책이라는 것을 만들 생각조차 못 했을 수 있다. 물론 지금 블라외 가문이 이 이야기를 듣는다면 자신들을 폄하하는 발언이라며 고소장을 보내올지도 모르겠다. 블라외 가문의 일원들이 얼마나 불같은 성격이었는지, 한 시대를 주름잡은 그들의 역량이 얼마나 우수했는지를 감안하면 충분히 가능한 상상이다. 하지만 선례가 있었기에 〈아틀라스 마이오르〉라는 인류 문명의 위대한 예술품이 지구상에 존재할 수 있었다는 것은 확실하다. 선례와 경험은 성장의 발판이 되어 작게는 개인의 역량을, 크게는 국가의 역량을 더 높이 끌어올린다. 이로써 새로운 세계와 역사가 전개되는 것이다.

상업 지도책의 선구자
오르텔리우스

17세기 네덜란드에서 지도책 산업이 한낮의 태양처럼 눈부시게 발전할 수 있었던 것은 16세기 남부 네덜란드의 안트베르펜을 계승한 결과였다. 16세기에 안트베르펜은 전 유럽 국가의 중심지로 부상하고 있었다. 스페인 합스부르크 제국의 막강한 권력 아래에서 세계적인 교육 도시로 명성을 날렸고 최고의 부를 자랑했다. 게다가 이웃 도시인 루뱅Leuven에 위치한 루뱅 대학 덕택에 우수한 인적 자원 또한 충분히 보유할 수 있었다.

루뱅 대학은 특히 천문학과 수학, 지리학에서 뛰어난 성과를 낸 학자들을 많이 배출했다. 이들의 뛰어난 지적 역량은 안트베르펜의 넉넉한 재정과 결합되어 이후 17세기 네덜란드에서 자유로운 지성이 꽃피는 초석이 된다. 지리학자이자 지도 제작자인 메르카토르는 루뱅 대학에서 탁월한 지적 성취를 이루며 안트베르펜이 지도학의 도시로 발전하는 데 큰 공헌을 한 대표적인 인물이다.

메르카토르는 현재까지도 평면의 세계지도에 가장 많이 사용되는 도법이자 미국 항공우주국NASA이 태양계의 다양한 부분을 지도에 옮기기 위해 채택한 도법인 '메르카토르 도법'을 최초로 개발한 인물이다. 그는 혁신적인 지도 제작술을 창시했을 뿐만 아니라 지도

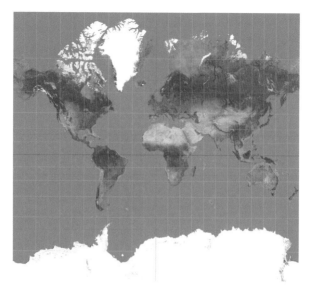

메르카토르 도법으로 제작된 세계지도.

제작자로서도 단연 두드러진 성과를 올리며 17세기까지 막강한 영향력을 지속적으로 행사했다. 따라서 상업적인 지도 제작의 역사에서 가장 기념비적인 인물임에는 이론의 여지가 없다. 하지만 최초의 지도책은 앞서 언급했듯이 메르카토르가 아니라 그의 절친한 친구인 오르텔리우스에 의해 1570년에 탄생했다.(61쪽 참조) 메르카토르는 지도를 학문적인 관점에서 보았지만 오르텔리우스는 상업적인 관점에서 보았기 때문에 빚어진 결과였다.

안트베르펜 출신의 오르텔리우스는 본래 지도 채색가였다. 그는 1554년에 프랑크푸르트 도서박람회에서 메르카토르를 만났다. 이

때부터 아름다운 우정을 쌓아간 두 사람은 1560년에 독일의 트리어, 프랑스의 로렌과 푸아티에를 여행하며 장기간 함께했다.[1] 여행을 하는 동안 메르카토르와 많은 이야기를 주고받으며 오르텔리우스는 지리학자에 대해 큰 매력을 느꼈고, 곧 지도 제작자로 직업을 바꾸게 되었다. 그 후 단일 지도의 불편함을 해소해줄뿐더러 수익성도 상당히 높을 것으로 판단해 '지도책' 제작에 착수했다.

오르텔리우스는 독일의 전 지역과 프랑스, 잉글랜드, 아일랜드, 이탈리아 등 17개국을 여행하면서 학자들과 강력한 네트워크를 형성하며 다양한 지도를 수집했다. 그리고 수집한 지도들을 통합하고 재편한 후 1570년 5월 20일 세계 최초의 지도책 『세계의 무대』를 선보였다. 이로써 웅장한 지도책 역사의 공식적인 서막이 열린다.

53개의 지도를 엮은 초판은 안트베르펜의 인쇄업자 힐리스 코펀스 판디스트 Gillis (Aegidius) Coppens van Diest에 의해 출간되었다.[2] 하지만 이 인쇄업자는 그야말로 '출판'만 해주었을 뿐 책을 발행하는 데 든 비용 일체는 오르텔리우스가 지불했다. 오늘날로 치자면 저자가 출간 비용을 떠안는 '자비 출판'을 한 것이다. 많은 돈이 들어갔을 테니 오르텔리우스는 눈물을 머금었을 수도 있지만, 그의 눈물은 곧바로 블랙홀로 빨려 들어갔을 것이다. 이 지도책은 출간 즉시 호평을 받았기 때문이다. 고전적인 지식이 아닌 동시대에 새롭게 발견된 지리적 지식에 기초했다는 점과 책 속의 지도들을 모두 균일한 사이즈로 제작한 기발한 발상이 주효했다. 게다가 디자인도 우아하고 정교했으며,

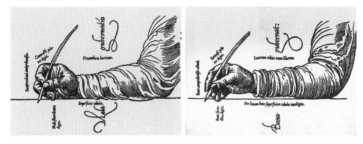

메르카토르의 이탤릭체 교범.

메르카토르가 창안한 이탤릭체를 사용해 가독성을 높인 것도 좋은
평가를 받는 데 일조했다.[3]

오르텔리우스는 학자들을 통해 수집한 53개의 지도를 그대로
사용하지 않고 손수 판화로 다시 새겼다. 물론 지도의 양이 많았기
때문에 다른 전문가들과 협업을 했는데, 그중 가장 유명한 인물은
16세기의 화가이자 판화가, 지도 제작자인 프란스 호젠베르흐[Frans
Hogenberg]였다. 초판에 실린 53개의 지도를 새로 새기는 작업은 아마
도 1564년부터 1567년까지 대략 3년의 시간이 소요되었던 것으로
보인다.[4]

첫 지도책이 상당한 호평을 받은 덕분에 1571년과 이듬해에는
연달아 새로운 판이 발간될 수 있었다. 한껏 신이 난 오르텔리우스
는 지도책을 확충해나가는 데 더욱 힘을 쏟았다. 그는 이후 판을 새
로이 출판할 때마다 이전 책에 실린 지도에 새로운 지리적 발견을 계
속 추가하는 식으로 개정했다. 『세계의 무대』에는 주로 유럽 국가가

실렸고, 이외에도 아시아, 아프리카, 이집트, 타타르^{Tatar} 지역의 지도들이 포함되었다. 초판은 교육을 가장 잘 받은 유럽 엘리트들의 언어로 통한 라틴어로 발행되었고, 이어서 1571년에는 네덜란드어, 1572년에는 독일어와 프랑스어, 그리고 1606년에는 영어, 마지막으로 1608년에는 이탈리아어로 번역 판본이 확장되었다.

여기서 『세계의 무대』에서 가장 주목해야 할 특징을 하나 짚고 넘어가자. 오르텔리우스는 여러 지도 제작자들과 학자들이 지도를 제공해준 덕택으로 이 지도책을 만들 수 있었다. 그는 이 기여자들의 노고에 감사를 표하며 그들의 이름을 정리한 목록을 『세계의 무대』에 참고 인명란으로 실었다. 당시에는 지금과 같은 저작권법이 없었으므로 이렇게까지 할 필요는 없었다. 그런데 오르텔리우스는 의리의 사나이였던 모양이다. 1570년 초판에는 87명의 목록이, 그리고 1603년 판에는 지도책의 규모가 크게 확장되면서 무려 183명의 인명이 게재되었다.[5]

이 인명란은 현재까지도 당시의 주요한 지도 제작자들을 연구하는 데 귀중한 자료로 활용되고 있으니 그때에도 현재에도 『세계의 무대』에서 가장 긴요한 부분이라 할 수 있다. 마치 닭갈비나 곱창을 먹고 난 후 볶아 먹는 볶음밥, 김치찌개 속의 돼지고기, 초코 크루아상 위에 뿌려진 초코와도 같다고나 할까. 가장 핵심이 되고 없으면 굉장히 서운한 부분이니까 말이다.

이 지도책은 개정판이 출판될 때마다 상당한 수요가 뒤따랐다.

▲ 16세기의 출판 산업을 주도했던 플란테인 출판사의 서점 풍경. 이곳을 통해 오르텔리우스의 『세계의 무대』가 더욱 양질의 지도책으로 제작될 수 있었다.

▼ 현재의 플란테인 출판사 본사. 출판의 역사를 살펴볼 수 있는 박물관과 도서관이 함께 있다.

초판 이래 1598년까지 약 2천2백 부라는 당시로서는 어마어마한 판매량을 기록한 것으로 전해진다.⁶ 지금으로 치면 인터넷 실검 순위에 계속 이름을 올릴 법한 이슈였다. 이 같은 상업적인 성공으로 1579년부터는 안트베르펜에서 큰 명성을 떨친 출판사 플란테인 Plantijn에서 저작권을 양도받아 이 지도책을 출간하기 시작했다.⁷ 이 때부터는 출판사의 전폭적인 지지를 받아 더욱 양질로 제작될 수 있었다. 지도책이 한창 인기를 얻는 사이 때마침 오르텔리우스가 스페인의 국왕 펠리페 2세로부터 제국의 지리·지도학자로 임명되는 영광을 안게 되어 그의 지명도는 더욱 높아졌다. 자연스럽게 『세계의 무대』 역시 이에 걸맞은 명성을 얻으며 이후 계속 승승장구했다.

이와 같이 16세기의 수많은 유럽인들이 오르텔리우스의 지도책에 주목했다면 『세계의 무대』 이전에는 이 지도책과 유사한 책이 만들어진 사례가 전혀 없었는가 하는 궁금증이 생길 법하다. 물론 이 시기보다 훨씬 이전부터 지도책의 전조는 있었다. 프톨레마이오스의 『지리학』은 28개의 고대 지도를 포함하고 있었고, 1560년부터 1577년 사이에 로마와 베네치아에 위치한 이탈리아의 출판사들은 이탈리아 지도를 모은 컬렉션을 출간하기도 했다.⁸

하지만 이들의 출판물은 지도책의 진정한 선구가 될 수 없었다. 이 같은 컬렉션에는 지도에 관한 각각의 설명이 없을 뿐 아니라 지도의 크기 또한 동일하지 않고 제각각이었기 때문에 책이라고 부르기는 어려웠다. 『세계의 무대』를 출간한 오르텔리우스의 독창성은 초

오르텔리우스가 1590년에 출간한 『세계의 무대』에 담긴 아이슬란드 지도.

기의 지도들을 체계적으로 갱신하고 확대시켜나간 것[9]과 동시에 지도와 텍스트를 동일한 스타일과 크기로 재단한 후 이를 대륙, 지역, 주州별로 논리적인 배열을 통해 한 권의 책 안에 깔끔하게 통합했다는 점이다.

애초에 오르텔리우스는 큰돈을 벌고 싶어서 지도책을 탄생시켰다. 그는 명성이 드높은 예술가가 아니라 그저 채색가였기에 자신의 사회적 위치를 높이려면 부를 쌓아야만 했다. 그런데 이렇게 그의 발자취를 따라가다 보니 자칫 무모한 도전일 수도 있었던 그의 사업이 크게 성공한 이유가 확실히 있는 것 같다. 그는 개인적인 욕망에 앞서 뚜렷한 비전과 넉넉한 인품, 그리고 탁월한 창조력과 성실한 자세를 두루 갖추고 있었다. 오르텔리우스는 땅속에 고이 숨겨져 있다가 드디어 때가 되어 표면 위로 올라온 뛰어난 재능을 가진 능력자였던 것이다.

학문적 지도책의 스승
메르카토르

오르텔리우스가 지도책을 고안하는 데 결정적인 공헌을 했고 그와 함께 지도책의 시대를 열어젖힌 또 한 명의 인물인 메르카토르. 아마도 우리에게는 오르텔리우스보다 메르카토르라는 이름이 더 익숙할 만큼 그는 지도학과 지도책의 역사에서 매우 중요한 인물이다. 그러니 여기서 그의 업적을 좀 더 자세히 살펴보고 넘어갈 필요가 있다.

우주형상학자, 지리학자, 철학자, 수학자, 도구 제작자, 판화가 등의 다양한 직업을 갖고 있던 메르카토르는 대학 시절 그의 스승이자 앞서 언급했듯이 경도 문제에 관해 가장 고뇌했던 헤마 프리시위스와 금세공업자인 하스파르트 판데르 헤이던Gaspard van der Heyden에게서 각각 학문적 기술과 실용적 기술을 사사했다. 이후 1537년에 여섯 장으로 발간된 팔레스타인 지도를 제작하는 것을 시작으로 지도 제작에 나섰다.

학문적 지도책의 스승 메르카토르.

1540년에 제작한 세계지도로 스페인의 국왕 카를로스 1세의 인 정을 받아 최고 지도학자의 반열에 오른 메르카토르는 이후 1585년 에 새로운 지도 컬렉션을 선보였다. 이 컬렉션에는 스위스를 포함한 프랑스의 지도 16개와 벨기에, 네덜란드의 지도 9개, 그리고 독일의 지도 26개를 더해 총 51개의 지도가 포함되었다. 1589년에는 23개 의 지도를 모아 두 번째 컬렉션을 세상에 내놓았는데, 이 컬렉션은 코르시카를 포함한 이탈리아의 지도 16개와 스티리아(현재 오스트 리아의 동남부 지역)의 지도 3개, 발칸 반도와 그리스의 지도 4개로 구 성되었다. 이 두 번째 컬렉션은 그의 생애 마지막 지도 모음집으로 남 게 되었다.

지도 제작자로서 메르카토르의 업적이 총집결된 '완결판'이라

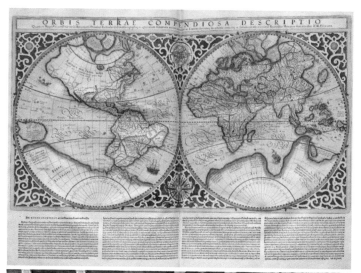

▲ 메르카토르의 아들 뤼몰트가 1587년에 제작한 세계지도.

▼ 2세기경 로마 시대에 제작된 아틀라스 조각상, 나폴리 국립고고학박물관 소장.

할 수 있는 작업은 그가 사망한 이듬해인 1595년에 아들인 뤼몰트 메르카토르에 의해 지도책으로 출간되었다. 이 지도책에는 『아틀라스 혹은 창조된 우주와 우주의 만물에 관한 우주지학의 성찰Atlas or Cosmographical Meditations upon the Creation of the Universe and the Universe as Created』(이하 『아틀라스』로 약칭)이라는, 듣기만 해도 현기증이 나는 긴 제목이지만 꽤나 그럴듯한 이름이 붙여졌다. 여기에는 1585년과 1589년의 지도 컬렉션을 합해 총 102개의 지도가 실렸다. 새롭게 추가된 지도는 28개였는데, 영국의 지도 16개와 덴마크의 지도 4개, 아이슬란드의 지도 1개, 스웨덴과 노르웨이가 함께 묘사된 지도 1개, 그리고 프로이센, 리보니아(라트비아 및 에스토니아의 옛 명칭), 러시아, 리투아니아, 트란실바니아와 크림 반도의 지도가 각각 1개씩 포함되었다.

그런데 『아틀라스』와 〈아틀라스 마이오르〉같이 지도책의 제목으로 '아틀라스'라는 단어가 참 많이 사용되는 것 같다. 요즘이야 '아틀라스'라고 하면 단순히 '맵map'이 아니라 지리부도 같은 '지도책volume of maps'을 뜻하는 말로 이해하지만 당시에도 그랬을까? 이 단어는 처음에 어떻게 탄생했을까?

아틀라스는 '큰 부담을 지고 있는 사람'이라는 뜻을 지닌 라틴어 단어에서 파생되었다. 사실 아틀라스는 그리스 신화 속 인물이기도 한데, 타이탄(거인족)의 일족으로 올림포스 신들과의 싸움에서 패한 후 제우스로부터 평생 지구 서쪽 끝에서 손과 머리로 하늘(우라노스)을 떠받쳐야 하는 형벌을 받는다. 고대 로마 조각에서 힘겹게 지구본

1595년에 출간된 메르카토르의 『아틀라스』 완결판 권두 삽화.

을 받치고 있는 인물이 바로 아틀라스다. 프랑스 출신으로 로마에서 활동한 출판인 안토니오 라프레리Antonio Lafreri는 16세기 중반, 고객의 취향에 맞춰 지도를 한데 묶은 책을 발간했다. 그러면서 그는 세계를 어깨에 짊어지고 있는 아틀라스를 묘사한 모습을 표제 이미지로 사용했는데, 이때 처음으로 지도책과 아틀라스가 연관성을 지니게 되었다. 그리고 1595년에 메르카토르의 아들 뤼몰트가 아버지의 작업을 계승한 지도책 제목에 '아틀라스'라는 명칭을 사용함으로써 지도책에서는 처음으로 '아틀라스'라는 이름이 등장하게 되었다.

이후 메르카토르 가문이 유럽의 지도책 제작을 선도하면서 줄곧 아틀라스는 지도책을 가리키는 보통명사로 자리 잡았다.¹⁰ 사실 메르카토르도 1589년의 두 번째 지도 컬렉션의 서문에서 아틀라스를 언급하긴 했다. 여기서 그는 아틀라스를 박식하고 지혜로운 마우레타니아의 신화 속 왕으로 소개했다. 뤼몰트는 이 같은 아버지의 뜻을 받들어 1595년에 발간한 지도책 제목으로 '아틀라스'를 사용했을 듯하다.

이처럼 지도책을 가리키는 '아틀라스'라는 단어의 기원을 찾아 올라가면 그 이유가 조금은 평범한 듯해 맥이 빠질 수도 있지만, 이 단어는 메르카토르의 영향력이 당대에 얼마나 대단했는지를 방증하는 중요한 열쇠이다. 마치 '지퍼'라는 브랜드명이 대체 불가능한 보통명사가 된 것과 같다고나 할까.

다시 1595년에 출간된 메르카토르와 뤼몰트의 『아틀라스』로 돌아와보면, 매우 흥미로운 점을 발견할 수 있다. 이 지도책이 '지도'책임에도 불구하고 책의 절반 이상이 지도에 관한 설명을 담은 '글'로 채워졌다는 사실이다. 가장 많은 페이지를 할애한 내용은 책 제목이 암시하듯이 우주의 삼라만상에 관하여 천문학이나 점성술에 기초해 묘사한 글과 지구의 지리학에 대한 서술이었다. 메르카토르는 본인의 여러 직업 중에서도 우주형상학자로 일컬어지기를 제일 좋아했는데, 그는 우주형상학자의 일을 하늘과 땅을 통합하는 우주 전체의 설계와 그 부분들의 위치, 운동, 질서를 연구하는 것으로 보았다.[11] 이를 증명하듯 메르카토르는 1560년대부터 30년간 우주지학에 관한 연구를 진행하며 모든 국가의 지형과 역사, 더 나아가 우주의 창조와 기원에 대한 포괄적인 연구 작업을 수행했다.[12] 그는 이 작업을 '우주지 연구'라는 제목으로 다섯 권의 책으로 집필할 계획을 갖고 있었는데, 이 지도책이 최종본이었던 것이다. 보통 사람들에겐 재미 없고 지루하기만 한 작업일 수도 있겠지만 메르카토르에겐 일생일대의 모든 학문적 업적이 녹아들어 있는 귀하디귀한 보물단지 같은 지도책이었다.

바로 이러한 점에서 메르카토르의 지도책은 학자의 책으로서 좀 더 학문적이고 오르텔리우스의 지도책은 지도 제작자의 책으로서 보다 상업적인 책이라고 할 수 있다. 오르텔리우스의 지도책이 여러 지도 제작자들의 지도를 책의 사이즈에 맞게 재판각하는 것에 그쳤다면[13] 메르카토르는 지도 제작자이기에 앞서 우수한 교육 환경에서 수학하며 역량을 키운 학자였다. 그는 지리학 외에도 신학, 철학, 역사, 수학, 지구자기학에도 관심이 많았다. 그렇기 때문에 자신의 모든 지적 능력을 한껏 발휘해 학문적으로 완벽한 지도를 제작하고 싶었을 것이다. 메르카토르는 지도의 정확성과 실용성을 높이기 위해 부단히 노력했다. 따라서 당연히 오르텔리우스에 비해 더 느리게 일을 진행할 수밖에 없었지만, 훨씬 더 비판적인 시각으로 지도 제작에 임했다. 그가 제작한 지도가 아주 정교할 수 있었던 것도 더욱 세심하고 깊이 있게 연구했기 때문이다. 그리고 그는 사명감을 갖고 진행한 이 연구들을 바탕으로 모든 지도의 구성과 축적을 재편집해 혁신적이고 새로운 판형을 제시했다.

　메르카토르의 친구이자 당시 신성로마제국에 속한 뒤스부르크시의 시장이던 발터 김^{Walter Ghim}은 1595년 『아틀라스』가 출간될 당시 이 지도책의 부록으로 '메르카토르의 삶'이라는 메르카토르의 전기를 실었다.[14] 이 전기에 의하면 메르카토르는 천 권이 넘는 책을 읽은 다독가였다. 그리고 학자나 여행가, 상인, 선원들과 방대한 서신을 교환하며 자료를 수집했을 정도로 자신의 일에 대한 집념과 열정이 넘치는 사람이었다. 여기까지만 봐도 메르카토르는 꽤나 지적이고 비범한 인물이었을 것으로 보인다. 게다가 성격 또한 유쾌하고 유머가 넘쳤고, 학자들과 철학, 물리학, 수학에 관해서 뿐만 아니라 정신적, 육체적 건강을 유지하는 방법이나 외국의 관습에 관해 토론하는 것이 그의 가장 큰 기쁨이었다고 한다. 발터 김은 메르카토르가 게으름을 피우거나 빈둥거린 적이 없는 성공한 사업가로서 자신의 서재에서 명상을 하기도 하고 훌륭한 식단으로 건강을 관리했다고 전한다.[15]

　그런데 연구와 학문에만 매진했을 것 같은 메르카토르에게도 반전이 있다. 그 또한 상업적인 면에 아예 관심이 없었던 것은 아니라는 사실이다. 역시 인간이라면 누구나 자신이 하는 일에 보상이 따르길 바라는 것일까? 앞서 살펴본 바와 같이 메르카토르는 1537년에 처음으로 지도를 제작했다. 이 지도는 '성경을 제대로 이해하기 위해 제

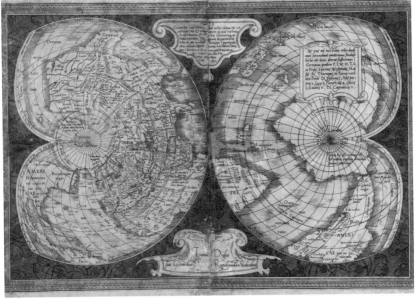

▲ 메르카토르가 1537년에 처음으로 제작한 지도인 팔레스타인 지도.

▼ 메르카토르가 1538년에 제작한 세계지도.

작된' 것으로 성지聖地를 그린 팔레스타인 지도였다.[16] 당대에는 성지 순례가 기독교인들 사이에서 당연시되었는데, 메르카토르는 성지 순례의 길잡이가 되는 지도가 기독교인들에게 꽤 잘 팔릴 것으로 정확히 예측했다.[17] 말하자면 그는 처음 제작한 지도부터 상업적인 성공을 거두었던 것이다. 1544년에 제작한 15쪽짜리 유럽 지도는 그가 만든 지도 중에서 가장 큰 성공을 거둔 지도로 1566년 한 해에만 208장이나 판매되었다.[18] 이처럼 만드는 지도마다 연속적인 성공을 거두었으니 당연히 큰 부를 쌓았을 것으로 추측할 수 있는데, 어쩌면 이 같은 안정적인 수입원이 있었기에 학문적인 지도책을 만드는 것에 전념하고 또 그것에 모든 열정을 쏟을 수 있었는지도 모른다. 민

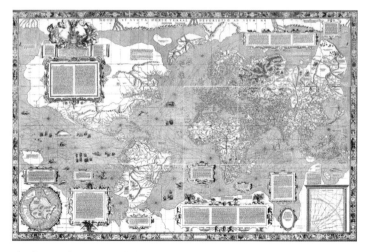

메르카토르 도법으로 1569년에 제작된 세계지도.

을 만한 구석이 있었던 것이다.

하지만 메르카토르가 주된 관심사를 학문에 두었던 것은 엄연한 사실이다. 그는 150년경에 프톨레마이오스가 쓴 『지리학 입문』을 자신의 학문적 지식을 총동원해 복원하면서 지리학계에 크게 공헌했다. 더 나아가 대양 탐험에 어려움을 겪고 있는 항해인들을 돕기 위해 메르카토르 도법이라는 혁신적인 도법을 창안해 1569년 세계 지도에 적용함으로써 해운업에 크게 기여했다. 발터 김에 의하면 메르카토르는 오르텔리우스 이전에 지도책을 발간할 계획을 갖고 있었다.[19] 그러나 진정한 학자였던 그는 학문적 성과를 지도책 안에 완벽하게 구현하기 위해 지도책이라는 기가 막힌 신문물의 아이디어를 오르텔리우스에게 양보하고 지도책의 출간 시기를 계속 연기했다고 한다. 직업적 사명감과 더불어 대인배의 넉넉한 마음까지 갖고 있었다니…… 메르카토르는 분명 17세기 네덜란드의 최고 매력남 중 한 명이었을 것이다.

그런데 메르카토르의 매력은 여기서 끝이 아니다. 그는 학자이기 이전에 예술가의 기질도 탁월했다. 오르텔리우스의 『세계의 무대』가 호평을 받으며 높은 판매고를 올릴 수 있었던 것은 앞서 언급했듯이 메르카토르가 창안한 이탤릭체를 사용한 것이 주된 이유 중 하나였다. 메르카토르는 뛰어난 캘리그래퍼이자 판각사이기도 했던 것이다. 그는 특출난 재능을 여러 개나 갖고 있는, 못하는 것이 없는 진정한 르네상스 맨이었다!

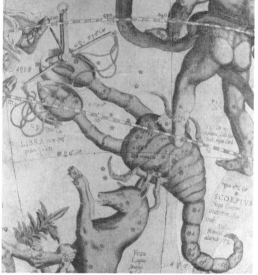

▲ 메르카토르가 제작한 지구의.

▼ 메르카토르가 제작한 지구의의 디테일. 놀랍도록 세밀하게 묘사되어 있다.

메르카토르는 스승인 프리시위스와 함께 각자의 스타일에 맞게 지구의를 제작해 판매하기도 했다. 하지만 판각술이 더욱 견고하고 서체 또한 아름다웠기 때문에 그의 것은 스승의 것보다 두 배 이상 비싼 가격에 판매되었다.[20] 이렇듯 메르카토르는 자신의 개인적인 재능을 십분 발휘해 더욱 상업적이고 외적인 요소도 출중한 지도책을 제작할 수 있었음에도 학자로서 사명감을 가지고 학문적 요소를 절대 우위에 두었다. 이 단호한 뚝심에 박수를 보내고 싶다.

지금까지 살펴본 바와 같이 오르텔리우스와 메르카토르라는 지도업계의 두 거물이 개척해나간 16세기의 지도책 산업은 한편으로는 상업적인 방향에, 또 한편으로는 학문적인 방향에 중점을 둔 상반된 두 흐름으로 전개되었다. 하지만 17세기에 접어들어 지도책의 구심점이 네덜란드 연합공화국으로 옮겨가면서 이 흐름은 뚜렷하게 상업적인 방향으로 굳어지게 되었다. 그리고 이 동향에서 절정을 이룬 인물들이 바로 17세기 네덜란드 지도책 제작의 명가인 블라외 가문의 빌럼과 요안이다!

빌럼, '블라외 가문'이라는
명품 브랜드의 창시자

블라외 가문은 삼대에 걸친 지도책 제작의 명문가이다. 이 가문

◀ 빌럼 얀스존 블라외가 제작한 천구의, 메트로폴리탄 미술관 소장.

▶▲ 블라외 가문의 위대한 시작을 알린 빌럼 얀스존 블라외.

▶▼ 17세기 네덜란드를 넘어 유럽의 지도책 산업을 선도한 요안 블라외.

의 일원들은 각축전이 치열했던 17세기 네덜란드의 인쇄와 상업지
도 제작업계에서 일인자의 자리를 놓치지 않으며 선두 자리를 지켜
나갔다. 17세기 초반 아버지 빌럼을 시작으로 1630년대부터는 그의
아들 요안이 동참하면서 가문의 위상을 독보적인 위치로 올려놓았
다. 요안이 사망한 이후에는 1703년까지 그의 세 아들인 빌럼Willem,
피터르Pieter, 요안 2세Joan II가 가업을 이어갔다. 지도책 산업에서 블

라외 가문이 이 같은 우수한 성과를 얻을 수 있었던 것은 그들과 경쟁을 벌인 다른 지도책 제작자들과는 확실히 차별화되는 무언가가 있었기 때문이다. 그것은 그들만의 남다른 역량으로 일궈낸 화려한 이력이었다.

빌럼은 어릴 적부터 천문학과 수학에 빼어난 재능을 보였다. 그 덕택으로 1594년부터는 덴마크의 천재적인 천문학자 티코 브라헤 Tyge Brahe 밑에서 조수로 활동할 수 있는 기회를 얻어 벤 섬Hven Island(현재는 스웨덴령)에 머물게 되었다. 티코 브라헤가 어떤 인물인가. 그가 만약 이 시대에 태어난다면 아마도 미국 항공우주국에서 최고 연봉을 제시하며 스카우트 제의를 할 것이다. 그는 망원경이 발명되기도

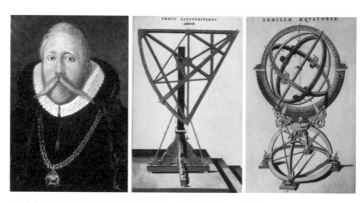

◀ 빌렘에게 지도 제작술을 가르친 당대 최고의 과학자 티코 브라헤.

◆ 티코 브라헤가 1576년에 직접 디자인하고 구리판과 나무로 제작한 육분의. 이것으로 태양, 달, 행성, 그리고 별의 거리를 측정했다.

▶ 1584년에 티코 브라헤가 제작한 이 기구는 별의 길이와 폭을 측정하는 데 사용되었다. 빌럼은 이 기구를 통해 천체우주형상학에 대해 깊이 배울 수 있었다.

전에 이미 행성을 관찰했는데 그 정확도가 망원경으로 본 것과 거의 일치했다고 하니 말이다.[21] 그 정도로 뛰어났으니 당시에도 티코 브라헤는 덴마크의 왕 프레데리크 2세까지 인정한 가장 유명하고 우수한 과학자였다.

프레데리크 2세는 티코 브라헤 한 사람을 위해 벤 섬에 우라니보르크^{Uraniborg}('하늘의 집'이라는 뜻)라 불린 약 245만 평에 달하는 일종의 천문 관측 단지를 조성했다. 이 단지 안에는 천문대는 물론이고 화학 실험실, 제지소, 인쇄소, 옥수수 제분소, 풍차, 식물원, 60개의 연못까지 갖춰져 있었다. 단 하나 없는 게 있다면 망원경이었다! 아직 망원경이 발명되기 전이었으므로 티코 브라헤 역시 맨눈으로 하늘을 관측했다. 그는 이곳에서 20년이 넘는 세월 동안 보통 6~8명, 많을 때는 10~12명 정도의 관측 장비를 제작하는 장인과 일꾼, 그리고 뛰어난 천문학자들과 함께 상주했다.[22]

당연히 많은 과학 꿈나무들이 그의 제자로 들어가기를 원했고, 학생들은 벤 섬에 들어가는 것을 가문의 영광으로 여겼다. 많은 아이들 중에서도 단연 독보적이었던 빌럼은 티코 브라헤의 총애를 듬뿍 받으며 공부했고 더 심도 깊은 가르침을 받았다. 빌럼이 처음 벤 섬에 왔을 때는 몇 년간 지구본이나 천구의 같은 기구를 만들 수 있는 수작업 기술을 배웠다. 이후 천체우주형상학과 지도 제작의 기본 기술을 익힐 수 있었는데, 이때 그린 벤 섬의 지도는 빌럼이 제작한 첫 번째 지도가 되었다.[23]

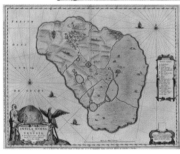

▲ 우라니보르크에서 천문을 관측하고 있는 티코 브라헤와 그의 제자들.

▼◀ 1663년에 제작된 〈아틀라스 마이오르〉에 담긴 벤 섬의 모습.

▼▶ 1663년의 〈아틀라스 마이오르〉에 담긴 티코 브라헤의 천문관측소 궁전.

빌럼 안스존 블라외의 저서 『항해의 빛』 표제.

빌럼은 요샛말로 금수저 출신이었다. 그의 아버지는 청어 산업으로 큰 부를 일으킨 사업가였다. 청소년기에 벤 섬에서 보낸 경험과 아빠 찬스로 물려받게 된 사업가적 DNA를 토대로 빌럼은 1605년에 암스테르담에서 책을 출판하기 위한 인쇄소를 차렸다. 앞서 언급했듯이 빌럼의 출판사는 17세기 네덜란드의 출판업에서 업계 1위의 자리를 놓치지 않았다.[24] 그는 해양인들에게 정확한 정보를 제공하기 위해 수학, 천문학, 지리학 및 항해에 관한 책을 다수 출판했는데, 그에 그치지 않고 직접 책을 집필하기도 했다. 빌럼은 지도 제작자로서의 입지 또한 굳혔다. 『항해의 빛』(1608년)과 『바다의 거울』(1623년)은 자신의 천문학적 지식을 기반으로 출판한 대표 저서이다.

이 같은 항해용 책으로 그는 지리학자로서도 당당히 인정받을 수 있었다.

빌럼이 과학자로서 높은 평가를 받게 된 계기는 인쇄기였다. 그는 기존의 인쇄기를 개량해 지도를 더욱 능률적으로 제작했다. 인쇄기를 견고하게 만들기 위해 일부 부품을 더 튼튼하게 만들고, 일종의 용수철과 같은 균형추를 이용해 압판의 압력을 좀 더 균일하게 만든 것이다. 1440년경 독일의 요하네스 구텐베르크^{Johannes Gutenberg}는 금속활자를 발명하면서 인쇄술에 혁신을 일으켰다. 그의 인쇄술은 식자층을 비약적으로 늘리며 근대 사회의 탄생에 크게 기여했다. 그로부터 약 2백 년이 지나 빌럼에 이르러 인쇄술은 정교한 활자와 더불

◀ 빌럼이 고안한 '블라외 인쇄기'.
▶ 요안이 블룸흐라흐트 작업장에서 사용한 인쇄기.

영국에 블라외 인쇄기를 전파한 조지프 목슨, 1692년.

어 예술적인 이미지 표현이 가능할 정도로 진일보했다.

조금씩 유명세를 떨치던 빌럼의 인쇄 작업장은 네덜란드를 넘어 곧 유럽에서 가장 인기 있는 핫플레이스 중 한 곳으로 등극했다. 당시 그의 작업장을 방문한 프랑스의 작가이자 장서가인 클로드 졸리 Claude Joly는 그가 개발한 인쇄기를 보고 깜짝 놀라며 "전 유럽에서 가장 뛰어나고 아름다운 인쇄기"[25]라고 극찬을 아끼지 않았다. 지도 전문 인쇄업자인 영국인 조지프 목슨 Joseph Moxon은 그의 인쇄기를 '블라외 인쇄기'라고 칭하며 영국의 인쇄업자들에게 이 인쇄기를 사용할 것을 강력히 촉구하기도 했다.[26]

빌럼은 이렇듯 본업에서도 부업에서도 여러 능력을 발휘한 뛰어난 인재였다. 이를 알아본 동인도회사는 1633년 동인도회사의 공식 지도 제작자로 빌럼을 임명했다. 이로써 빌럼은 네덜란드의 정치와 상업에서 핵심 인물로 떠올랐고 그의 가문도 네덜란드 지도 제작업계의 중심 세력으로 급부상하게 되었다. 빌럼은 지도책 제작자로서 갖춰야 할 과학자, 판화가, 사업가의 소질을 두루 겸비한 인물이었다. 뿐만 아니라 네덜란드 전체에 공적인 힘까지 행사할 수 있는 막대한 권한 또한 쥐게 되었다. 그는 매서울 정도로 빠르게, 냉혹할 정도로 이성적이게 경쟁자들이 지니지 못한 역량을 최대치로 발휘하며 성공을 향해 질주했다.

미워하기에는 너무 탁월한
요안의 역량

빌럼의 아들 요안은 아버지보다 더 탁월한 사업가적 기질과 정치력, 그리고 명민함과 강한 승부욕을 지닌 인물이었다. 그의 역량은 블라외 가문이 네덜란드를 넘어 유럽 전역에서 지도책 제작의 명가로 맹위를 떨칠 수 있게 한 결정적 요인이었다.

요안은 레이던 대학에서 법학 박사 학위를 취득한 법학도였다. 처음에는 당연히 법조인의 길을 걸으려 했다. 그러나 1631년부터 가업에 합류하면서 타고난 친화력과 정치력으로 1650년에는 암스테르담 시의원에 선출되고 도시 수비대 대장으로도 임명되면서 암스테르담의 유명 인사로 이름을 떨쳤다.

1638년 빌럼이 사망한 후에는 요안 또한 여러 능력을 인정받아 아버지의 뒤를 이어 동인도회사의 공식 지도 제작자로 임명되었다.[27] 그는 이 자리에 앉게 되자 빌럼과는 달리 무소불위의 권력을 행사하며 자기의 이익을 위해서라면 수단과 방법을 가리지 않았다. 사업을 크게 성공시키려면 얼굴이 두꺼워야 하는 것은 당시에도 기본자세였나 보다. 요안의 이 같은 행동은 청나라 말기의 지식인 이종오李宗吾가 저술한 『후흑학厚黑學』(1911년)에 나오는 '면후심흑面厚心黑'(줄여서 후흑이라 한다)을 떠올리게 한다. 두꺼운 얼굴을 방패로 삼고 검은 마음을 창으로 삼아 난세에 생존을 도모한다는 말인데, 속마음을 숨기고 실리를 챙긴다는 뜻으로 이해할 수 있다. 부자들의 처세술이란 서양과 동양을 가리지 않는 모양이다.

요안은 자신에게 영향을 미칠 수 있는 기업의 이사진이나 동인도회사의 주요 인사들과 친분을 쌓으며 모든 정책 결정에 간여했다.[28] 아마도 그들의 마음을 살살 녹이며 자신이 목표한 대로 요리조리 휘두르지 않았을까. 게다가 동인도회사를 위해 개발한 자신의 지도 제작 방식을 상업적으로 이용하기까지 했다. 이런 그의 행동을 최대한 좋게 봐준다면 경직된 사고와 태도에서 탈피해 유연하고 개방적인 자세를 취한 것이라고도 할 수 있겠다.

또한 그는 어떻게 해서든 경쟁자들을 제치기 위해 온갖 노력을 다했다. 그러니 지속적으로 갱신되는 동인도회사의 지리적 정보를 자신의 지도책에 그대로 담아내는 것도 그리 어려운 일이 아니었다.[29] 더불어 높은 직위에 올라 쉽게 교류할 수 있었던 저명한 예술가들을 통해 자신의 지도책에 고귀한 아름다움을 더하며 다른 지도 제작자들의 지도책과는 차별화된 전략으로 더욱 경쟁력을 강화했다.

사업가적 기질을 타고난 요안은 출판업을 지속적으로 성장시키며 자금을 확보했다. 더불어 동인도회사로부터 막대한 이윤을 챙겨 유럽에서 가장 화려하고 사치스러운 지도책을 제작할 수 있는 기반을 닦았다. 그는 동인도회사의 공식 지도 제작자로서 각국의 왕족들에게 헌정하기 위한 지도를 제작할 때 수많은 장식을 추가하면서 제작비를 야금야금 올렸다. 새로운 지도를 만들거나 갱신할 때마다 회사 측에서 장당 7길더의 추가 비용을 지급해야 한다는 계약 조건을 이용해 1668년에는 연봉 5백 길더를 제외하고도 당시 암스테르담의 고급스러운 집 한 채 값과 맞먹는 21,135길더를 청구하기도 했다.[30] 실로 어마어마한 이윤을 챙긴 셈이었다.

블라외 가문, 특히 요안은 이토록 교활했지만 어떻게 보면 타고난 재주라고도 할 수 있는 이러한 능력을 기반으로 더욱 양질의 지도책을 제작할 수 있는 자본을 마련했다. 그리고 이 밑천을 바탕으로 작업장을 더욱 넓혀갈 수 있었다. 1637년에는 암스테르담 서쪽에 위치한 인쇄 산업의 중심지인 블룸흐라흐트[Bloemgracht]로 작업장을 이전하며 규모를 크게 확장했다. 새로운 작업장에는 여섯 대의 지도 전용 인쇄기를 포함해 총 아홉 대의 인쇄기가 설치되었고 40명 이상의 인쇄 작업자가 고용되었다.[31] 17세기 유럽 인쇄업자들의 작업장은 보통 두세 대의 인쇄기를 갖추고 열 명 안팎의 인부가 작업했던 것에 반해 〈아틀라스 마이오르〉가 한창 출판되던 1660년대에 블라외 가문의 작업장에는 80명 이상까지 작업자가 늘어났다. 이는 전 유럽의 인쇄소 중 단연 최대 규모였다. 1644년에 이곳을 둘러본 프랑스의 외교관 클로드 사로^{Claude Sarrau}가 요안을 보며 "유럽 활판 인쇄의 왕자"[32]라고 칭했다고 하니 당시 그의 위세를 능히 짐작할 수 있을 것이다.

〈아틀라스 마이오르〉의
인쇄와 조판 작업 시간

요안의 인쇄소 이야기가 나온 김에 〈아틀라스 마이오르〉는 총 몇 부가 인쇄되었고 작업 기간은 얼마나 소요되었는지에 대해 한번 알아보자. 하지만 미리 안타까운 소식을 전할 수밖에 없는데 이 지도책이 1662년에 처음 출판된 이래 십 년간 몇 쇄가 인쇄되었는지, 그래서 총 몇 세트가 출간되었는지는 알 수 없다고 한다. 그 후로도 3세기 동안 화재와 홍수, 전쟁으로 〈아틀라스 마이오르〉가 상당수 소실되었고, 19세기 초부터는 낱장으로 분리되어 한 장의 지도로 판매되었기 때문에 현재 어느 정도 남아 있는지도 정확히 알 수 없다.

그러나 짐작해볼 수 있는 단서는 있으니 아직 실망하기에는 이르다. 네덜란드 출신의 사학자이자 지도 제작자인 코르넬리스 쿠만 Cornelis Koeman이 네덜란드 지도학의 방대한 역사 자료를 세 권의 책으로 펴낸 저서 『쿠만의 아틀란티스 니를란디치 Koeman's Atlantes Neerlandici』(1997년)를 남겼기 때문이다. 그에 따르면 1993년까지 서유럽에 위치한 도서관들에 총 317세트의 〈아틀라스 마이오르〉가 남아 있었다고 한다.[33] 현재 상황은 어떤지 알 수 없지만, 적어도 1993년까지는 라틴어 판본 129세트, 프랑스어 판본 84세트, 네덜란드어 판본 59세트, 그리고 스페인어 판본 45세트가 현존해 있었던 것이다.

쿠만은 이 재고품들을 미루어 볼 때 이 양은 17세기에 출간된 〈아틀라스 마이오르〉의 총 생산량 중 약 20퍼센트일 것이라고 추측한다.[34] 라틴어 판본은 650세트, 프랑스어 판본은 400세트, 네덜란드어 판본은 300세트, 스페인어 판본은 200세트 정도가 출판되었다는 것이다. 독일어판도 출간되었지만 쿠만은 이 네 판본만을 대상으로 작업량을 추정했다. 그의 통계치를 정리해보면 오른쪽 표와 같다.

이를 바탕으로 당대에 〈아틀라스 마이오르〉를 인쇄하는 데 걸린 작업 시간을 따져볼 수 있다. 〈아틀라스 마이오르〉의 지도 그림은 동판으로 인쇄되었기 때문에 각국의 언어별로 활판을 짜야 하는 텍스트 페이지와는 달리 언어와 상관없이 재사용이 가능했다. 따라서 언어별로 텍스트를 먼저 인쇄하고 그 뒷면에 지도 그림을 인쇄하는 것이 효율적이었다.

언어 세트당 권수	인쇄 부수	세트당 지도그림 (동판인쇄)	인쇄 부수× 세트당 지도그림	세트당 텍스트 (활판인쇄)	인쇄 부수× 세트당 텍스트	세트당 인쇄 종이	인쇄 부수× 세트당 종이
라틴어 11권	650세트	615점	약 400,000점	3,368 페이지	약 2,200,000 페이지	1,152장	약 750,000장
프랑스어 12권	400세트	615점	약 250,000점	4,160 페이지	약 1,700,000 페이지	1,328장	약 530,000장
네덜란드어 9권	300세트	621점	약 190,000점	2,586 페이지	약 780,000 페이지	954장	약 290,000장
스페인어 10권	200세트	555점	약 110,000점	3,790 페이지	약 760,000 페이지	1,290장	약 260,000장
합계	1,550세트		약 950,000점	13,904 페이지	약 5,440,000 페이지		약 1,830,000장

쿠만이 정리한 1600년대에 인쇄된 〈아틀라스 마이오르〉 네 판본의 추정 통계표.

쿠만이 제시한 통계를 기준으로 각 언어별로 수록된 지도 그림을 출간된 인쇄 부수만큼 계산해보면 인쇄된 총량이 대략 95만 점이었다는 것을 알 수 있다.[35] 이를 당시의 인쇄 시간과 노동 시간을 기준으로 시간당 작업량으로 환산해보면 한 시간에 10점, 하루에는 100점(하루당 10시간 노동 기준)을 인쇄할 수 있다. 이는 95만 점을 인쇄하는 데 9,500일이 걸린 셈이며, 블룸흐라흐트에 있는 인쇄기 9대 중 지도 전용 인쇄기 6대로 약 1,600일 동안, 즉 4년 반 동안 인쇄해야 한다는 것을 의미한다.[36]

〈아틀라스 마이오르〉의 텍스트 부분은 각 언어별로 조판 작업을 수행해야 하고, 개정판이 나오면 새롭게 다시 조판해야 했기 때문에

◀ 당시에 활판 작업을 하는 모습.

▶ 당시에 인쇄하는 모습. 벽과 천장에 걸린 종이들을 보면 여러 가지 다양한 이미지가 인쇄되어 있다.

상당한 시간이 소요되었다. 〈아틀라스 마이오르〉는 10~13포인트의 글자 크기로 약 55줄씩 두 열로 구성되어 있다.[37] 조판사가 한 페이지를 짜는 데에는 약 440분이 걸린다고 추정했는데, 제목이 들어가는 페이지는 더 많은 시간이 소요되었기 때문에 쿠만은 페이지당 평균 작업 시간을 8시간으로 잡았다.[38] 앞의 표에서 보듯이 네 판본을 모두 한 차례 인쇄하려면 총 13,904페이지를 조판해야 한다. 그런데 이 페이지에는 빈 페이지 등 불필요한 페이지도 포함되므로 쿠만은 계산의 편의를 위해 네 가지 판본의 활판 페이지를 총 12,500페이지로 잡았고, 이를 페이지당 8시간, 하루 10시간 노동일로 계산하면 10,000일이 필요하다는 결론이 나온다. 만약 다섯 명의 조판사가 매일 쉬지 않고 매달려 노동했다고 가정하면 각각 2,000일씩, 즉 6년

동안 일해야 한다.

　하지만 조판 작업을 끝내고 이를 종이에 인쇄하는 과정은 비교적 빨리 진행되었다. 쿠만은 평균 한 시간에 50장을 인쇄할 수 있었다고 가정했다. 이를 바탕으로 추론해보면, 출간된 네 판본의 총 인쇄 부수 1,550세트를 인쇄하는 데 필요한 1,830,000장의 종이를 인쇄하려면 약 3,660일(하루 10시간)이 걸린다. 따라서 블룸흐라흐트의 인쇄기 9대를 전부 사용한다면 대략 407일 만에 작업을 마칠 수 있었다는 결론이 나온다.

　이렇듯 유럽에서 가장 큰 규모의 인쇄 작업장을 기반으로 한 이상적인 작업 환경, 풍부한 물적 자원, 그리고 자신의 사회적 입지와 추진력을 바탕으로 요안은 〈아틀라스 마이오르〉를 가히 독보적인 위치에 올려놓았다. 다양한 방면에서 믿을 수 없을 만큼 뛰어난 능력을 발휘한 빌럼. 이런 아버지에게서 물려받은 금수저 혜택을 등에 업고 불도저처럼 거침없이 사업을 밀고 나간 요안. 이렇듯 두 부자의 탁월한 역량은 요안이 자신의 지도책에 한층 더 높은 가치를 더할 수 있는 든든한 기반을 마련해주었고, 결과적으로 블라외 가문이 17세기 네덜란드 지도책 산업의 왕좌를 차지하게 되는 결정적인 요인으로 작용했다.

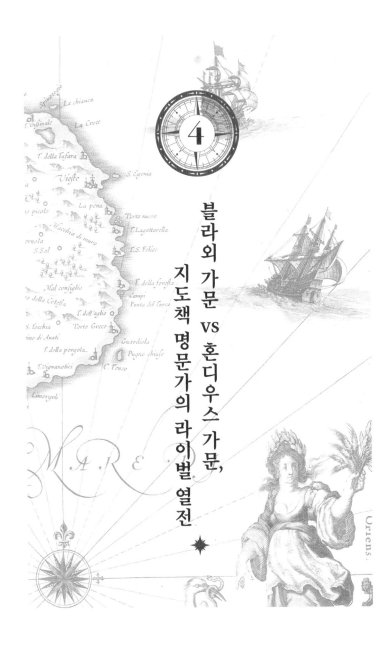

블라외 가문 vs 혼디우스 가문,
지도책 명문가의 라이벌 열전

19세기 독일의 철학자 프리드리히 니체는 자신의 첫 번째 저서 『비극의 탄생』(1872년)에서 예술의 발전은 '디오니소스적'인 것과 '아폴론적'인 것의 이중성과 결부되어 있다고 주장하며 '나의 적은 곧 나의 벗'이라는 철학을 역설했다. 음악의 원리에 상응하는 디오니소스적인 것과 조형예술의 원리인 아폴론적인 것, 이 상반된 두 성질은 평행선에서 끊임없이 대립하면서 승화해나가 서로에게 자극을 주고 각자의 본질을 고양시킨다는 것이다. 그리스 비극을 통해 고찰한 니체의 이 같은 획기적인 견해는, 적은 언제나 힘들고 버거운 존재로 다가오지만 상대를 이기기 위해서 내가 더 노력하게 되고, 결국엔 서로에게 영향력을 행사해 긍정적이고 건강한 경쟁의 길을 가게 된다는 것을 깨닫게 해준다.

　　블라외 가문은 지도책 산업에서 일인자의 자리를 놓치지 않기 위해 부단한 노력을 쏟았다. 그러나 막강한 경쟁자의 출현을 막을 수는 없었다. 그것도 블라외 가문의 앞날을 위협할 정도의 경쟁자를 말이다. 이 두 지도책 제작자들은 동일한 업종에 종사했다는 점과 지향점이 같았다는 점에서 디오니소스적인 것과 아폴론적인 것처럼 명확한 이분법으로 나눌 수는 없다. 하지만 추구하는 방향성이 동일했기에 상호 대립의 상태에서 더욱 창조적인 힘을 유발시키며 공존해나갔다. 그러한 점에서 이 둘의 경쟁은 현대를 살아가는 많은 이들에게 반드시 필요한, 또 개인적으로 무척 공감하는 니체의 '긍정의 철학'과 꼭 닮아 있다.

이런 의문이 든다. 경쟁자의 존재가 없었다면 〈아틀라스 마이오르〉가 탄생할 수 있었을까? 과연 그들은 니체가 설파한 것과 같이 건강하고 긍정적인 경쟁의 길을 걸어갔을까? 아니면 총과 칼만 들지 않았을 뿐 매서운 신경전이 펼쳐지는 잔인한 분위기 속에서 서로를 없애지 못해 안달이었을까?

해답을 얻기 위해 이 장에서는 블라외 가문과 그의 경쟁자가 제작한 지도책의 계보를 살펴보기로 하자. 이를 통해 17세기 네덜란드의 지도책들이 어떻게 변모하며 발전해나갔는지, 당대 지도책의 트렌드는 무엇이었는지를 확실히 알 수 있을 것이다. 그리고 이것은 곧 〈아틀라스 마이오르〉의 탄생 비화가 된다.

혼디우스 가문의 등장과
첫 지도책

앞서 언급한 대로 당시의 네덜란드는 '지도의 시대'라 해도 지나치지 않을 만큼 수많은 지도 제작자들이 활약했다. 블라외 가문이 한시도 긴장의 끈을 놓을 수 없었던 이유는 이 수많은 제작자들 중에서도 혼디우스 가문이라는 또 다른 지도 제작의 명가가 있었기 때문이다. 혼디우스 가문은 블라외 가문 못지않은 역량과 기예를 두루 갖추고 있었다. 두 가문은 다른 지도 제작자들이 따라잡을 수 없는

혼디우스 가문을 창시한 요도쿠스 혼디우스.

경지에 올라 오로지 그들만의 첨예한 대립구도를 전개해나갔다.[1] 다른 지도책 제작업자들이 감히 넘볼 수 없는 차원이었던 것이다.

혼디우스 가문의 지도 사업은 지도 제작자이자 판화가인 요도쿠스 혼디우스Jodocus Hondius에 의해 시작되었다. 1612년 그가 사망한 후부터는 그의 아들 헨리퀴스 혼디우스Henricus Hondius와 사위 요하네스 얀소니우스Johannes Janssonius가 가업을 이어갔다. 요도쿠스는 1593년에 지도 제작 사업을 시작했는데, 빌럼보다 무려 25년 정도 앞서 지도책 출판 사업에 뛰어든 것이었다. 그는 1604년 레이던에서 열린 한 경매에서 메르카토르의 손자 미카엘 메르카토르Michael Mercator에게서 메르카토르의 『아틀라스』 동판을 구입하는 엄청난 행운을 붙잡는다.[2]

요도쿠스는 1606년에 자신의 첫 지도책『아틀라스』증보판을 네덜란드의 출판업자 코르넬리스 클라스Cornelis Claesz의 출판사를 통해 출간했다. 이 지도책은 1595년에 제작된 메르카토르의『아틀라스』에 담긴 지도 107개에 요도쿠스가 여러 지도 제작자들의 지도 37개를 판각한 것을 새로 포함시켜 제작되었다.[3] 144개의 지도 중 7개의 지도는 이베리아 반도를 묘사했고 아프리카, 아시아, 아메리카 지도를 포함하고 있어서 이 지도책은 마침내 최초로 전 세계를 망라한 지도책으로 인정받았다.[4] 메르카토르의 지도가 대거 삽입된 만큼 이 지도책은『메르카토르-혼디우스 아틀라스Mercator-Hondius Atlas』라 불리기도 했다.

메르카토르의 공로가 절대적이었기에 요도쿠스는 이 책의 저자명으로 그의 이름을 새겼다. 그런데 요도쿠스는 아마도 세인들의 관심을 끌고 싶은 욕구가 강했던 모양이다. 책 도입부에는 그가 생전에 한 번도 본 적 없는 메르카토르와 아주 다정하게 마주 앉아 지구본 한 쌍을 즐겁게 만들고 있는 모습을 그려 넣기까지 했으니 말이다. 요즘으로 치면 관종(관심 종자)이란 표현이 딱 들어맞는다. 이때는 메르카토르가 사망한 지 20년이나 지난 때였고,『메르카토르-혼디우스 아틀라스』의 퀄리티도 썩 좋은 편은 아니었다.

그러나 당대나 지금이나 역시 판매 전략에서 가장 중요한 것은 마케팅이다. 이를 증명이라도 하듯이 메르카토르를 내세운 마케팅 전략 덕에 이 책은 너무나 손쉽게 베스트셀러에 오를 수 있었다. 이 지

『메르카토르-혼디우스 아틀라스』에 실린 서로 마주보고 앉아 있는 메르카토르와 요도쿠스.

도책은 일 년 만에 매진되었고, 1612년까지 아홉 가지 판본을 라틴어, 프랑스어, 독일어, 영어, 이탈리아어로 출간하며 큰 상업적 성공을 거두었다.[5]

당시 요도쿠스가 대적한 상대는 오르텔리우스의 『세계의 무대』였다. 그런데 1612년경에 이 지도책의 공식 출판사인 브리엔츠^Vrients 사가 이 지도책의 출판을 중단하기로 결정했다.[6] 확실한 근거는 찾을 수 없지만, 아마도 브리엔츠 사의 경영자 밥티스타 브리엔츠^Joan Baptista Vrients가 1612년에 사망하면서 출판사 운영이 중단된 것이 이유

1607년에 요도쿠스 혼디우스가 출간한 『아틀라스 마이너』에 실린 홀란트 지도.
『아틀라스 마이너』는 『메르카토르-혼디우스 아틀라스』보다 작은 판형의 지도책으로, 이 지도책 역시 유럽 전역에서 큰 성공을 거두었다.

인 듯하다.[7] 이후 1612년과 1641년경에는 모레투스Moretus라는 출판사가 오르텔리우스의 『세계의 무대』 스페인어 판본을 출간하기도 했다.

자신의 지도책과 경쟁 관계에 있던 지도책이 더 이상 시장에 예전만큼 활발하게 나오지 않게 되자 혼디우스 가문은 지도책을 더 개선하거나 확장시킬 이유가 없어졌다. 앞으로 펼쳐질 미래를 예견하지 못했던 것일까? 혼디우스 가문은 이후 26년간 새로운 지도책을 선보이지 않은 채 안일하기 그지없는 행보를 보이며, 그저 유유자적하게 세월을 흘려보내고 말았다.

✦

서로 물고 물리는
두 가문의 치졸한 경합

1630년에 이르러 빌럼이 본격적으로 지도책 사업에 도전했다. 당시까지 별 생각 없이 돈 많은 백수의 삶을 즐기고 있던 혼디우스 가문은 빌럼의 힘찬 발걸음에 위기감을 느꼈고, 다시금 지도책 출판에 불을 지피기 시작한다. 이 두 가문은 이후 30년 동안 일인자의 자리를 차지하기 위한 치열한 전쟁의 서막을 연다.

빌럼은 1612년 요도쿠스의 사망으로 그의 동판 37개를 손에 넣게 되고, 1630년에 자신의 지도 23개를 추가해 『아틀란티스 어펜딕스Atlantis Appendix』라는 이름으로 블라외 가문 최초의 지도책을 출간한다. 상대방의 것을, 그것도 최고 경쟁자의 것을 자신의 것에 보란 듯이 넣는 것은 지금의 시선으로 보면 우습기도 하고 이해도 안 되지만, 당시 블라외 가문과 혼디우스 가문은 태연하게 상대방이 제작한 지도를 베껴 자신의 지도책에 실었다.[8] 서로 친절하게 본인의 지도를 넘겨주었을 리는 없고 아마도 상대의 작업장에 스파이를 심어두었을 가능성이 크다. 이건 고기 마니아인 내가 오늘 저녁에 먹으려고 사둔 모든 고기를 다 걸 수 있을 정도로 거의 확실하다. 두 가문 사이에 서로 아웅다웅하는 관계가 지속되면서 심각한 경쟁 구도를 취하게 된 것도 이런 관행이 주된 이유 중 하나였을 것이다.

◀ 『아틀란티스 어펜딕스』 표제.

▶ 『아틀란티스 어펜딕스』에 실린 이탈리아 남부 풀리아 주의 포자Foggia 지도.

『아틀란티스 어펜딕스』는 『메르카토르-혼디우스 아틀라스』를 보충한 것에 불과했지만, 한동안 새로운 지도책이 출현하지 않았던 탓에 신상 아이템에 목말라 있던 신흥 지배계급의 이목을 단번에 집중시켰다.[9] 헨리퀴스가 이 상황을 보고 가만히 있을 리 만무했다. 발빠른 대응에 나서야 했던 그는 네덜란드의 판화가 에베르트 세이몬스Evert Sijmonsz에게 빌럼이 소유한 모든 지도를 복사해 오라는 임무를 맡겼다. 그러면서 이렇게 신신당부했다.

"정확하고 뛰어나게. 자네에게 줬던 지도보다 질이 떨어지면 안 되네."[10]

결국 헨리퀴스는 에베르트가 복사한 지도를 토대로 『아틀라스』

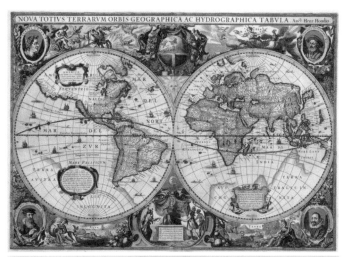

▲ 헨리퀴스가 에베르트와 협업해 제작한 『아틀라스』 부록판에 담긴 세계지도. 혼디우스 가
　문은 자신들이 제작한 지도책의 세계지도로 이 지도를 지속적으로 사용했다.

▼ 『아틀라스』 부록판에 삽입된 아프리카 지도.

(1630년) 부록판을 발간했다. 1631년부터 1633년까지는『메르카토르-혼디우스 아틀라스』프랑스어판과 독일어판을 출판하기도 했다. 혼디우스 가문은 여기에서 멈추지 않았다.『메르카토르-혼디우스 아틀라스』의 신판인『메르카토르-혼디우스 아틀라스 또는 전 세계 양상의 재현Mercator-Hondius Atlas or Representation of the Universe Mode』까지 펴냈다. 헨리퀴스는 이 책의 서문에서 빌럼의『아틀란티스 어펜딕스』를 "낡아빠진 지도로 뒤죽박죽된 책"[11]이라고 혹평하며 바로 이 순간만을 기다려왔다는 듯이 빌럼을 신랄하고 모질게 비판했다. 요즘 정치권에서 자주 쓰는 내로남불(내가 하면 로맨스, 남이 하면 불륜)이란 말은 바로 이럴 때 사용하라고 만들어진 단어인 듯하다.

이 시기에 두 가문이 만들어낸 지도책의 수준과 퀄리티는 헨리퀴스의 격앙된 이 말에서 짐작할 수 있다. 그들의 지도책은 그저 서로를 이기고자 판화가에게 성급하게 의뢰해 확보한 지도와 그들이 가지고 있던 고루한 지도를 남용해 제작한 조화와 균형이 깨진 책의 표본이었다. 빌럼은 깨달았다. 이러한 처사는 지금까지 이루어온 자신의 공적을 다 허물어뜨리는 결과를 낳는 것밖에 되지 않는다는 것을 말이다.[12] 그는 이후 동인도회사의 공식 지도 제작자로 임명되면서 지도에 관한 더 디테일하고 확실한 정보를 얻게 되었고 자신감도 점점 차올랐다. 그리고 마침내 "새로운 제판과 새로운 세부 묘사로 완전히 새로워진"[13] 지도책이라 자평하며 156개의 지도로 구성된『누보 아틀라스Novus Atlas』를 1634년에 출판했다.

◀ 1633년에 출판된 『메르카토르-혼디우스 아틀라스』 프랑스어 판본의 표제.

▶ 1634년에 출판된 『누보 아틀라스』의 표제.

새로운 리더들의
새로운 지도책

　『누보 아틀라스』의 출현으로 두 가문의 경쟁은 더욱 뜨겁게 불타올랐다. 곧 폭발할 것 같은 용광로 그 자체였다. 이 치열한 경합은 1638년부터 최고조를 이루며 17세기 네덜란드에 본격적인 '대大아틀라스 시대'를 연다. 이때부터 요안은 그해 사망한 아버지 빌럼의 뒤를 이어, 얀소니우스는 전 업무를 위임하며 물러난 장인 헨리퀴스를 이어 각자 가문의 리더가 되었다. 이 둘은 신흥 지배계급의 이상적 자아상을 지도책에 구현하며 더욱 세련된 기품과 고급스런 취향을 살린 지도책을 제작하기 위해 생의 모든 열정을 쏟아붓는 기획에 돌입했다.

우선 신흥 엘리트 부르주아 계급이 무엇에 집중하는지 알기 위해 당시의 트렌드를 분석하는 데 주력했다. 이 두 인물은 지도책 제작자에서 치밀한 애널리스트로 변모해 신흥 지배계급이 문화의 변화와 유행에 매우 민감하며 새로움에 초점을 둔다는 사실을 알아냈고, 이를 곧바로 지도책에 반영하기 시작했다. 두 가문은 당대 엘리트 인사들의 문화적 스타일을 더욱 효과적으로 구현하기 위해 '새로운'이라는 뜻을 가진 라틴어 '누보Novus'를 책 제목을 구성하는 단어로 지속적으로 포함시켰다. 더불어 새로운 지도를 선보이는 데에도 열을 올렸다. 이들은 메르카토르 같은 이전 세대 지도 제작자들의 지도를 상대적으로 멸시하는 태도를 보이며, '근대성'을 강조하는 이미지 마케팅에 주력했다.[14]

이 치열한 각축전 끝에 요안은 1635년 블라외 가문 최초의 진정한 명작을 제작하게 된다. 『누보 아틀라스』를 개정해 208개의 지도로 새롭게 제작한 『세계의 무대 또는 아틀라스 누보Theatrum orbis terrarum, sive, Atlas novus』가 바로 그것이다. 요안은 이후에도 새로운 지도책 제작에 끊임없이 몰두했다. 그가 가진 지위와 명예, 재산만으로도 충분히 속 편하게 살 수 있었지만, 그대로 머물러 있기엔 그의 호

▲ 『세계의 무대 또는 아틀라스 누보』에 담긴 아프리카 지도.

◆ 이 책에 실린 아프리카 지도에 대한 설명.

▼ 이 책에 실린 유럽 지도.

승심이 너무도 남달랐다. 요안은 1638년에는 327개의 지도를 포함한 『누보 아틀라스』 개정판을 발행하기도 했고, 1644년부터는 11년간 이탈리아, 그리스, 잉글랜드, 웨일스, 스코틀랜드, 아일랜드, 그리고 중국의 새 지도와 새로운 형식의 지도책을 끊임없이 출판했다.

요안이 근대적 성격을 띠는 지도책 출판에 몰두하던 1638년, 얀소니우스는 『아틀라스 누보 Atlas Novus』를 발간했다. 이 지도책은 네덜란드 최초의 해양 아틀라스와 3백여 개의 지도로 구성된 세 권짜리 지도책이었다. 이후 1658년에는 『아틀라스 누보』에 자신의 새 지도들을 추가해 여섯 권으로 재발행하는 동시에 일생의 야심작 또한 출판했다. 1백 명이 넘는 지도 제작자들의 지도들을 수록한 『주요한 세계지도 Atlas Major』가 그것이다. 이때부터는 지도의 양이 대폭 증가해 550개의 지도가 열 권에 담겼다. 얀소니우스는 이전의 지도들을 새 것으로 교체하고 각각의 설명도 새롭게 작성했다. 이뿐만 아니라 네덜란드의 판화가 니콜라스 피셔르 1세 Nicolaes Visscher I의 지도와 네덜란드계 독일인으로 지도 제작자이자 고전학자인 안드레아스 켈라리우스 Andreas Cellarius의 천체 지도를 추가해 세계의 모든 도시를 표현한 타운 아틀라스 Town Atlas와 33개의 해도, 그리고 60개의 고대 지도를 실었다.[15]

여기서 흥미로운 점이 있다. 앞서 살펴보았듯이 당대의 다른 지도 제작자들을 포함해 요안과 얀소니우스는 지도책 시장의 트렌드 키워드를 새로움에 두고 있었다. 그런데 별안간 얀소니우스가 이러한

얀소니우스가 발행한 1641년 판 『아틀라스 누보』 표제.

시류에 역행하는 지도책을 선보인 것이다. 그의 야심작인 『주요한 세계지도』가 그것이다. 이 지도책에서 얀소니우스는 지상, 해양, 역사, 천체 이 모두를 지도로 완벽하게 묘사했다. 이것은 메르카토르가 16세기에 수립한 5단계의 지도학 개념에 바탕을 둔 것으로, 메르카토르의 지도학 개념을 완벽하게 구현한 유일한 지도책이라는 평을 받았다.[16] 이 같은 편집은 근대성을 추구하며 과거와의 단절을 선언하고 새로움에 집중하는 당시의 경향에서 퇴보한 시대착오적인 발상으로 보일 수 있었다. 하지만 이 지도책은 시류와는 무관하다는 듯 시크하게 등장해 요안의 『누보 아틀라스』를 가볍게 제치며 큰 인기를 구가했다. 그의 역발상이 제대로 들어맞았던 것이다.

이 같은 얀소니우스의 편집은 요도쿠스에게서 영향을 받은 듯하다. 요도쿠스는 레이던 대학에서 네덜란드의 고전학자이자 철학자인 페트뤼스 베르티우스$^{Petrus\ Bertius}$에게 고전학을 사사하며 고대 그리스와 로마의 지리학에 큰 흥미를 느꼈다. 그는 1605년에 앞서 언급한 프톨레마이오스의 『지리학』을 메르카토르가 개정해 출간한 『지리학』 개정판을 출판할 당시 라틴어와 그리스어 텍스트로 이 책을 인쇄했는데, 이 서적은 암스테르담에서 그리스어로 출판된 첫 번째 책으로 기록되었다.[17] 다양한 언어로 책이 출판되던 당시의 상황으로 볼 때, 요도쿠스는 고전에 상당히 큰 관심이 있었을 것으로 짐작할 수 있다. 아마도 이 같은 요도쿠스의 개인적인 관심사가 이후 얀소니우스에게까지 전파되었을 것이다. 혹은 요도쿠스가 메르카토르의 지도 동판을 기반으로 지도책 사업을 시작했다는 점을 고려해본다면, 이를 계승하려는 확고한 의지를 표출한 프로젝트일 수도 있을 듯하다. 메르카토르 덕분에 엄청난 부를 얻게 되었으니 이에 보답하고자 한 것일까? 결국 요도쿠스에서 시작된 숙원 사업이 얀소니우스에 의해 드디어 완성에 이르렀다. 은혜를 갚은 제비가 아니라 은혜를 갚은 혼디우스 가문이다.

〈아틀라스 마이오르〉로 귀결된
두 가문의 경쟁, 그리고 그 이후

얀소니우스가 출간한 『주요한 세계지도』는 요안에게 새로운 투지를 불어넣는 계기가 되었다. 승부욕에서는 캘리포니아의 태양보다 뜨겁고, 추진력에서는 우주를 향해 날아오르는 우주선만큼이나 빠른 요안에게 『주요한 세계지도』는 사활을 걸어야 하는 계기로 작용했을 것이다. 요안은 즉시 그의 인생에서 가장 위대한 업적이 될 최후의 지도책을 발행할 계획을 세우게 된다. 이 프로젝트는 지형학과 수로학, 천체학을 세 단계로 묘사하는 것으로 '아틀라스: 땅과 바다와 하늘을 정확히 묘사한 블라외의 우주형상학'이라는 제목으로 명명되었다. 그리고 이 사업은 1662년 블라외 가문의 지도책 제작 역사에서 정점을 이룬 역작 〈아틀라스 마이오르〉로 가시화되었다.

〈아틀라스 마이오르〉의 전체 제목은 '육지, 바다, 우주가 아주 정확하게 묘사된 거대한 세계지도, 또는 블라외의 우주론'이다.[18] 이를 축약한 〈아틀라스 마이오르〉라는 제목을 한국말로 풀어보면 '대★세계지도'다. 라틴어로 출간된 초판에 이어 1672년까지 약 십 년간 프랑스어와 네덜란드어, 독일어, 스페인어로 출판되었다. 이 지도책은 아름다운 활판 인쇄, 우아한 장식, 화려한 색채, 사치스러운 제본으로 전 유럽의 모든 책을 압도했다. 네덜란드의 흐로닝언 대학

1662년에 제작된 〈아틀라스 마이오르〉 네덜란드어 판본.

Groningen University 도서관의 큐레이터이자 암스테르담 대학의 서지학과 특별 교수를 역임한 헤르만 드 라 폰테인 버베이Herman de la Fontaine Verwey는 "이제까지 출간된 지도책 중에서 가장 위대하고 섬세하다"[19]라고 이 지도책을 대단히 높게 평가했다. 〈아틀라스 마이오르〉는 17세기 네덜란드 도서 시장의 판도를 완전히 바꾸어놓았다. 책이 넘쳐흐르다 못해 책으로 온 국가를 뒤덮고도 남을 듯한 네덜란드에서조차 이 지도책의 탄생은 혁신을 넘어 혁명에 가까웠다. 약간의 과장을 보태어 말하자면 드디어 완벽한 17세기판 구글 지도가 탄생한 순간이었다.

스코틀랜드 국립도서관의 지도와 희귀 도서 분야의 큐레이터를

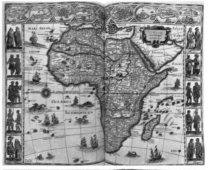

▲◀ 〈아틀라스 마이오르〉에 실린 유럽 대륙 지도. 1635년에 제작된 유럽 지도와 동일한 모습이
다. 앞서 살펴본 혼디우스 가문의 세계지도처럼 이 시기의 지도책 제작자들은 동일한 지도
를 새로 출간하는 지도책에 그대로 실었다.

▲▶ 아프리카 대륙 지도.

▼◀ 아시아 대륙 지도.

▼▶ 아메리카 대륙 지도.

역임하고 있는 윌리엄 폴라^{William Paula}는 "이 지도책이 당대에 가장 고가의 책으로 등극할 수 있었던 것은 무엇보다도 크기와 지도의 수에서 다른 어떤 책보다 월등했기 때문"[20]이라고 분석한다. 그의 말에 수긍할 수밖에 없는 이유는 총 열한 권으로 구성된 〈아틀라스 마이오르〉 라틴어 초판이 59개의 북유럽 지도로 이루어진 제1권을 시작으로 동유럽과 서유럽, 아프리카와 아시아를 거쳐 아메리카에 이르기까지 전 세계를 모두 이 지도책 전집에 담아냈기 때문이다.

하지만 이 호화롭고 값비싼 지도책을 제대로 맛보기에 앞서 끝없이 새로움을 추구한 두 가문의 과열된 경쟁이 낳은 부정적인 양상을 짚고 넘어가지 않을 수 없다. 1638년 『누보 아틀라스』가 출판된 이후부터 경쟁의 파도가 더 거세게 휘몰아치자 두 리더가 지도의 본래 기능을 간과하기 시작한 것이다. 그들은 오로지 수익성에만 집착했다. 지도책의 퀄리티보다 그저 양과 크기, 그리고 외양과 장식에만 치중했다.[21] 정확한 지리를 제공한다는 본래의 기능을 완전히 무시한 처사였다.

이 두 가문은 지도에서 지리적 오류를 범하고 비인기 지역의 지도는 주류 지도에 비해 방치하다시피 했다. 또 1600년대 초반의 진부하기 그지없는 지도를 싣기까지 했다. 〈아틀라스 마이오르〉 제1권에 실린 지도 중에는 30년 전에 제작한 지도도 있었고, 독일의 지도를 실은 제3권에는 총 96개의 지도 중에서 29개만이 새로운 지도일 정도였다.[22] 이에 반해 그들이 상대적으로 많은 시간을 할애하기 시작

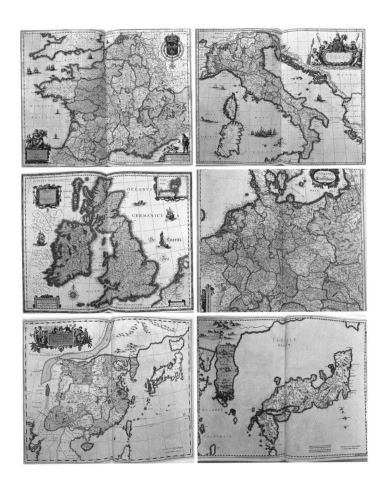

▲◀ 프랑스 지도.

◆◀ 영국 지도.

▼◀ 한국, 중국, 일본 지도.

▲▶ 이탈리아 지도.

◆▶ 독일 지도.

▼▶ 한국, 일본 지도.

한 부분은 매혹적인 색채와 고급스러운 장정, 정교한 판각과 같은 장식적 가치와 규모의 확대였다.

〈아틀라스 마이오르〉는 결과적으로 당시 근대성을 추구하면서 나타난 시류의 폐단을 가장 극명하게 부각시킨 대표 격이 되었다. 블라외 가문은 과학적 혁신이나 지리적 정확성 같은 지적, 학문적 측면보다 시장성과 그에 따른 고수익만을 추구했다. 그들이 하얗게 불태운 열정의 결과물은 물질세계를 지배하고자 하는 신흥 엘리트 부르주아 계급의 정체성 및 계급적 욕망과 정확히 맞물렸다. 그 결과 〈아틀라스 마이오르〉는 그들의 사회적, 정치적 위상과 권위를 단시간에 효율적으로 대변하는 도구로 활용하기에 가장 적합한 매개체가 되었다.

세기의 경합이라고 할 수 있는 이 두 가문의 각축전은 얀소니우스가 사망한 1664년을 기점으로 끝이 난다. 결국 〈아틀라스 마이오르〉는 대아틀라스 시대를 종식시킨 최후의 작품으로 남았다. 이로써 인터미션도 생략한 채 쉼 없이 달려온 17세기 네덜란드 지도책의 황금시대는 화려한 막을 내렸다.

이들이 보여준 근대성은 네덜란드의 지도 제작자 프레데릭 데 비트 Frederick de Wit에 의해 계보가 이어진다. 1662년 네덜란드에서 17개의 지도로 자신의 첫 번째 지도책을 발행한 데 비트는 같은 해에 〈아틀라스 마이오르〉가 출간되자마자 극성팬이 되었다. 이 같은 개인적 팬심으로 블라외 가문의 전성시대가 막을 내린 시점에 블라외 가문

프레데릭 데 비트가 1665년에 제작한 세계지도.

　의 지도 동판화 중 상당수를 경매를 통해 구입했다. 또 1690년대부터는 오랫동안 자신의 지도책 제목으로 '아틀라스 마이오르'를 사용하기도 했다.

　이렇게만 보면 데 비트의 지도책이 블라외 가문의 것과 별반 다르지 않을 것으로 보인다. 하지만 데 비트는 블라외 가문과는 다르게 정확한 지리적 정보를 지도책에 표현하기 위해 노력했다. 그 결과 블라외 가문이나 혼디우스 가문 같은 이전 세대 지도 제작자들이 미처 신경 쓰지 못한 지도 본래의 기능적인 부분들을 잘 잡아낼 수 있었

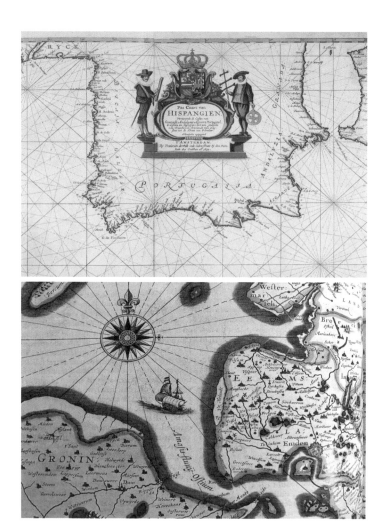

◀ 프레데릭 데 비트가 제작한 스페인 지도의 확대 부분. 매우 정교하고 세밀하게 묘사되어 있다.

▶ 〈아틀라스 마이오르〉에서 해안선을 묘사한 지도의 확대 부분. 이것을 위의 프레데릭 데 비트가 묘사한 해안선과 비교해보면 데 비트가 얼마나 정밀하게 묘사했는지 알 수 있다.

다. 또한 데 비트는 놀랍도록 세밀한 자신의 판각술을 이용해 불규칙한 해안선을 아주 정확하게 묘사했을 뿐 아니라 색채의 사용에도 매우 뛰어났다. 데 비트에 의해 비로소 미적인 면에서도 지적인 면에서도 훌륭한 지도책이 탄생한 것이다. 그의 지도책은 당연히 큰 인기를 구가했고 그가 사망한 1706년 이후에도 지속적으로 출판되었다. 데 비트가 있었기에 지도책은 정확성을 최고의 가치로 여기는 긍정적인 방향으로 다시 계보를 이어갈 수 있었다.

특별 공개!
요안의 성공 비결 리포트

이번 장을 마무리하기 전에 이 책에서만 특별히 공개하는 일급 비밀이 있다. 바로 요안의 성공 비결 리포트이다. 요안이 제작한 〈아틀라스 마이오르〉가 눈부시게 아름다워 미적으로 어마어마한 가치를 지녔다는 점과 거대한 크기로 모든 지도책들을 압도했다는 점은 충분히 알려져 있다. 그런데 〈아틀라스 마이오르〉가 출간되기 바로 전 얀소니우스가 출간한 『주요한 세계지도』에도 저명한 인물들이 제작한 550개의 지도가 담겼고, 이 지도들을 열 권에 모아내며 〈아틀라스 마이오르〉 못지않은 가치와 크기, 규모를 자랑했다. 게다가 『주요한 세계지도』는 메르카토르의 지도학 개념을 완벽하게 구현한 유일한 지도책이라는 호평까지 받지 않았던가. 그렇다면 어떻게 〈아틀라스 마이오르〉는 당시 지도책들 중 가장 높은 판매고를 올리며 얀소니우스의 『주요한 세계지도』를 이길 수 있었던 것일까? 그것도 압도적으로 말이다.

앞서 살펴본 것과 같이 블라외 가문의 빌럼과 요안은 모두 암스테르담 사회를 넘어 네덜란드 전체에 공적인 영향력을 행사하고 있었다. 빌럼은 동인도회사의 공식 지도 제작자로 활약했고, 요안 역시 아버지의 뒤를 이어 이 자리를 역임했다. 그리고 요안은 암스테르담 도시 수비대 대장과 시의원의 직무를 수행하기도 했다. 이 같은 이들의 정치적인 대외 활동은 이 지도책의 주요 구매층인 신흥 지배계급을 강력하게 끌어들였다. 그리고 그들의 경제력이 곧 구매로 이어지면서 엄청난 판매량을 선도했다. 그렇다면 〈아틀라스 마이오르〉의 구매자들은 블라외 가문의 사회적 지위를 이미 알고 있었던 것일까? 만약 알고 있었다면 대체 어떻게 알 수 있었을까?

〈아틀라스 마이오르〉는 워낙 고가였기 때문에 이 지도책을 구입할 수 있는 인물들은 해상무역으로 막대한 부를 쌓아올린 상인 계층이나 정치인, 장인, 변호사, 의사, 금융업자와 같은 전문직의 엘리트 계층이었다. 이들은 서로 잘 아는 친밀한 사회 관계망 안에 속해 있었다.[23] 따라서 이들이 당시 동인도회사의 공식 지도 제작자이자 정치인으로서, 또 네덜란드 정부가 국가적 차원에서 유럽의 국왕들에게 헌정하는 지도책을 만든 지도책·지구본 제작자이자 도서 출판업자로서 암스테르담에서 가장 유명한 인물인 요안의[24] 사회적 신분을 알고 있었을 가능성은 거의 99.999퍼센트이다. 요안은 당대 네덜란드를 이끌어간 레헨트Regent 계급에 속했는데 레헨트는 혈통적으로 귀족은 아니지만 상업으로 막대한 부를 축적하며 이를 바탕으로 네덜란드 사회에 강력한 정치적 영향력을 행사한 당대의 리더들이었다. 아마도 요안의 이 같은 사회적 지위는 신흥 지배계급이 이 지도책을 선택하고 구입하게 만든 매우 중요한 요인이었을 것이다. 앞서 살펴보았듯이 신흥 엘리트 부르주아 계급은 자신의 개인 도서관에도 '친구'라는 타이틀을 가진 사람들만 출입할 수 있게 하는 등 그들만의 계급적 연대를 중시했고 또 이것에 상당히 민감했다.[25] 그들은 블라외 가문의 사회적, 정치적 지위에서 계급적 결속력을 느꼈을 테고 자신들보다 낮은 계급이 제작한 지도책보다는 그들과 비슷한 계급이 제작한〈아틀라스 마이오르〉를 선택했을 확률이 높다. 그들만의 리그, 뭐 그런 느낌이랄까.

이 같은 사실을 떠나서도 다른 국가들과 조약을 체결할 수 있고 전쟁을 일으킬 수 있는 권한을 갖는 등 당시 준국가적 권력을 행사하며 유럽의 해상무역을 주도했던 동인도회사의 권세와 전 국민적 관심을 고려하지 않을 수 없다. 정치 활동도 활발히 펼친 요안은 이미 네덜란드의 유명 인사였으니, 이 지도책의 주요 구매자인 신흥 지배계급은 동인도회사의 공식 지도 제작자가 요안이라는 사실을 충분히 인식했을 것이다. 당시 동인도회사에서 제작한 지도들에는 제작자인 요안 블라외의 이름이 떡하니 적혀 있었기 때문에 동인도회사와 조금이라도 거래가 있는 이라면 그가 동인도회사의 공식 지도 제작자라는 것을 모를 리 없었다.[26] 요안의 아버지인 빌럼도 5년간 동인도회사의 공식 지도 제작자로 활약했고, 요안이 사망한 이후에도 1703년까지 동인도회사의 지도에는 블라외 가문의 이름이 적혀 있었다.[27] 따라서 블라외 가문이 대대로 이 자리를 역임했다는 것은 네덜란드 사회에서는 모르래야 모를 수 없는 공공연한 사실이었다.

예를 들면 〈아틀라스 마이오르〉 제1권의 첫 번째 지도로 삽입된 〈새롭고 아주 정확한 세계지도New and Very Accurate Map of the Whole World〉(편의상 '세계지도'로 통칭)의 가장 윗부분에 새겨진 제목 바로 옆에는 '제작자 요안 블라외'라고 라틴어로 명시되어 있고, 이 지도책의 서두에 저자로서 책을 소개하는 짧은 글에서도 맨 마지막에 본인의 이름을 언급했다. 이뿐 아니라 지도책 곳곳에도 요안의 이름이 등장한다. 그러니 〈아틀라스 마이오르〉가 동인도회사의 공식 지도 제작자인 요안이 제작한 지도책이라는 사실은 일반 소비자들도 당연히 알고 있었을 것이다. 이 엄청난 지도책 제작자가 '바로 나 요안!'이라고 지도책 안에서 이토록 강력히 외치고 있으니 말이다.

물론 혼디우스 가문도 상당한 부를 창출했으니, 재산의 많고 적음으로 신분의 위계가 정해진 당시 상황에서 경제적 지표만 보면 블라외 가문 못지않은 상류층에 속했다. 또 당시의 지도 제작자들은 어지간히 권력과 결탁하고 있었기 때문에 혼디우스 가문 역시 네덜란

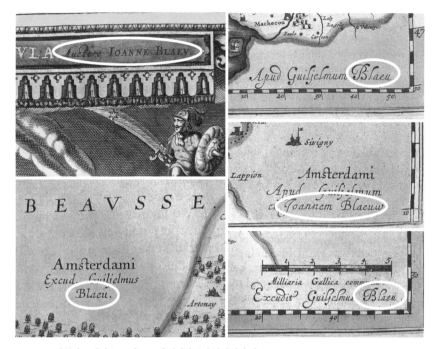

〈아틀라스 마이오르〉의 곳곳에 새겨진 요안 블라외의 이름.

드 사회에 어느 정도 정치적인 영향력을 행사할 수 있었을지도 모른다. 그러나 동인도회사의 공식 지도 제작자라는 지위와 당대 유럽의 패권을 장악한 암스테르담의 시의원이라는 타이틀을 이길 수는 없었을 것이다. 당대 예술가들은 네덜란드에서 중간계급에 속했으니[28] 가문 대대로 지도 제작과 판각 일에 종사한 혼디우스 가문 역시 중간계급이었다. 지도책 제작을 가업으로 삼아 일가를 이루긴 했으나 계급적으로는 평범한 중산층에 불과했다고 볼 수 있는 것이다. 결론적으로 블라외 가문의 특수한 직업적 위치와 이로부터 획득한 높은 사회적 계급이야말로 17세기 지도책 산업에서 이들이 왕좌를 차지하게 된 '숨겨진' 성공 비결이었던 셈이다.

　이렇듯 17세기 네덜란드의 지도책 산업에서는 블라외 가문과 혼디우스 가문이 서로를 능가하기 위해 맹렬히 경쟁한 결과 그 어느 시대의 지도책과도 견줄 수 없을 만큼 수준 높은 지도책이 쏟아졌다.[29] 그리고 그 정점에서 〈아틀라스 마이오르〉라는 역작이 탄생했다. 물론 앞서 지적한 바와 같이 이 두 가문이 상업적 성공과 경제적 이익을 극단적으로 추구하다 보니 부정적인 영향을 끼친 것도 사실이다. 그러나 당대의 시대상을 고려해보면 개인적인 영리 추구를 꼭 비판적인 시각으로만 바라볼 것은 아닌 듯싶다. 우리는 고도로 발달한 자본주의 사회에 살고 있고, 공익을 침해하지 않는 한 개인의 영리 추구는 당연한 권리로 여기고 있지 않은가. 오히려 우리와 너무나 꼭 닮은 17세기 네덜란드의 사회상이 그저 놀라울 뿐이다.
　어쨌든 블라외 가문은 지도책의 내면에는 따뜻한 감성을, 표면에는 우아한 지성을 표현하기 위해 각고의 노력을 쏟았다. 그 덕분에 4백여 년이 지난 지금도 우리가 〈아틀라스 마이오르〉라는 새로운 세계를 탐험하며 독보적인 아름다움과 예술적 경지를 생생하게 경험할 수 있다는 것을 잊지 말아야 할 것이다.
　그럼 이제 본격적으로 당대 네덜란드를 부유하던 독특한 향기와

낭만적인 분위기를 느낄 수 있는 〈아틀라스 마이오르〉의 요지경 같은 세계로 들어가보자!

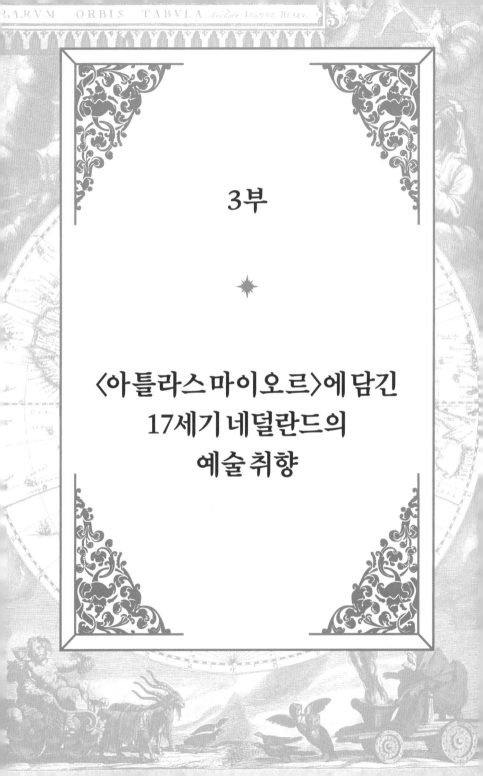

3부

✳

⟨아틀라스 마이오르⟩에 담긴
17세기 네덜란드의
예술 취향

✦

한 사람의 인생은 그 사람의 취향에 의해 오롯이 결정된다. 너무 단편적인 말일 수도 있고 어쩌면 과격한 말로 들릴 수도 있겠다. 그러나 한 가지 확실한 건, 어떤 사람을 알고자 하면 그 사람의 취향을 보면 된다는 것이다. 취향은 그 사람 자체. 소개팅에서 누군가를 만난다고 가정해보자. 서로를 인지하고 눈을 마주치며 인사하는 순간 머리에서부터 발끝까지, 그 사람을 휘감은 옷, 가방, 액세서리, 구두, 헤어스타일 등 그 사람의 취향을 한껏 반영한 이 모든 것을 순식간에 스캔해서 상대방의 성격과 가치관을 대략적으로 파악한다. '앗! 이 사람 나와 잘 맞겠다!', '아, 오늘도 망했다' 등 대화를 시작하기도 전에 취향으로 그 사람을 먼저 인식하는 것이다.

취향은 말과 행동이 따르지 않더라도 한 사람의 라이프스타일과 가치관, 감각 등을 가감 없이 드러내며 그 사람을 대변한다. 그러니 17세기 네덜란드 사회에서 신흥 지배계급으로 급작스럽게 신분 상승을 하게 된 사람들에게 취향이라는 것은 얼마나 예민하고 복잡 미묘한 것이었겠는가.

그런데 유럽의 17세기 예술에서 간과할 수 없는 중요한 사실이 있다. 이 시기가 '후원'에서 '소비'로 넘어가는 이행기였다는 것이다. 미술의 역사에서 너무나 중요하고 또 특징적인 현상이었으니, 이 부분을 잠시 살펴보고 넘어가자. 당시까지 유럽 화가들의 고객은 90퍼센트 이상이 궁정과 귀족, 그리고 교회인들이었다. 하지만 스페인으로부터 독립해 신교 국가로 새롭게 거듭난 네덜란드에서는 절대 왕권에 종사하는 궁정인들이 없었고, 마르틴 루터Martin Luther의 종교개혁 이후 구교의 상징인 성상을 파괴하는 운동이 격렬하게 일어나면서 교회 안은 그야말로 하얀 벽만 남게 되었다. 수많은 사람들이 보는 가운데 구교의 상징인 제단화나 조각, 회화 작품들이 모두 무자비하게 부서지고 불에 타 영원히 소멸되었다.[1]

상황이 이렇다 보니 네덜란드에서는 이전까지 화가들에게 주문하던 종교화가 급격히 모습을 감추게 되었고, 역사화는 지속적으로 생산, 판매되긴 했지만 그 수가 17세기 후반으로 가면서 대폭 축소된다. 네덜란드의 인구 대다수는 신교도였는데, 성상에 봉헌하는 것은 이들의 교리상 터부시되었기 때문에 신교도들은 종교에 관련된 작품에 관심이 없었다. "안녕히 계세요! 여러분!"이라고 외치며 기존의 고객들이 사라져가자 그들의 후원을 받던 화가들은 급히 다른 판로를 찾아야 했다.

그런데 이때 찰떡같은 타이밍으로 새로운 고객들이 화려하게 등장한다. 이들은 앞서 언급했듯이 혈통적으로 귀족 계급은 아니었지만 해상무역으로 막대한 부를 쌓아 올려 네덜란드 사회에 정치적 영향력까지 행사한 무역인들과 상인 계층, 그리고 정치인, 장인, 변호사, 의사, 금융업자와 같은 엘리트 계층이었다. 더불어 해상무역의 황금세기를 맞이하여 먹고살 만해진 중산층뿐 아니라 제빵사와 과

▲ 프란스 호헨베르흐, 〈안트베르펜 성모 대성당에서 1566년 8월 20일에 일어난 성상 파괴 운동〉, 1588년경.

▼ 위트레흐트 돔 교회Dom Church 제단. 성인들의 얼굴이 성상 파괴 운동으로 모두 훼손되어 있다.

일, 생선 장수와 같은 소시민, 그리고 적은 수일지라도 농부들까지 미술품을 구입했다. 이처럼 성상 파괴 운동으로 미술의 방향과 고객 층이 새로이 조정되었고, 미술품 구입은 17세기 네덜란드인들 모두 의 관심사가 되었다.

17세기 네덜란드에는 바로 남쪽에 붙어 있는 프랑스보다 화가들 이 훨씬 많았다. 당시 네덜란드는 지금까지 미술의 역사에서 인구 대비 화가의 수가 가장 많은 곳이었다. 독일의 사학자 미하엘 노스 Michael North는 당시 네덜란드 전역에서 대략 650~700명의 화가가 활 동했을 것으로 추정하는데, 이는 인구 2천~3천 명당 화가의 수가 한 명인 수치이다.[2] 유럽 미술의 최고 전성기라고 할 수 있는 르네상스 시기에 이탈리아의 화가, 건축가, 조각가의 수는 약 313명 정도였는 데[3] 이 수치는 당시 이탈리아 미술가의 수가 인구 1만 명당 한 명 꼴인 셈이다. 이 사실을 감안한다면 17세기 네덜란드는 '미술가의 나라' 였다고 해도 과언이 아니다.

루이 14세의 적극적인 예술품 장려와 후원에도 불구하고 17세기 유럽 미술의 중심지라고 할 수 있는 프랑스보다 네덜란드에 화가들 이 훨씬 더 많았던 이유는 무엇일까? 단순하게 말하자면 1600년대 의 네덜란드인들이 그림을 매우 좋아하고 또 많이 구입했기 때문이 다. 이외에도 당대인들이 회화 작품을 구입한 것에는 몇 가지 주요한 이유가 더 있다. 우선 상류 계급의 사람들이 그림으로 집 안을 장식 한 것을 본 중·하류 계급의 사람들은 그들의 취미가 아주 고상해 보인다고 판단했다. 그래서 그들을 따라 하느라 작품을 많이 샀다.[4] 또 네덜란드인들은 당대 최고로 부유한 국가의 시민들이었던 만큼 기본적인 생활을 영위하는 데 드는 비용 외에도 잉여 자본이 상당했는데, 이 남아도는 돈을 그림이나 가구 등을 사들여 집을 꾸미는 비용으로 쓰기 시작했다.[5]

17세기 네덜란드인들이 회화 작품을 많이 사들인 또 다른 이유는 토지 대신 미술품을 구입해 미술 시장에 되팔면 큰 차익을 남길 수 있기 때문이었다. 예술사학자 아르놀트 하우저Arnold Hauser는 오늘날까지도 지식인의 필독서인 저서 『문학과 예술의 사회사』에서 "당시 네덜란드 미술 시장에는 광범위한 투기가 존재했다"[6]고 피력한다. 최고의 무역과 상업 도시에 살던 이들답게 그들은 미술품도 하나의 투자 상품으로 대했던 것이다. 이처럼 그림의 수요가 폭발적으로 늘어난 가장 큰 이유는 모두 자본과 관련된 것이었다.

당시 네덜란드를 여행한 한 영국인은 "지체 있는 집안뿐 아니라 소시민의 집까지도 그림들로 가득 차 있다"[7]고 기록했다. 미술품을 소비하는 새로운 고객이 기하급수적으로 늘어나자 광범위한 미술 시장이 생겨나기 시작했다. 미술품은 화가의 작업실을 방문해 구입하거나 딜러를 통해 구입할 수 있었다. 딜러들은 고객이 특정 작품을 요청하면 자신이 고용한 화가에게 그리도록 한 후 판매하기도 했다. 따라서 '선주문 후제작'의 관례가 여전히 미술 시장에 남아 있기는 했지만, 대개는 이미 완성된 작품들이 판매되었다. 그동안 궁정인과

교인을 통해 '후원'으로 제작되던 미술의 영역이 '소비'의 영역으로 변화된 것이다.

이처럼 당시 미술 시장의 고객들은 부유한 상류 계급은 물론 평범한 중·하류 계급도 많았기 때문에 미술 작품의 규모도 다변화되었다. 중산층은 미술 작품에 큰돈을 쓸 여력이 없었으므로 그들의 경제력에 맞춰 구매할 수 있는 작은 회화 작품이 네덜란드 미술의 주류가 되었다. 그 결과 당시 유럽의 절대주의 국가에서는 미술인 중에 건축가나 조각가가 높은 비중을 차지한 반면, 네덜란드에서는 대부분이 화가였다. 이같이 회화가 대세였던 17세기 미술 시장의 새로운 고객들은 풍경화, 풍속화, 정물화, 도시 정경, 실내 정경, 해상 풍경과 같은 일상적인 소재를 담은 장르화를 많이 구입했다.

작품을 가능한 한 많이 판매하기 위해서 화가들은 새로운 고객들의 취향을 만족시켜야 했다. 동시에 지금까지 미술사에서 전무후무하게 화가의 수가 많았던 상황에서 화가들은 경쟁력을 높이기 위해 작품의 질을 끌어올리는 데도 힘써야 했다.[8] 그러다 보니 점차 특정 장르만을 그리는 '전문화된 화가'가 나타나기 시작했다. 예를 들어 프란스 할스는 초상화 영역에서 전문화된 화가였고, 렘브란트도 원래는 역사화를 주로 그렸지만 사회가 변화함에 따라 초상화로 영역을 옮기면서 상당한 인기를 구가했다.

초상화는 장르의 특성상 예외적으로 주문 후에 제작되었는데, 무역과 상업으로 큰 부를 쌓은 신흥 지배계급이 주요 고객이었다. 이들은 부와 지위를 과시하기 위한 방편으로 화가들에게 초상화를 많이 주문했다. 아무튼 결론은 당시의 예술가들은 고객 한 명 한 명의 기호에 맞춘 작품이 아니라 소비자 다수의 예술적 취향과 기호에 부응해야 하는 꽤나 골치 아픈 과제에 직면했다는 것이다.

블라외 가문의 〈아틀라스 마이오르〉도 특정 후원자만을 위해 제작된 것이 아니라 다수의 소비자를 겨냥한 기성품이었다. 요안 역시 이 지도책에 타깃 소비자 층인 신흥 지배계급의 대다수가 선호한 취향을 반영했을 것으로 짐작할 수 있다.

그렇다면 17세기 네덜란드를 대표하는 사치적 재화였던 〈아틀라스 마이오르〉의 소비자들이 지도책 시장에 등장한 수많은 지도책 가운데 유독 이 지도책을 많이 선택한 이유는 무엇일까? 앞서 이야기했듯이 제작자인 블라외 가문의 사회적 위치와 그에 따른 역량도 물론 크게 작용했지만, 그 이전에 〈아틀라스 마이오르〉에는 당대의 수준 높은 예술적 취향과 고결한 가치가 담겨 있었기 때문이다. 최신의 예술적 트렌드가 내포된 이 지도책을 소유함으로써 소비자들은 이것을 갖지 못한 사람과 확실히 차별화되며 부러움과 선망의 대상이 될 수 있었던 것이다. 요즘의 우리가 고가의 명품을 갈망하고 레어템에 열광하는 심리와 비슷하다고나 할까.

그런데 여기서 〈아틀라스 마이오르〉는 제작자의 고유한 창의를 담아낸 단일한 예술품이 아니라 '종합 예술품'이라는 점을 인식할 필요가 있다. 지도책은 회화나 조각 같은 일반적인 미술 작품과는 달리 총괄 제작자의 지휘 아래 판화가, 채색가, 장정가, 인쇄업자, 조판사, 지리학자, 지도학자와 같은 다양한 전문가들의 협업을 통해 완성된다. 따라서 이 지도책의 특징을 낱낱이 분석해보면 당대 네덜란드를 휩쓴 예술적 트렌드를 총체적으로 알아낼 수 있다. 그리고 이것은 곧 네덜란드의 신흥 엘리트 부르주아 계급이 선호한 예술적 취향으로 귀결된다. 당대의 주요한 예술품 소비자들이 바로 이들이었기 때문이다.

그럼 역사상 가장 부유했던 국가, 역사상 가장 화려했던 그곳, 17세기 네덜란드를 풍미한 예술적 경향을 지금부터 속속들이 들여다보자.

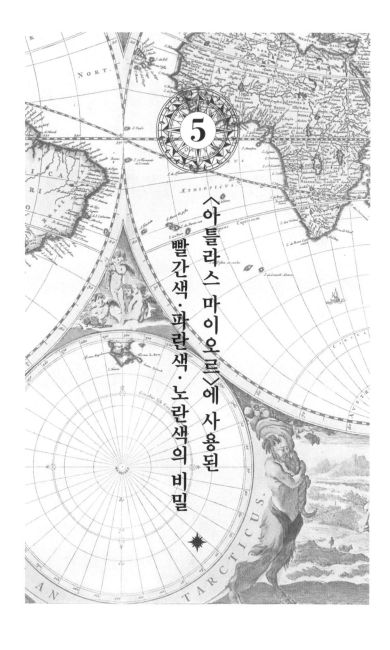

5

〈아틀라스 마이오르〉에 사용된 빨간색·파란색·노란색의 비밀

✦

〈아틀라스 마이오르〉에
사용된 주요 색상

〈아틀라스 마이오르〉제1권의 첫 번째 지도로 삽입되어 있는 '세계지도'는 고상하고 세련된 자태를 풍기며 개인 도서관의 정중앙 테이블 위에 펼쳐져 있곤 했다. 관람객들이 이 지도책 소유자의 도서관을 방문할 때만 말이다. 각각 26.7센티미터 크기의 반구 두 개를 포함한 '세계지도'는 〈아틀라스 마이오르〉의 얼굴마담 역할을 톡톡히 하며 자부심에 들뜬 소유주의 어깨를 으쓱이게 했다. 이러한 사실은 〈아틀라스 마이오르〉를 알지 못하는 사람들에게도 '세계지도'가 이 지도책의 다른 어떤 지도보다 특별한 가치와 중요성을 지녔음을 알게 해준다.

여기서 주목해야 할 점은 '세계지도'에서 확실한 주조색을 발견할 수 있다는 것이다. 빨간색과 파란색, 노란색이다. 이 세 가지 색상은 비단 이 지도뿐 아니라 〈아틀라스 마이오르〉에 수록된 다른 지도들의 가장자리 부분과 지도책 내부에 삽입되어 있는 도상들에서도 확연히 드러난다. 이 색상들은 혼디우스 가문이나 데 비트의 지도책, 그리고 당대 네덜란드에서 활발하게 활약한 니콜라스 피셔르 1세, 피터르 후스Pieter Goos와 같은 여타의 지도 제작자들의 세계지도에서도 찾아볼 수 있다. 하지만 이들의 지도에는 파란색 대신에 주로 청

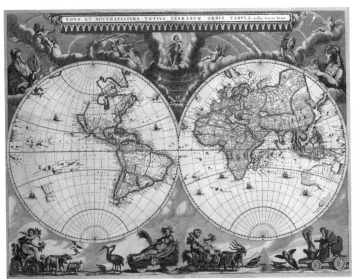

▲ 〈아틀라스 마이오르〉에 담긴 '세계지도'. 블라외 가문의 역작인 〈아틀라스 마이오르〉에 실려 있는 만큼 블라외 가문의 여러 세계지도 중에서 가장 대표적인 지도이다.

▼ 암스테르담의 네덜란드 해양박물관에 전시 중인 『아틀란티스 누보』.〈아틀라스 마이오르〉가 17세기 서적 수집가의 개인 도서관 테이블 위에 펼쳐져 있을 때도 바로 이런 모습을 하고 있었을 것이다.

〈아틀라스 마이오르〉 안에 장식으로 새겨진 도상들. 빨간색, 파란색, 노란색이 가장 눈에 띈다.

록색이 사용되었고, 〈아틀라스 마이오르〉의 '세계지도'에 비해 채도
는 낮고 명도는 높다. 그래서 이 세 가지의 색상을 〈아틀라스 마이오
르〉의 '세계지도'만큼 명확히 볼 수는 없다.

　이 점에 대해 이렇게 생각해볼 수도 있을 것 같다. 요안이 유독 빨
간색과 파란색, 그리고 노란색을 좋아해서 개인적인 취향을 자신이
제작한 지도책에 반영했다고 말이다. 하지만 이것은 지나치게 근시

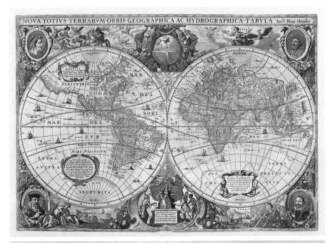

▲ 헨리퀴스 혼디우스의 '전 세계의 새로운 지리와 수로학의 지도'.

▼ 피터르 후스의 '세계의 새로운 지도'.

▲ 니콜라스 피셔르 1세의 '새롭고 매우 정확한 전 세계지도'.

▼ 프레데릭 데 비트의 '세계지도'.

안적인 판단이다. 우리는 좀 더 합리적인 추론을 위해 우선 〈아틀라스 마이오르〉가 당시 소비자들의 취향을 반영한 레디메이드 상품이라는 점을 감안해야 한다.

이런 관점에서 보면 〈아틀라스 마이오르〉에 사용된 색상들은 당대에 가장 유행한 색상이라고 추정할 수 있다. 그래서 이 색상들이 확실하게 표현된 〈아틀라스 마이오르〉가 다른 지도책들보다 더 큰 인기를 누렸으리라는 가능성도 제기해볼 수 있는 것이다. "당시 지도를 장식하기 위한 목적으로 수집하는 경우라면 매력적이고 새로운 색상을 가진 지도가 적합하고, 만약 투자의 목적으로 수집한다면 반드시 원색을 추구해야 한다"[1]라는 말이 근거가 될 수 있다. 또 네덜란드의 미술사학자 에를렌트 데 흐로트Erlend De Groot가『17세기 컬렉터의 세계: 아틀라스 블라외-판데르헴』에서 "지도의 심미적인 부분 중에서 가장 중요한 것은 의심의 여지없이 지도에 칠한 색상이었다"[2]라고 언급한 사실도 이러한 추론에 설득력을 더한다.

**당대의 패셔니스타들은
어떤 컬러를 선호했을까?**

패션은 시대와 국가를 막론하고 유행 색상에 매우 민감하며 이를 가장 적절하게 반영하는 분야다. 패션업계는 한 계절, 길게는 두 계절도 앞서간다. 모델들은 한여름에도 한겨울 옷을 입고 한겨울 신발을 신은 채 패션쇼장의 런웨이를 걷는다. 런웨이를 걷는 모델들의 사진이 SNS에 실시간으로 업로드된 모습을 보면 다가올 계절에 유행할 패션을 미리 점쳐볼 수 있다.

그렇다면 시대를 거슬러 올라가 17세기 네덜란드인들 사이에 유행한 옷은 어떤 스타일이었을까? 또한 그들이 평소 즐겨 입은 의복의 색상은 무엇이었을까? 이를 알아볼 수 있는 좋은 방법이 있다. 바로 당대의 풍속화를 살펴보는 것이다. 풍속화 속 인물들의 의상은 실제로 즐겨 착용한 의복일 가능성이 매우 높기 때문이다.

요즘은 휴대폰의 기본 카메라 대신 카메라 앱을 사용해 사진을 많이 찍는다. 이목구비와 얼굴색을 자신이 원하는 대로 보정할 수 있고 민낯으로 사진을 찍어도 메이크업까지 해준다. 뒤의 배경은 물론 헤어 컬러와 눈동자 색, 심지어 몸의 형체까지도 얼마든지 보정이 가능하다. 내가 원하는 이상화된 나의 모습을 앱이 완성해준다. 17세기의 유럽인들도 요즘의 얼굴 보정 앱을 사용한 것과 마찬가지로 자신의 초상화를 이상화시켰다.

그런데 유독 네덜란드의 신흥 엘리트 부르주아 계급만은 여타의 유럽인들과 달리 실제 자신의 모습 그대로를 화폭에 담고 싶어 했다.[3] 말하자면 휴대폰에 장착된 기본 카메라만을 선호한 것이다. 그래서 화가들도 그들의 외양은 물론 풍요로운 경제 생활상 모두를 꾸밈없는 실제 그대로의 모습으로 풍속화 속에 형상화했다.

◀ 헤리트 다우, 〈클라비코드를 연주하는 여인〉, 1665년경.

▶ 헤리트 다우, 〈양파를 다지는 소녀〉, 1646년.

헤리트는 실제의 모습 그대로를 묘사하는 능력이 탁월했다.

예컨대 렘브란트의 첫 번째 제자인 화가 헤리트 다우^{Gerrit Dou}의 작품들이 그렇다. 그의 작품은 A4 용지만 한 작은 것이라도 당시 집 한 채 가격을 상회하는 값으로 거래되었다.⁴ 그는 본래 모습과 가장 흡사하게 그릴 수 있는 화가로 널리 인정받아 최고의 대우를 받았다. 이처럼 당대의 네덜란드인들은 리얼리즘에 열광했다.

얀 페르메이르, 피터르 더 호흐, 가브리엘 메취는 1600년대 네덜란드를 대표하는 풍속화가였다. 이들의 그림에는 공통점이 있다. 네덜란드가 독립국가로 막 등장한 시기에 네덜란드의 중심이자 부의 중심지로서 재정적인 여유가 있던 홀란트 시민들의 지극히 사적인 일상의 모습을 화폭에 담았다는 것이다.

부유한 네덜란드 시민들의 사적인 생활상을 잠시 상상해보자. 남성들은 술집의 바에 앉아 당시 네덜란드에서 유행한 술인 브랜디와 라거 맥주, 그리고 레이던 대학에서 막 개발한 진을 마시고 있다. 술을 마시면서 이들은 자신감 넘치면서도 우쭐대는 태도로 자신의 해양 탐험기를 온갖 미사여구로 과시하며 대화를 나눈다. 여성들은 서로를 견제하는 듯 도도한 자태를 뽐내며 실내의 고급스런 테이블 앞에 앉아 있다. 그녀들은 중국 차를 마시며 호들갑스럽게 최신 수입 상품에 대해 아는 체하는 중이다. 당시 중국 차는 사교를 위한 최고의 기호식품으로 니콜라스 튈프 박사와 네덜란드 동인도회사의 의사였던 코르넬리우스 덱커^{Cornelius Decker} 박사가 치료 목적으로 적극 권장한, 동인도회사의 인기 수입품이었다.[5] 이들은 차의 씁쓸한 맛을 없애주고 달콤한 맛을 즐기기 위해 설탕을 첨가하기도 하고, 사프란을 넣은 가향차^{Flavory tea}를 마시기도 한다. 그녀들은 "이거 너무 오버 아냐?" 하는 소리가 절로 나올 만큼 고급스런 광택이 좔좔 흐르는 새틴 드레스를 빼입고 있다.

그런데 여기서 참 흥미로운 점이 있다. 이 풍속화가들이 그려낸 인물들이 하나같이 빨간색과 파란색, 그리고 노란색이 주조를 이룬 의상을 입고 있다는 사실이다. 이 색상들은 강렬한 보색 대비를 이루며 확실한 색채적 특성을 보인다. 그런데 17세기 네덜란드에서 유행한 또 다른 장르인 초상화에서는 그렇지 않다. 그림의 주인공들이 풍

▲◀ 얀 페르메이르, 〈물항아리를 든 젊은 여인〉, 1669~1670년.

▲▶ 얀 페르메이르, 〈버지널 앞에 앉아 있는 여인〉, 1670~1672년.

▼◀ 피터르 더 호흐, 〈앵무새에게 먹이를 주는 아이가 있는 실내〉, 1668~1672년.

▼▶ 피터르 더 호흐, 〈침입자: 연인에게 놀란 화장방의 여인〉, 1665년경.

네 작품에 등장하는 인물들이 입고 있는 옷의 색상은 빨간색과 파란색, 노란색이 주를 이룬다.
이렇듯 17세기 네덜란드인들은 사적인 일상생활에서 이 세 가지 색상의 옷을 즐겨 입었다.

▲ 렘브란트 하르먼스 판레인, 〈암스테르담 포목상인 협회의 이사진들〉, 1662년.

▼ 프란스 할스, 〈하를럼 양로원의 이사진들〉, 1664년.

17세기 네덜란드의 초상화에서는 신교의 교리 지침에 따라 어두운 색상의 옷을 입은 인물들을 매우 흔하게 볼 수 있다. 이들은 이 그림에서처럼 공식 석상에서는 어두운 색의 의상을 입었다.

속화 속의 인물들과는 대조적으로 매우 검소하고 절제된 어두운 갈색이나 진한 회색 또는 검은색의 옷을 입고 있는 것이다. 이것은 당시 네덜란드에서 세력을 떨친 칼뱅주의^{Calvinism}의 의상 윤리를 반영한 것이었다. 하지만 이 같은 신교 스타일의 의복은 초상화의 모델로 포즈를 취하거나 특정한 공식 행사에 참석할 때에만 착용했다.[6] 바꿔 말하면 일상생활에서는 이런 어두운 색의 의상을 입지 않았다는 뜻이다.

유럽의 다른 나라와는
완전히 달랐던 '네덜란드 패션'

이처럼 17세기 네덜란드인들은 특별한 경우가 아니라면 집 안에서나 개인적인 일상에서 빨간색, 파란색, 노란색의 옷을 주로 입은 것으로 추정된다. 칼뱅주의가 지배하는 문화적 풍토에서는 재력을 사회적으로 드러내는 행위가 부적절한 것으로 여겨져 사치 행위도 집 안의 개인적인 활동으로 변모해 '사치의 실내화^{室內化}'[7]가 이루어진 것이다. 네덜란드에서 프랑스어 교사를 지낸 한 인물의 1651년 기록에서는 네덜란드인들은 몸을 치장하는 것보다 진귀한 물건들로 집 안을 화려하게 꾸미는 것에 더 관심이 있었다는 것을 보여준다.[8] 네덜란드에 주재한 영국의 외교관 윌리엄 템플 역시 네덜란드인들의 사치품 소비는 주로 집을 꾸미기 위한 장식품이나 가구에서 이루어 진다는 기록을 남겼다.[9] 이러한 사실들로 미루어 볼 때 당대에 지도 책이 유행한 것 역시 사치를 집 안으로 들여오는 사회적 풍조에 영향 을 받은 현상이라고 추측할 수 있다.

재미있는 점은 풍속화 속에서 주인인 상류층의 인물을 돕고 있는 하인들의 의상도 이 세 가지 색상이 주를 이룬다는 것이다. 현대의 고급 명품 브랜드나 대중적인 SPA 브랜드나 모두 각 시즌별 유행 색 상으로 상품을 제작하는 것과 마찬가지로 17세기에도 상위 계층을 대상으로 한 고급품이 일단 생산되면 중류층, 중·하류층, 하류층을 대상으로 한 제품으로 나뉘어 고급품을 모방한 저렴한 모조품들이 넘쳐났다. 그래서 소비자들은 사회적 계급과 경제적인 능력에 상관 없이 상류층에서 유행하는 최신의 스타일을 즐겨 입을 수 있었다.[10] 물론 옷감의 재질과 촉감은 아주 달랐지만 말이다.

17세기에는 프랑스인의 복식이 유럽 패션의 기준이었다. 현재도 그렇지만 당시에도 파리는 명불허전 패션의 메카, 최신 패션의 중심 지였다. 1600년대 프랑스는 문화적으로 각국의 상류층을 선도했고, 유럽의 패션도 루이 14세가 주도한 사치스러운 의복 문화가 지배적 이었다.[11] 그런데 당시 프랑스인들의 의상은 원색보다 하늘색이나 옅 은 노란색, 주황색 혹은 분홍색과 같이 2차적인 색상이 주로 사용되 었다.[12] 여기에 화려하게 자수를 새겨 넣기도 하고, 색실이나 금실, 은실로 꽃무늬 같은 무늬를 짜 넣은 브로케이드나 다마스크 직물로 옷을 만들어 상당히 화려하고 복잡한 패턴의 옷이 유행했다. 따라서 화려한 재화에 현혹되어 엄청난 사치를 일삼은 네덜란드인들도 패션의 본보기인 프랑스의 복식 문화를 그대로 모방했을 것으로 쉽게 추측할 수 있다. 그러나 이러한 추측은 형편없이 빗나간다.

풍속화 속에 등장하는 네덜란드의 부유한 상인 계급의 의상에는 장식이 배제되어 있거나 최소화되어 있다. 그리고 우아한 2차 색상이 아니라 원색인 빨간색과 파란색, 노란색이 주를 이룬다. 여타의 다른 유럽에서는 1630년경부터 유럽 패션을 선도한 프랑스를 좇아 복식이 획일화되는 양상을 보였다. 나라별 개성이라곤 없이 프랑스만 따라했다. 그러나 네덜란드인들은 전혀 다른 노선을 택했다. 그들이 이른바 '네덜란드 패션'을 고수한 이유는 무엇일까? 아마도 드러나지 않은 비밀이 있는 것이 분명해 보인다. 칼뱅주의의 영향으로 다른 유럽인들에 비해 패션에서 다소 검소한 양상을 보였다는 점은 차치하더라도 여기에는 종교적, 사회적 이유 이상의 새로운 해석이 필요할 듯하다.

#색상 상징주의,
17세기 네덜란드 미술의 핵심 키워드

카럴 판만더르Karel van Mander는 네덜란드의 화가이자 예술 평론가로 저명한 인물이다. 그는 당대 북유럽을 대표하는 미술 이론서인 『화가의 서 Het Schilder-boeck』를 1604년에 출간했다. 이 책은 그가 이탈리아를 여행하면서 접한 16세기의 화가이자 건축가인 조르조 바사리 Giorgio Vasari가 쓴 르네상스 시대 예술가들의 전기인 『예술가 열전』(1550년)에서 영감을 받아 집필했다.

당시의 네덜란드는 화가들의 활발한 활동에도 불구하고 정작 그들을 위한 미술 이론서가 전무했다. 이를 안타깝게 여긴 판만더르가 화가들에게 유용한 지식이나 조언을 제공하기 위해 『화가의 서』를 집필한 것이다. 이 책은 후대 화가들에게 미술의 역사적인 흐름과 함께 화가로서 성공하기 위해 반드시 쌓아야 할 덕목은 물론 예술이

◀ 17세기 네덜란드 예술에 지대한 영향력을 행사한 카럴 판만더르.
◆ 1604년에 출간된 판만더르의 『화가의 서』 표제.
▶ 조르조 바사리의 『예술가 열전』 표제.

지적 활동의 산물일 수밖에 없다는 귀중한 가르침을 전수한 당대의 유일한 미술 이론서였다.[13] 게다가 화가만을 위한 책이 아니라 예술의 새로운 후원자가 된 일반 시민들을 교육하기 위한 책이기도 했다. 『화가의 서』는 이 같은 귀중한 정보를 담았기에 17세기 북유럽 예술을 넘어 사회·문화사 전반에 대한 지식의 원천으로서 광범위한 독자층을 형성해 곧 바사리의 『예술가 열전』의 명성에 필적했다.[14]

이탈리아의 도상학자 체사레 리파Cesare Ripa는 판만더르를 비롯해 더 호흐와 페르메이르 등 네덜란드 예술계의 인물들 중 그의 영향에서 자유로운 이가 없을 정도로 엄청난 영향력을 행사한 인물이었다.[15] 판만더르는 『화가의 서』 안에 1593년에 리파가 첫 출간한 저서 『이코놀로지아Iconologia』에서 제시한 색상의 상징성을 기반으로 당시 네덜란드 예술품에 적용할 수 있는 '색상 상징주의color-symbolism'라는 참신한 색상 이론을 제안했다. 판만더르 외에도 헤시나 테르 보르흐 Gesina ter Borch, 사무엘 판호흐스트라턴Samuel van Hoogstraten 같은 네덜란드의 예술가들 또한 색상이 가지는 의미의 중요성을 역설하며 각자 본인만의 색상 상징주의를 제시했다.

워싱턴 국립미술관National Gallery of Art의 북유럽 컬렉션 큐레이터를 역임한 아서 휘록 주니어Arthur K. Wheelock Jr(1943년~)는 논문 「17세기 네덜란드 회화의 색상 상징주의」에서 "누군가는 17세기 네덜란드의 예술에서 색상 상징주의에 대한 질문을 너무 자주 간과하고 있지는 않은지 궁금해한다"[16]라고 언급하며 색상 상징주의의 중요성을

◀ 범유럽적으로 예술가들에게 큰 영향을 미친 체사레 리파. 그 덕분에 17세기 네덜란드 예술에서 알레고리의 범주가 상당히 넓어졌다.

▶ 1644년 암스테르담에서 출간된 『이코놀로지아』 표제. 체사레 리파는 이 책에서 인물의 옷 모양과 색상, 다양한 소지품들이 상징하는 의미를 알레고리로써 구체적으로 설명하고 있다.

피력한다. 이를 반증하듯 판만더르도 『화가의 서』에서 색상 상징주의에 가장 많은 부분을 할애하고 있다. 이렇듯 색상 상징주의는 17세기 네덜란드 예술에서 결코 간과할 수 없는 중요한 요소이다.

색상의 상징에 관한 당시의 여러 이론 중에서도 판만더르의 이론은 가치와 중요성 면에서 가장 우위를 차지한다. 테르 보르흐와 판호흐스트라턴은 판만더르의 이론을 기틀로 삼아 각자의 이론을 정립했다. 게다가 판만더르는 "17세기 네덜란드의 바사리"[17]라는 명성을 얻었을 정도로 당대 네덜란드 예술을 논할 때 핵심적인 인물이다.

또 『화가의 서』는 17세기 네덜란드에서 출간된 예술 책 가운데 가장 유명하고 널리 읽힌 책이다.[18] 무엇보다 판만더르는 네덜란드 색상 상징주의 이론의 중요한 출처였다.[19] 결과적으로 당시 떠올랐던 몇몇 색상 상징주의 이론 중에서도 판만더르의 이론이 절대적인 핵심을 이룬다고 말할 수 있기에 그의 이론을 중심으로 당대의 색상 상징주의를 살펴볼 필요가 있다.

당대 예술가들은 아마도 판만더르 같은 예술가들이 제시한 색상 이론 중에서도 빨간색, 파란색, 노란색의 상징성을 주요한 이정표로 삼아 미술 작품에 이 세 가지 색상을 채택했던 것으로 여겨진다. 이후 장식품이나 의상 같은 다양한 분야로까지 적용 범위가 확장되면서 이 모든 것이 총체적으로 통합된 결과, 이 세 가지 색상이 17세기 네덜란드를 풍미했을 것으로 짐작해볼 수 있다. 당시 네덜란드에서 가장 가치 있는 재화로 실크와 면, 그리고 네덜란드 모시^{Dutch fine linen} 같은 직물을 빼놓을 수 없다. 이 가운데 빨간색과 파란색, 노란색의 직물은 가장 높이 평가되어 엄청난 가격을 호가했다는 사실 또한 이 세 가지 색상이 당대 네덜란드에서 가장 유행한 색상이었다는 것을 방증한다.[20]

당시 '크락 자기^{Kraak porselein}'라 불리며 네덜란드에 유입된 중국의 청화백자는 우아한 백색의 색상으로 네덜란드인들을 매료시켰지만, 이 청화백자가 센세이션을 일으킬 정도로 엄청난 인기를 구가한 가장 큰 이유는 자기에 그려진 푸른 문양 때문이었다.[21] 또 네덜란드

▲◀ 17세기 네덜란드에 수입된 중국의 청화백자. 중국의 청화백자는 네덜란드에서 가히 센세이션을 일으키며 엄청난 사랑을 받았다.

▲▶ 빌럼 칼프, 〈중국 꽃병이 있는 정물화〉, 1660년경. 중국 청화백자가 주인공처럼 가운데에 자리 잡고 테이블 위에는 터키산 직물이 깔려 있다.

▼ 페테르 클라스, 〈칠면조 파이가 있는 정물〉, 1627년. 식탁 가운데에 자리 잡은 큼직한 고기 파이는 아메리카에서 수입한 야생 칠면조로 만든 것이다. 흰 테이블보는 네덜란드의 리넨이고 오른쪽 밑에 살짝 보이는 화려한 테이블보는 터키산보다 더 고가였던 페르시아산이다.

에 수입되어 큰 인기를 끌며 당대의 거의 모든 풍속화에서 묘사된 터키와 인도산 직물은 빨간색 바탕에 보통 노란색과 금색 계열의 식물이나 꽃, 기하학적 문양으로 장식되어 있다. 이와 같이 유독 네덜란드에서 청화백자와 터키산, 인도산 직물 같은 수입품들이 크나큰 인기를 누린 것도 우연만은 아닐 것이다.

판만더르는 이 세 가지 색상 외에도 여러 가지 색상에 대해 상징성

피터르 더 호흐, 〈음악을 연주하는 가족의 초상화〉, 1663년.
당시 네덜란드의 정물화와 풍속화에서는 중국산 청화백자와 터키와 인도에서 수입한 직물을 아주 쉽게 찾아볼 수 있다. 음악을 연주하는 이들은 터키산 카펫을 덮고 있고, 오른쪽의 고급스러운 가구 위에는 청화백자가 놓여 있다.

을 부여했다.[22] 하지만 패션을 선도한 프랑스에서 유행한 옅은 파스텔 톤의 색상에 관해서는 전혀 언급한 바가 없다. 빨간색과 파란색, 노란색의 상징성은 그의 색상 이론 중에서도 제일 앞부분에 위치할 뿐만 아니라 가장 많은 부분을 차지하며 유독 긍정적인 의미를 내포하고 있다.

하지만 당시의 시각 매체에 사용된 이 세 가지 색상이 판만더르와 여타 예술가들의 색상 이론을 바탕으로 한 것인가에 대한 직접적인 연관 관계를 확립하기는 어렵다. 또한 단지 이 이론들 때문에 이 세 가지 색상이 당대를 풍미했다고 단언하기에도 다소 무리가 있을 것이다. 하지만 17세기 예술가들은 이들이 제안한 색상 이론을 인식하고 있었고, 이 이론이 미술 작품에 적용되면서 결과적으로 당대에 색상 상징주의가 큰 영향력을 발휘하며 이 세 가지 색상을 유행시켰다는 추론에는 상당히 설득력 있는 근거가 있다.

휘록은 "17세기 네덜란드 화가들은 색상 상징주의의 핵심 의미를 잘 이해하고 상징성을 적절히 해석했을 것이다. 현재 이들의 작품을 평가할 때 색상 상징주의에 대한 생각이 널리 퍼져 있었다는 것을 인식할 필요가 있다"[23]라고 거듭 주장한다. 판만더르와 친분이 있었던 당대 네덜란드의 대표적인 화가 렘브란트는 1618년에 재출간된 『화가의 서』를 분명히 읽었을 것이라는 기록도 있다.[24] 이 책을 읽어서인지 아니면 판만더르가 자신의 이론을 렘브란트에게 알려준 것인지는 명확히 알 수 없지만, 렘브란트는 판만더르가 제시한 색상 이론의 상징성을 그림에 반영했다.[25] 이외에도 페르메이르와 얀 스테인을 비롯한 여러 화가들 역시 체사레 리파와 테르 보르흐의 색상 이론을 적용해 그림에서 서술적인 상징성을 강화했다.

색상 상징주의를 작품에 적용한 화가들은 주로 의상에서 상징의 의미를 드러내고자 한 것으로 보인다. 휘록은 "렘브란트는 1658년에 완성한 〈자화상〉에서 자신의 권위와 높은 지위를 표현하기 위해, 그리고 〈천사와 씨름하는 야곱〉에서는 야곱의 용기 있는 대담함을 묘사하기 위해 판만더르의 색상 이론에 따라 각각 금색과 빨간색으로 의상을 채색했다"[26]라고 언급했다.

페르메이르와 더 호흐의 영향을 받아 풍속화를 즐겨 그린 네덜란드의 화가 헤라르트 테르 보르흐^{Gerard ter Borch}는 자신의 작품 〈구혼자의 방문〉에서 복수와 잔인함의 상징성을 넣기 위해, 〈레모네이드 잔〉에서는 사랑하는 사람과 함께 있는 즐거움과 기쁨을 표현하기 위해 헤시나 테르 보르흐*의 이론에 따라 각각 빨간색과 노란색으로 여성의 옷을 채색했다.[27]

이처럼 미술 작품에서도 주로 '의상'에 색채의 상징성이 투영되었다는 것은 이 세 가지 색상의 의복이 유행한 당시의 상황과 밀접히 연관된다고 볼 수 있다.

여기에 더해 17세기 네덜란드에서 색상 상징주의의 영향으로 빨

● 이름에서 짐작하겠지만 헤라르트는 헤시나의 이복 오빠였다. 헤시나는 색채 이론뿐만 아니라 수채화가로서도 명성을 얻었고, 이복 오빠와 자주 서신을 교환하며 종종 그의 작품 모델이 되었다.

▲◀ 렘브란트 하르먼스 판레인, 〈천사와 씨름하는 야곱〉, 1659년경.

▲▶ 렘브란트 하르먼스 판레인, 〈자화상〉, 1658년.

▼◀ 헤라르트 테르 보르흐, 〈구혼자의 방문〉, 1658년경.

▼▶ 헤라르트 테르 보르흐, 〈레모네이드 잔〉, 1664년.

간색, 파란색, 노란색이 유행했다는 추론에 힘을 실어주는 근거가 또 하나 있다. 미국 사우스 플로리다 대학University of South Florida의 인류학과 교수 채퍼루커 M. 커심버Chapurukha M. Kusimba에 따르면 "색은 상징적인 메시지를 전달하기 때문에 예로부터 사람들은 관계를 형성하고 자신의 생각을 전달하기 위한 방안으로 천fabric을 사용했다"[28]고 한다. 따라서 사람들은 천을 직조할 때 색 조합을 매우 신중하고 의도적으로 선택했다.[29]

그렇다면 판만더르는 빨간색, 파란색, 노란색에 어떠한 상징성을 부여했을까? 먼저 노란색을 살펴보자. 판만더르는 노란색을 가장 고귀한 색상이라고 보았으며 금색과 동일시했다. 이에 따라 노란색은 높은 지위, 부유함, 현명함, 고결함, 그리고 뛰어난 안목을 표상한다고 보았다.[30] 노란색과 동일하게 여겨지는 금색은 심미적인 면에서 그 어떤 색도 이 색을 능가할 수 없으며 매우 아름다워 놀랍도록 존귀할 뿐 아니라 태양을 상징하기도 한다. 또 문장紋章에 금색을 사용하면 가문의 고귀함을 나타낼 수 있다.[31] 나아가 금색은 합리성과 침착한 성격, 뛰어난 분별력, 가정적인 성격, 믿음, 스무 살을 상징하기도 한다.[32] 이렇게 보니 노란색은 완전 색상계의 천상계가 아닐 수 없다. 세상의 모든 노란색이 경이롭게 보일 정도이다.

'세계지도'에 적용된
색상 상징주의

요안도 색상 이론을 알고 있었을까? 그리고 〈아틀라스 마이오르〉에 이 이론을 구현했을까? 이와 관련해 기록으로 남아 있는 문헌이 아직 발견되지 않아서 정확한 사실은 알 수 없다. 고구마 백만 개를 먹은 듯 답답하지만 그래도 우리에겐 합리적인 추론이 가능한 몇가지 실마리가 있으니 이를 따라서 가설을 세워보자.

우선 요안은 최신 트렌드와 타깃 소비자 층의 취향에 민감해 늘촉각을 곤두세웠다. 따라서 당시의 가장 핫한 이론인 색상 상징주의를 알고 있었을 가능성이 충분하다. 이럴 때면 17세기 네덜란드로 가서 요안을 만나 직접 인터뷰를 해보고 싶은 마음이 간절하다. 어쨌든 요안이 이 이론을 알고 있었고 이것을 자신의 지도책에 적용했다는 전제하에 '세계지도'에 판만더르의 이론을 한번 대입해보자.

'세계지도'에서 주목해야 할 부분은 여섯 명의 로마 신들로 의인화된 행성 천구heavenly sphere와 지도 좌측에 그려진 프톨레마이오스, 그리고 오른쪽에 새겨진 코페르니쿠스다. 이 부분을 판만더르의 이론에 따라 해석해보자.

이 지도의 가장 중심부에는 태양의 신 아폴로가 그려져 있는데 그의 머리 뒷부분에 그려진 후광은 금색으로, 그의 몸은 노란색으

목성(유피테르)

태양(아폴로)

화성(마르스)

금성(베누스)

수성(메르쿠리우스)

토성(사투르누스)

프톨레마이오스

코페르니쿠스

〈아틀라스 마이오르〉의 세계지도 상단에 묘사된 프톨레마이오스와 코페르니쿠스, 그리고 태양과 의인화된 다섯 개의 행성.

로 감싸여 있다. 아폴로는 매일 새벽이 되면 네 마리의 말이 끄는 황금마차를 타고 동쪽에서부터 지구를 한 바퀴 달린다. 그런 만큼 '세계지도'에서도 가장 중심부에 자리한 아폴로의 중요성은 독보적이다. 여기에 사용된 색상은 노란색이 가장 고귀하고 그 어떠한 것도 능가할 수 없는 높은 지위를 상징한다는 판만더르의 이론에 부합한다고 볼 수 있다. 더욱이 아폴로는 국가의 중요한 도덕이나 법률을 주관하는 이성의 신으로 대표되는데, 그의 금색 후광은 금색이 합리적이고 침착한 성격을 상징한다고 보았던 판만더르의 해석과도 맞닿는다.

나머지 다섯 명의 신들이 쥐고 있는 지팡이나 방패, 쓰고 있는 모자와 같은 물건들도 모두 금색이나 노란색으로 칠해져 있다. 행성 천구들은 태양과 지구 주위에 존재하며 언제나 이들과 함께 지동설과 천동설 이론에서 중추적인 역할을 담당했다. 따라서 요안은 행성 천구들을 의인화한 신들이 지닌 물품에 가장 고귀한 노란색을 칠해서 그들의 높은 지위를 나타냈을 것이다. '세계지도'의 주인공인 커다란 양반구의 가장자리를 둘러싼 가느다란 띠도 노란색으로 표현되어 있는데, 이 또한 노란색을 가장 존귀한 색상으로 간주한 판만더르의 이론에 들어맞는다고 볼 수 있다.

그럼 이제 빨간색과 파란색에 담긴 의미에 대해서도 알아보자. 판만더르의 색상 상징주의 이론에서 빨간색과 파란색은 노란색에 비해 훨씬 더 다양한 의미를 지닌다. 빨간색을 먼저 살펴보면, 빨간색은 파란색이 갖지 못한 중요한 의미 하나를 지닌다. 바로 빨간색이 문장紋章에 사용될 때 특별한 상징성을 나타내게 된다는 것이다. 문장에서는 파란색이 딱히 중요한 의미를 나타내지 않기 때문에 이는 빨간색만의 특권이라 할 수 있다. 빨간색을 문장에 사용하면 가문의 장엄함과 용감함을 표현할 수 있다.[33] 또한 빨간색은 화성, 50세의 남성, 낙관적이고 자신감이 넘치는 성격, 불같은 사랑, 여름, 고상함과 대담함, 그리고 용기를 상징하기도 한다.[34] 이에 반해 파란색은 목성, 15살의 소년, 격앙된 상태, 천국의 아름다운 모습과 정의의 여신, 가을, 충실함과 지식을 의미한다.[35]

한편 색상의 상징과 관련해 체사레 리파는 매우 흥미로운 의견을 제시하는데, 두 가지 색상이 서로 맞닿아 있으면 새로운 의미가 탄생한다는 것이다. 그에 따르면, 노란색과 빨간색이 맞닿아 있을 때는 신에 대한 사랑과 갈망을 상징한다.[36] 파란색과 노란색 혹은 빨간색과 파란색이 맞닿아 있다면 각각 세상에 대한 즐거움과 기쁨, 그리고 호기심을 의미한다.[37] 그런데 지도의 상단에 그려진 두 과학자는 모두 빨간색과 노란색으로만 칠한 옷과 모자를 착용하고 있고, 이들이 손에 들고 있는 분할기와 혼천의는 노란색과 파란색으로 칠해져 있다. 또 이들의 의복은 파란색으로 채색된 배경과 닿아 있다. 이를 리파의 이론으로 해석해보자면, 이 두 과학자는 세상에 대한 호기심을 기반으로 고결하고 합리적인 사물인 분할기와 혼천의를 이용해, 자신들이 제시한 천동설과 지동설 이론에 합당한 과학적 근거를 발견해나가는 즐거움과 기쁨을 누리고 있다고 해석해볼 수 있다.

권두 삽화에 표현된
색상 상징주의

당시의 지도책에서 표제, 즉 타이틀 페이지^{title page}는 지도 혹은 풍경을 그려 넣은 부분보다 훨씬 더 중요하게 여겨졌다. 책의 장정(표지)을 넘기면 바로 다음에 나오는 부분이니 당연히 그럴 만하다. 이에 따라 표제는 한층 더 섬세하고 중요하게 다루어져야만 했다.[38] 권두 삽화^{frontispiece}는 이같이 큰 중요성을 지니는 표제 바로 뒤 페이지에 그려지기 때문에 〈아틀라스 마이오르〉에서 상당히 중요한 부분이라고 할 수 있다. 특히 '세계지도'가 담겨 있는 제1권은 전권을 통틀어 가장 중요하다고 볼 수 있는 만큼 제1권의 권두 삽화의 가치 역시 이 지도책의 모든 권두 삽화를 통틀어 최상위를 차지한다. 따라서 이 삽화에 칠해진 색상들 또한 판만더르의 이론을 바탕으로 해석해볼 필요가 있을 듯하다.

제1권의 권두 삽화는 〈아틀라스 마이오르〉를 한 장의 그림으로 시각화한 압축본으로 여겨진다. 이 지도책은 유럽, 아메리카, 아프리카, 아시아 등 총 4대륙으로 구성되어 있는데, 이 삽화에 등장하는 인물들은 4대륙을 의인화한 알레고리로 볼 수 있는 것이다. 가장 중

〈아틀라스 마이오르〉 제1권의 권두 삽화.

앙부에서 마차에 올라타 있는 여성과 두 마리의 사자를 가운데에 두고 양옆에 서 있는 두 명의 인물은 유럽 대륙을 상징하는 인물들이다. 이 세 명의 인물이 착용한 화려한 의상과 왕관 혹은 화관은 4대륙의 알레고리 중 세계의 여왕으로 표현되는 유럽의 높은 지위를 나타내는 상징물이다.[39] 왼쪽에 서 있는 인물이 손에 쥔 홀[笏]은 지배와 권력, 권위와 주권을 의미하며[40] 이 여성들의 화려한 의상과 왕관 혹은 화관은 당당한 세속적 권력을 상징한다.[41] 하지만 이 같은 지물이나 장식이 없더라도 이 여성들의 하얀 얼굴과 이목구비만 보더라도 이들이 유럽 국가를 상징하는 알레고리임을 충분히 알 수 있다.

이 권두 삽화에서 가장 왼편에 서 있는 인물은 머리에 알록달록한 깃털 장식을 쓰고 있다. 그리고 발치에는 아르마딜로가 있다. 깃털 장식과 아르마딜로는 아메리카 대륙의 상징이므로 이 인물은 아메리카 대륙을 의인화한 것으로 보인다.[42] 이 인물의 바로 오른편에서 흠칫 놀라는 듯한 표정을 짓고 있는 중년의 남성은 머리에 터번을 착용하고 있다. 터번은 아시아 대륙의 상징이므로 그는 아시아 대륙을 의인화한 인물로 보이며, 가장 오른편에 있는 낙타 역시 아시아 대륙을 상징한다.[43] 한편 낙타와 코끼리 앞에 서서 무심한 표정을 짓고 있는 인물은 이 삽화에 등장하는 인물들 중 가장 검은 색의 피부를 갖고 있다. 검은 피부는 아프리카 대륙의 상징이므로 이 인물은 아프리카 대륙을 의인화한 것으로 보이는데[44] 이 여성 뒤편에 있는 코끼리 또한 아프리카 대륙을 상징한다.

◀ 〈아틀라스 마이오르〉에 묘사된 아메리카의 이미지. 가장 가운데 서 있는 인물은 마치 인디언처럼 머리와 하의 부분에 깃털 장식을 하고 있고, 발밑에는 아르마딜로가 있다.

▶ 〈아틀라스 마이오르〉에 묘사된 아프리카의 이미지. 가장 가운데 인물뿐 아니라 아래쪽에 그려진 세 아이들의 피부색도 검정색으로 표현되었고, 오른쪽 뒤에는 코끼리가 있다.

『이코놀로지아』에 따르면, 17세기의 유럽은 가장 풍요로운 대륙이었고 유럽인들은 가장 현명하고 지적이며 진정한 신을 숭배했다.[45] 즉 당대의 유럽은 가장 진보하고 가장 위대한 지역으로 전 세계의 모든 국가들 가운데 최상위 클래스에 위치한다는 것이다.[46] 이러한 이유로 이 삽화에서 유럽인으로 추정되는 세 명의 여인은 화면의 가장 앞부분과 중심부를 차지하고 있다. 요안은 아마도 이 세 여인을 어떻게 표현해야 유럽이 톱클래스라는 것을 잘 나타낼 수 있을지 머리를 싸매고 고심했을 것이다. 생각 끝에 요안은 가장 중앙부에서 마차를 타고 있는 인물의 상의에는 파란색을 칠해 세상에 대한 충실함과 지식을 투영했다. 그리고 로브에는 빨간색을 칠해 낙관적이고 자신감이 넘치며 대담함과 용기를 가지고 전 세계를 이끌어간다는 상징성을 담았다.

삽화의 윗부분에는 사랑스러운 아기 천사들이 라틴어로 '지리학'이라고 씌어 있는 천을 들고 있다. 이는 마차를 탄 여성의 머리 바로 위에 위치하고 이 여성이 손에 들고 있는 열쇠가 위의 천을 가리키고 있는 만큼 이 인물(유럽인)의 세상에 대한 호기심(빨간색과 파란색의 옷이 맞닿아 있다)이 지리학을 발전시키고 있다는 것을 시각적으로 표현한 것으로 볼 수 있다.

요안은 유럽을 상징하는 이 세 여인의 의상을 어떤 색으로 칠할지에 대해서도 꽤 고심했을 듯하다. 우선 왼쪽에서 말을 끌고 가는 인물을 보면 노란 드레스를 입고 있는데 노란색은 높은 지위와 존귀함, 합리적인 성격을 상징하니 풍요로운 유럽과 현명한 유럽인을 표현

권두 삽화 윗부분에 그려진 아기 천사들.

〈아틀라스 마이오르〉에 묘사된 유럽의 이미지. 세계에서 가장 진보한 지역이라는 것을 나타내기 위해 유럽의 상징물인 화려한 옷과 홀, 왕관을 든 인물 그리고 과학을 탐구하는 지적인 모습으로 표현되었다.

〈아틀라스 마이오르〉에 묘사된 아프리카의 이미지. 아프리카를 상징하는 검은 피부의 인물, 코끼리 등으로 표현되었고, 유럽인으로 보이는 이들의 지휘하에 노동하는 모습도 그려졌다.

〈아틀라스 마이오르〉에 묘사된 아시아의 이미지. 왼쪽과 가운데는 중국, 오른쪽은 페르시아를 나타내고 있다.

권두 삽화에서 말을 끌고 가는 여인. 노란색 드레스를 입고 빨간색 로브를 걸치고 있다.

하기에 가장 적합한 색이었을 것이다. 또한 이 인물이 걸치고 있는 로 브는 빨간색인데 빨간색은 자신감이 넘치는 성격을 투영한다. 입고 있는 옷의 강렬한 색감 덕분인지 사자와 말을 이끌고 무리를 진두지 휘하고 있는 이 여성의 자태는 한껏 당당해 보이고 표정은 더욱 위엄 있어 보인다.

그런데 노란 드레스에 빨간 로브를 걸친 모습으로 노란색과 빨간 색을 맞닿게 한 것은 의도가 분명해 보인다. 체사레 리파에 따르면 노란색과 빨간색이 맞닿으면 신에 대한 사랑과 갈망을 상징한다고 했으니, 이 여인은 진정한 신을 숭배하는 유럽인으로서 신에 대한 사랑을 상징하는 것으로 볼 수 있는 것이다. 사자는 자기보다 몸집이 큰 동물을 두려워하지 않고 사냥꾼을 피하지도 않기 때문에 동물 중에서 가장 고결한 동물로 여겨지는데[47] 이 같은 이유로 화면의 가장 앞에 사자를 배치한 듯하다.

한편 화면 오른쪽에서 화관을 쓴 채 새초롬한 표정을 지으며 낙타를 끌고 가는 인물은 파란색 드레스를 입고 입다. 파란색 드레스는 이 여성이 왼쪽 손에 잡고 있는 낙타의 빨간색 줄, 그리고 그녀의 오른편에 있는 장난스러운 몸짓의 아기 천사가 잡고 있는 빨간색 줄과 맞닿으면서 호기심의 상징이 된다. 살짝 상기된 듯 발그레한 이 인물의 볼과 썩 잘 어울리는 파란색 드레스는 낙타(아시아의 알레고리)

권두 삽화에서 낙타를 끌고 가는 여인. 파란색 드레스를 입고 있다.

를 잘 끌고 가야 하는 그의 책무를 표현하기 위해 충실함을 상징하는파란색으로 채색한 것으로 볼 수 있다.

색상 상징주의로 드러나는
당대 스페인의 특이성

〈아틀라스 마이오르〉의 곳곳에는 각 나라와 각 지역의 문장이 그려져 있다. 유럽의 역사를 복합적으로 응축하고 있는 문화적 요소인 문장은 정보를 시각화하며 식별과 상징을 위해 사용되었다.[48] 따라서 왕이나 귀족 가문의 정체성을 확립하고 고유성을 인정받기 위해서는 문장에 사용된 각각의 색들이 중요한 역할을 담당해야 했다. 문장은 당대에 한 국가와 지역의 얼굴이었으니 현재로 치면 기업의 정체성을 나타내는 CI 같은 것이었다고 할 수 있다.

당시의 문장에 주로 사용된 색상은 금색(황색), 은색(흰색), 빨간색, 파란색, 검은색, 초록색, 보라색이다.[49] 〈아틀라스 마이오르〉에 새겨진 여러 문장을 살펴보면 17세기 유럽 국가들의 문장에는 빨간색과 노란색이 주조색으로 가장 많이 사용되었다는 것을 알 수 있다. 그다음으로는 파란색이 많이 사용된 것으로 보인다. 문장에 사용된 색상은 군주나 귀족 계급의 계보와 권위를 과시하는 핵심적인 기호였다. 이러한 이유로 빨간색과 노란색, 파란색이 문장의 주조색으로 사용된 것도 각각의 색상이 지닌 상징성과 무관하지 않을 것으로 추측할 수 있다.

스코틀랜드 국립도서관이 소장하고 있는 〈아틀라스 마이오르〉 라틴어 판본에 새겨진 문장에서는 꽤나 흥미로운 점이 발견된다. 이 지도책에 그려진 여러 국가의 문장은 모두 실제의 문장에 채색된 색상 그대로 칠해져 있지만, 제9권의 첫 번째 지도인 스페인 지도의 오른쪽 상단 부분에 그려져 있는 스페인 문장은 이례적으로 실제의 것과 다른 색상들로 채색되어 있는 것이다. 이 지도에 새겨진 스페인 문장의 방패 부분에서는 빨간색이 독보적으로 두드러지며 이외에 노란색과 극소량의 파란색으로 채색되어 있다. 하지만 실제 스페인 문장의 주조색은 노란색, 빨간색, 파란색이고 이외에 검은색, 자주색,

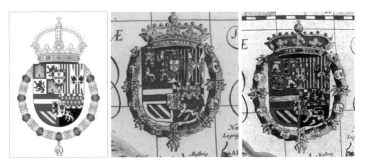

◄ 당대 스페인 합스부르크 문장.

◆ 스코틀랜드 국립도서관이 소장하고 있는 〈아틀라스 마이오르〉 라틴어 판본에 새겨진 스페인 합스부르크 문장. 문장의 방패 부분에 빨간색이 유독 많이 칠해져 있다.

▶ 오스트리아 국립도서관이 소장하고 있는 〈아틀라스 마이오르〉 라틴어 판본에 새겨진 스페인 합스부르크 문장. 본래의 문장과 가깝게 채색되어 있다.

초록색으로도 채색되어 있다.

한편 오스트리아 국립도서관에 소장되어 있는 또 다른 〈아틀라스 마이오르〉 라틴어 판본의 제9권에 삽입된 스페인 지도 상단에 표현된 스페인 문장의 색상은 또 본래 문장의 색상 그대로 채색되어 있다. 같은 라틴어 판본이라도 문장의 색상이 각기 다른 색으로 채색되었다는 것인데, 색상에 왜 이런 왜곡이 일어난 것일까? 다른 여러 국가의 문장은 전부 본래의 색상 그대로 채색되어 있는 것에 반해 유독 스페인 문장의 색상만 다른 색으로 채색되어 있다는 것은 매우 의미심장하다.

네덜란드의 위트레흐트 대학 도서관 스페셜 컬렉션의 큐레이터를 담당하고 있는 마르코 판에흐몬트Marco van Egmond는 당시 블라외 가문의 작업장에 채색에 대한 매뉴얼이 존재했을 것이라고 주장한다.[50] 예를 들어 "제1권의 권두 삽화에 그려진 인물들 가운데 가장 오른편에 서 있는 인물이 착용한 드레스는 파란색으로 채색할 것"과 같이 어느 부분에는 어떤 색의 안료를 칠해야 하는지에 대한 자세한 안내서가 있었다는 것이다. 하지만 판에흐몬트에 따르면 특정 고객이 이 부분은 이 색상으로 칠했으면 좋겠다고 요구하며 더 높은 값을 지불하면, 요안은 그 고객이 원하는 대로 색을 입혔다고 한다. 실제로 〈아틀라스 마이오르〉의 여러 판본들에 새겨진 이미지들을 살펴보면 같은 지도, 같은 도상이라 할지라도 색상이 다른 것을 볼 수 있는데, 바로 고객의 니즈에 따른 것이었다. 결론적으로 스코틀랜드 국립도서관의 〈아틀라스 마이오르〉 라틴어 판본에 새겨진 스페인 문장의 색상도 이 지도책을 소유한 이의 개인적 요구에 따른 것으로 해석할 수 있다.

〈아틀라스 마이오르〉가 출간된 1662년부터 1672년까지 스페인 합스부르크 왕가는 펠리페 4세와 카를로스 2세 치하에서 쇠퇴기에 접어들고 있었다.[51] 만약 스코틀랜드 국립도서관의 라틴어 판본을 소유한 고객이 색상 상징주의를 의식하고 있었다면 당시 스페인의 이 같은 처지를 고려해 스페인의 문장을 다른 색으로 채색하길 원했을 것으로 생각해볼 수 있다. 아마도 그 고객은 가장 인기 있는 라틴어 판본을 구입하면서 자신이 원하는 색상으로 스페인의 문장을 칠

◀ 디에고 벨라스케스, 〈프라가에 있는 펠리페 4세의 초상〉, 1660~1665년.

▶ 후안 카레뇨 데 미란다, 〈에스파냐의 카를로스 2세〉, 1677~1679년.

해달라고 요안에게 요구했을 것이다. 그러면서 이렇게 말했을지도 모른다.

"저에겐 너무도 사랑하는 존재가 있습니다. 바로 나의 조국, 스페인이죠. 항상 위풍당당한 나의 조국이 이제는 영광의 시간들을 뒤로하고…… 어흑……."

아마도 그는 자신의 조국 스페인에 대해 남다른 애정을 가진 사람이 아니었을까. 판만더르의 이론에 따르면 빨간색이 문장에 사용되면 그것은 곧 그 가문의 장엄함과 용감함을 상징하는 기호가 된다. 어쩌면 그는 "빨간색을 스페인 합스부르크 왕가의 문장에 한번 왕창 칠해달라고 해볼까? 그럼 왕가의 건재함과 왕권의 장엄함을 알릴 수 있고, 왕권의 정통성과 정체성을 더욱 공고히 할 수 있겠지? 나의 조국은 소중하니 내가 지켜야지! 바로 이거야!"라고 외치며, 설레는 표정으로 요안에게 후다닥 달려갔을 것 같다.

스페인에 대한 애정으로 문장조차 빨간색으로 바꿔 칠할 정도라면 그는 아마도 스페인의 고위 관료였을 가능성이 높다. 아니면 네덜란드 동인도회사처럼 국가적 차원에서 건립한 어느 스페인 회사의 대주주였을지도 모르겠다. 아무튼 이 고객은 자신의 개인 도서관에서 〈아틀라스 마이오르〉를 자랑할 때 '세계지도'가 아니라 빨간색이 잔뜩 칠해진 스페인 합스부르크 왕가의 문장이 등장하는 '스페인 지도'를 자랑스럽게 펼쳐놓았을 것이다.

그런데 이런 추측을 뒷받침하는 의미심장한 부분이 또 하나 있다. 위트레흐트 대학 도서관에서 소장하고 있는 〈아틀라스 마이오르〉 네덜란드어 판본 제8권의 세 번째 이미지로 삽입되어 있는 스페인의 산 로렌소 데 엘 에스코리알 궁전의 모습을 보면 청록색이 한눈에 두드러진다. 이에 반해 스페인의 그 애국심 넘치는 고객이 구입한 〈아틀라스 마이오르〉 라틴어 판본에 새겨진 동일 이미지를 보면 예외 없이 빨간색, 파란색, 노란색으로 칠해져 있다. 이를 보면 그는 분명 색상 상징주의를 알고 있었던 것 같다.

이 궁전의 건물 외벽은 붉은색으로, 그 위의 지붕은 파란색으로, 그리고 고딕 양식의 뾰족한 첨탑 위의 십자가와 그 바로 아래에 붙어 있는 화살표 모양의 장식은 노란색으로 채색되어 있다.[52] 이외에도 화면의 왼쪽 아래편에 여러 신하들의 호위 속에 펠리페 4세 혹은 카를로스 2세가 타고 있을 것으로 추측되는 마차 또한 이 세 가지 색상으로 채색되어 있는데, 이것은 체사레 리파의 이론으로 적절한 해석이 가능하다.

리파의 이론에서 빨간색은 세계의 군주와 자부심을 상징한다.[53] 파란색은 현명함과 관대함, 영원성을 나타내고 노란색은 영광, 불멸, 승리의 기호다.[54] 실제와 다르게 칠해진 이 색상들은 모두 2백여 년간 명맥을 유지해온 스페인 합스부르크 왕가의 영광과 영예가 여전히 굳건하며, 영원히 건재하길 바라는 염원이 담겨 있다고 볼 수 있는 것이다. 아마도 요안은 이 고객의 간절한 바람을 시각적으로 구현하기 위해 빨간색, 파란색, 노란색을 사용한 것으로 해석할 수 있다.

▲ 산 로렌소 데 엘 에스코리알 궁전의 실제 모습.

▼ 스코틀랜드 국립도서관 소장본 〈아틀라스 마이오르〉에 묘사된 산 로렌소 데 엘 에스코리알
궁전. 실제와 달리 빨간색, 파란색, 노란색 위주로 채색되어 있다.

요안 덕분에 그 스페인 고객은 더 이상 마음의 상처를 입을 필요가 없게 되었을지, 더 나아가 높은 자존감과 애국심도 덤으로 갖게 되었을지 사뭇 궁금해진다.

각각의 색상이 이 같은 상징성을 갖게 된 것은 당대 네덜란드 예술인들이 자신들의 문화적 이상과 이데올로기를 색상으로 시각화한 결과라고 볼 수 있다. 이러한 상징성은 예술의 일부로서 단순한 유희 이상의 가치를 지니며 예술가들에게 널리 통용되면서 다양한 미술 작품을 통해 활성화되었다. 결과적으로 1600년대 네덜란드의 예술적 시류를 압축하고 있는 〈아틀라스 마이오르〉에 채색된 빨간색, 노란색, 파란색의 주조색 또한 17세기 네덜란드 예술가들에 의해 발전된 색상 상징주의라는 당대의 예술적 경향을 적극 수용한 결과로 볼 수 있을 것이다.

17세기 네덜란드인들은 빨간색과 노란색, 파란색의 '물질'을 소비했다기보다 이 색상들의 '상징'을 소비했다. 지금의 우리도 어떤 옷을 입느냐에 따라 행동과 몸짓이 달라진다. 청바지에 가벼운 티셔츠를 입고 운동화를 신는 날에는 따뜻한 봄날에 대학 캠퍼스를 밝고 경쾌하게 걷는 대학생의 마음이 된다. 실크 블라우스에 H라인 스커트를 입고 아찔한 하이힐을 신는 날에는 당당하고 성숙한 여인이 된 것처럼 허리와 어깨가 더 꼿꼿하게 펴진다.

이처럼 17세기 네덜란드인들도 세 가지 색상의 의상을 입을 때마다 각각의 색상이 지닌 상징에 따라 삶을 대하는 태도와 그날의 마음가짐, 그리고 생각과 느낌이 달라졌을 것이다. 빨간색 옷을 입은 날에는 자신감 한 스푼을, 노란색 의상을 입은 날에는 높은 지위 두 스푼을, 파란색 의복을 착장한 날에는 지성미 세 스푼을 더했을 것만 같다. 생각은 행동을 이끌고 이는 결국 변화로 이어진다. 1600년대의 네덜란드에서 가히 혁신적이고 웅장한 변화가 일어난 것도 다양한 시각 매체를 통해 원하는 방향으로 색상의 상징을 소비했기 때문은 아닐까?

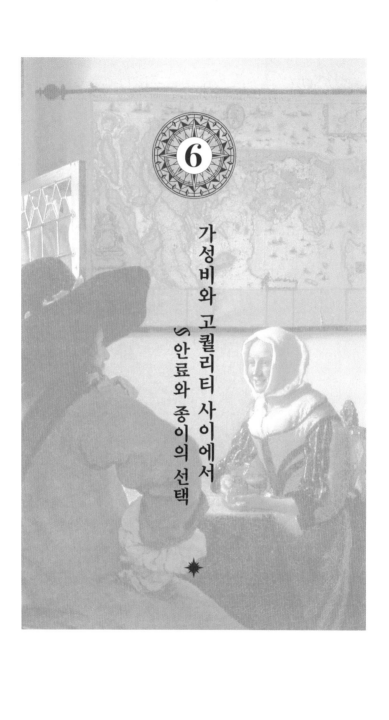

6

가성비와 고퀄리티 사이에서

∽안료와 종이의 선택

나는 대학에서 회화를 전공했다. 마지막 학기에는 졸업을 앞두고 졸업전시회를 위해 캔버스 500호를 온 창의력을 발휘해 채워야만 했다. 스물한 살 때의 여름방학, 가족들과 함께 간 유럽 여행에서 에펠탑의 경이로움에 매료되어 2년간 에펠탑을 주로 그렸기에 졸업 작품 역시 당연히 에펠탑으로 메워나갔다.

작가에게 작품은 자식과도 같다. 부모가 되어보지 못해 깊이 알 수는 없지만, 자식에겐 최고의 것만 해주고 싶은 것이 부모의 마음이리라. 그래서 화방에서 판매되는 다양한 종류의 캔버스 중에서 아사천을 매어놓은 정식 캔버스를 구입했다. 물감도 색상 표현과 퀄리티가 가장 뛰어난 G사의 것을 구입해 작업했다. 작업 전에 메이크업을 하기에 앞서 피부에 바르는 메이크업 베이스의 기능을 하는 젯소^{gesso}(석고와 아교를 혼합한 재료로 캔버스의 애벌 처리를 위해 바르는 흰 물감)와 작업 후에 완벽하게 메이크업을 고정하고 보존해주는 역할을 하는 바니시도 시중의 제품 중에서 가장 평가가 좋은 것을 사용했다.

그래서인지 오랜 시간이 지난 지금, 집 한쪽에 고이 자리하고 있는 에펠탑 그림은 당시에 칠한 색상과 분위기 모두 그대로 보존되어 있다. 마치 습도와 온도를 완벽하게 맞춰놓은 갤러리의 수장고에 보관되어 있었던 것처럼 말이다. 이처럼 작품 자체의 퀄리티와 보존 상태는 어떠한 재료를 사용했는가에 따라 달라진다.

요안은 〈아틀라스 마이오르〉에 주조색으로 사용된 빨간색, 파란색, 노란색을 과연 어떤 안료로 표현했을까? 또 이 지도책의 가장 기본적인 재료라 할 수 있는 종이는 어떤 것이 사용되었을까? 역사상 가장 화려한 시기를 대표하는 예술품이니 호기심이 더욱 발동한다. 하지만 안타깝게도 〈아틀라스 마이오르〉에 사용된 안료와 종이에 대한 연구는 현재 전무한 상태다.

암스테르담 대학 도서관의 스페셜 컬렉션 큐레이터인 페터르 판 데르 크로흐트Peter van der Krogt에게 요안이 〈아틀라스 마이오르〉에 사용한 종이에 대해 문의해보았다. 그는 〈아틀라스 마이오르〉에 관한 한 현존하는 인물 가운데 최고의 권위자다. 하지만 종이에 관해서는 본인도 전혀 알 수 없다는 답변만 돌아왔다. 그다음에는 마르코 판 에흐몬트와 윌리엄 폴라 큐레이터에게 물어보았지만 역시 설명해 줄 수 있는 내용이 없다는 답변만 공허하게 돌아왔다.[1] 이제 어떻게 할 것인가? 이 분야의 권위자들도 정확히 알 수 없다고 하니, 궁금증을 해결할 방법은 내가 직접 당시의 다양한 예술품에 사용된 안료와 종이를 분석해 이 지도책에 사용된 특정 안료와 종이를 정황적으로 추정해보는 수밖에 없을 듯하다.

〈아틀라스 마이오르〉는 당대 최고의 명품 지도책인 만큼 사용된 안료와 종이 또한 명성에 걸맞게 최고급의 것을 사용했을까? 아니면 의외로 가성비 좋은 재료를 엄선해 제작했을까? 과연 요안은 어떤 선택을 했을까? 그럼 먼저 〈아틀라스 마이오르〉에 사용된 안료를 탐험하기 위해 셜록 홈스 같은 명탐정이 된 기분으로 이 난제를 하나씩 풀어가보자.

✦

〈아틀라스 마이오르〉의
주조색에 사용된 세 가지 안료

단순한 인쇄물이 그림의 수준으로 격상되는 데 가장 주요한 요소는 색상의 추가이다.[2] 당시에 대량 인쇄된 지도에 색상을 추가하면서 지도는 수채화 작품과 구분이 모호할 정도로 한층 더 높은 예술적 가치를 획득할 수 있었다. 한편 색상이 첨가된 인쇄물은 흑백 인쇄물에는 없는 역동성과 에너지를 전달할 수 있었다.[3] 이 때문에 소비자들은 훨씬 고가였음에도 불구하고 흑백 지도책보다 색상이 추가된 컬러 지도책을 선호하는 경향을 뚜렷이 보였다. 실제로 당시의 예술품 수집가들이 인쇄물 컬렉션 중에서 가장 중요하게 여긴 수집품은 채색이 되어 있는 예술책이었다.[4] 그리고 이왕이면 그 책이 최고급의 안료로 채색되어 더 웅장하고 생생한 색상으로 제작되기를 바랐다.

이 같은 소비자들의 까다로운 취향에 부응해야 했던 당대 네덜란드의 예술가들은 보편적으로 "더 강렬하고 더 선명한 색상을 표현"[5] 하는 경향을 보였다. 〈아틀라스 마이오르〉 또한 소비자들의 바람과 미적 기호를 반영하기 위해 당대 예술품에 사용된 다양한 안료 중에서 가장 품질이 좋은 안료로 채색되었을 것이다. 이 지도책의 세 가지 주조색 중 빨간색은 아마도 버밀리언Vermilion이, 파란색은 아주라이트^{Azurite}가, 그리고 노란색은 레드틴 옐로^{Lead-tin Yellow}가 사용되었을 것으로 추측된다.[6]

15세기부터 16세기 후반까지의 작품들, 그리고 17세기 화가들의 작품들에서 안료는 희귀성과 경제성에 따라 사용 방식에서 특이점을 보인다. 색이 곱고 희귀한 안료는 당연히 값이 비쌌으므로, 저가의 안료 위에 고가의 안료를 아주 조금만 얹어 사용한 것이다. 요즘의 소비자 입장에서 보면 거의 사기에 가까운 얍삽한 행위일 수 있지만, 당시에는 몇몇 안료의 가격이 상당한 고가였기 때문에 업계에서는 제작비 절감을 위해 당연시되는 나름의 전략이었다.

안료 자체는 큰 변화 없이 르네상스기에 주로 사용된 안료가 17세기에도 보편적으로 사용되는 양상을 보였다.[7] 일례로 아주라이트는 15~16세기에 값비싼 울트라마린의 대용으로 많이 쓰였는데, 이런 경향은 17세기에도 고스란히 이어졌다.[8] 파란색은 이처럼 오랜 시간이 흘러도 늘 사용하던 안료가 변함없이 사용되었지만, 빨간색과 노란색은 1600년대로 이행하면서 주로 사용하는 안료에 큰 변화가 생겼다. 르네상스기에 빨간색과 노란색의 표현을 위해 가장 많이 사용한 것으로 추정되는 안료는 각각 레드 레이크^{Red lake}와 오피먼트^{Orpiment}였는데, 17세기로 오면서부터는 버밀리언과 레드틴 옐로가 그 자리를 대체한 것으로 보인다.

X선 투과 시험 같은 과학적 분석 방법을 응용하면 당대 미술품에 사용된 색소를 식별하는 데 도움이 된다. 이 분석 방법을 통해 렘

브란트나 안토니 반다이크, 페르메이르 같은 17세기 네덜란드를 대표하는 화가들의 작품에서 가장 많이 발견되는 빨간색과 노란색, 파란색의 안료가 바로 버밀리언, 레드틴 옐로, 아주라이트인 것으로 밝혀졌다.[9] 이들과 같은 시기에 활동한 또 다른 네덜란드 화가들도 버밀리언, 레드틴 옐로, 아주라이트를 각각 빨간색, 노란색, 파란색을 표현하기 위한 안료로 사용했다. 당시의 지도에 채색된 안료를 식별하는 데 효과적인 방법인 형광 X선 분석법으로 1606년과 1640년에 제작된 블라외 가문의 지도를 분석한 결과에서도 고품질의 버밀리언과 레드틴 옐로, 아주라이트가 사용된 것으로 판별되었다.[10]

이때는 블라외 가문이 지도를 제작한 초중반 시기이고 〈아틀라스 마이오르〉가 판매된 1662~1672년과는 다소 시기적으로 떨어져 있어서 요안이 〈아틀라스 마이오르〉에도 이 세 가지의 안료를 사용했는지에 대해서는 의구심이 들 수 있다. 그런데 여기 명쾌한 단서가 또 하나 있다. 미국 의회 도서관에서 희귀본과 특수본 컬렉션 큐레이터를 담당하고 있는 스테파니 엘리자베스 스틸로Stephanie Elizabeth Stillo가 2016년에 발표한 논문 「세계를 '적절한 색상'에 넣는 것: 근대 초기 지도에서의 수채화 연구」에서 블라외 가문의 지도 제작 후반기부터 그들의 경쟁 상대로 성장한 데 비트가 1688년에 제작한 세계지도에서 사용한 몇몇 안료를 밝혀낸 것이다. 그리고 이 지도에서 버밀리언과 아주라이트가 발견되었다.[11] 유레카! 이것은 몇몇 예술 이론가들이 저술한 당시의 수채화 제작 지침서에서 제안한 대로 안료를 사용한 것으로 보이는데, 이 같은 지침서에는 수채화에 사용할 무기안료inorganic pigment로 버밀리언, 아주라이트, 울트라마린을 추천하고 있다.[12]

결과적으로 이 같은 사실들은 〈아틀라스 마이오르〉에도 버밀리언, 아주라이트, 레드틴 옐로가 사용되었을 가능성에 설득력을 더한다. 그럼 이제부터 〈아틀라스 마이오르〉를 포함한 17세기 네덜란드 화가들의 예술품에 빈번히 사용된 것으로 보이는 이 세 가지의 안료에 대해 좀 더 깊이 알아보자.

붉은색의 마법,
버밀리언

르네상스부터 바로크에 이르기까지 붉은색 안료는 극적이고 상징적인 효과를 내기 위해 사용했다. 당시 붉은색을 표현하는 데 사용한 안료들 중에 버밀리언은 가장 밝고 맑아서 신비로운 이미지를 표현하는 데 효과적이었다. 판만더르도 『화가의 서』의 안료에 관한 글에서 "버밀리언은 모든 부분을 빛나게 한다"[13]라고 적었을 만큼 버밀리언은 매우 고급스러운 안료였고 레드 오커red ochre, 레드 레이크 같은 당시의 붉은색 안료들 중에서 최고가에 거래되었다. 버밀리언은 천연 광물을 가공하고 분쇄해 만든 무기안료다. 그런데 이것은 천연 황에 수은을 반응시켜 만든 황화수은을 파쇄해 제작했기 때문에 독성을 지니고 있었다. 독성을 가진 안료는 당시 안료 거래법에 의거해 약사를 통해서만 구입이 가능했다.[14] 그러나 그런 위험성에도 불구하고 버밀리언은 깊고 강렬한 색을 구현할 수 있다는 큰 장점 때문에 17세기 네덜란드의 여러 화가들에게 널리 애용되었다.

예컨대 페르메이르는 〈와인 잔을 든 소녀〉에서 주인공인 소녀가 착용한 붉은 드레스를, 〈붉은 모자를 쓴 소녀〉에서는 빨간색 모자를 버밀리언으로 채색해 화면 안에서 확실한 존재감을 발산할 수 있도록 강렬한 포인트를 주었다. 그림에서 단번에 눈길을 사로잡는 이 붉은 모자로 인해 소녀의 눈빛이 한층 깊고 맑아 보이는 듯하다. "나 좀 봐봐, 이 빨간 모자 예쁘지? 올해 패션위크 신상품이야" 하고 말을 거는 것 같다. 반다이크는 귀족 집안의 어린 자제들을 그린 〈발비가의 어린이들〉에서도 오른편의 여자아이가 입은 드레스와 왼편의 남자아이의 상의를 버밀리언으로 칠했다. 버밀리언을 붓에 발라 한 번, 두 번…… 이렇게 곱게 칠한 반다이크의 붓질로 상류 집안에서 최고의 보살핌을 받으며 고이고이 자란 것처럼 보이는 아이들의 고급스러운 이미지가 한층 부각되는 듯하다.

페르메이르나 반다이크 같은 네덜란드 화가들은 다른 유럽 국가의 화가들에 비해 고품질의 버밀리언을 손쉽게 획득해 넉넉한 양을 사용할 수 있었을 것이다. 1600년대의 네덜란드는 당대 유럽에서 최고의 버밀리언을 생산한 국가였기 때문이다.[15] 라파엘로, 미켈란젤

버밀리언의 원재료인 황화수은(왼쪽).

버밀리언(오른쪽). 여기에 물과 꿀, 아라비아 고무액 등을 섞으면 캔버스 위에 채색할 수 있는 안료가 된다.

▲ 얀 페르메이르, 〈와인 잔을 든 소녀〉, 1659~1660년.

▼◀ 얀 페르메이르, 〈붉은 모자를 쓴 소녀〉, 1665~1667년.

▼▶ 안토니 반다이크, 〈발비 가의 어린이들〉, 1625~1627년.

로, 틴토레토 같은 16세기 이탈리아의 대가들도 애용한 네덜란드 버밀리언[16]은 17세기에 이르러 네덜란드를 포함해 유럽 전역의 예술가들을 매료시켰다. 그리고 유럽 각지에서 네덜란드에 버밀리언을 요구하기 시작했는데 그 양이 상당했다.

네덜란드는 밀려드는 수요를 충당하기 위해 '네덜란드 방법Dutch method'이라는 새로운 안료 개발법을 고안했다.[17] 당시에는 예술 시장의 규모가 커지면서 화가들에게 안료를 공급하는 전문 딜러가 있

라파엘로 산치오, 〈십자가에서 내려지는 예수〉.
이탈리아의 거장들 중에서도 라파엘로는 버밀리언을 가장 많이 사용했다. 화면 중앙에서 예수를 감싸고 있는 천을 들고 있는 그리포네토 발리오니의 로브에 버밀리언이 칠해졌다.

었는데, 1660년부터 1672년까지는 네덜란드의 약재상인 페터르 바네마커르^{Peter Wannemaecker} 같은 전문 딜러가 네덜란드 방법으로 만들어진 양질의 버밀리언을 공급했다.[18] 현재에도 버밀리언을 공정하는 데에는 네덜란드 방법이 사용된다. 말하자면 이 방법은 당시에 아주 혁신적인 기술이었던 것이다. 17세기 네덜란드는 자체 개발한 이 네덜란드 방법으로 양질의 버밀리언을 손쉽게 다량으로 만들었다. 그리고 생산을 거의 독점하다시피 하며 영국에 정기적으로 수출하는[19] 등 유럽의 안료 시장을 장악해나갔다.

파란색 표현은
아주라이트만으로도 충분해

17세기에 라피스 아르메니우스^{Lapis Armenius}라고 불린 아주라이트(남동석)는 15세기 중엽부터 17세기까지 유럽 회화에서 파란색 안료로 가장 중요하게 여겨진 색이었다. 이것은 "모든 색상의 다이아몬드"[20]로 군림하며 엄청나게 높은 가격으로 거래된 울트라마린(청금석, 즉 라피스 라줄리를 말한다)의 대체품으로 이용되면서 일어난 현상

● 버밀리언을 만드는 네덜란드 방법은 다음과 같다. 우선 수은과 녹인 황을 함께 으깨 검은 수은 황화물을 만든 다음 이를 증류시켜 응고시키면 붉은색의 수은 황화물이 만들어진다. 이 수은 황화물을 강알칼리로 처리해 황을 제거하고 물에서 갈아 건조시키면 밝고 선명한 가루 형태의 버밀리언을 얻을 수 있다.

아주라이트 원석(왼쪽).

아주라이트를 갈아 만든 아주라이트 안료(오른쪽).

소小 한스 홀바인, 〈다람쥐와 찌르레기와 함께 있는 여인〉, 1526~1528년.
이 그림의 배경이 아주라이트로 칠해졌다.

라피스 라줄리 원석(왼쪽).

라피스 라줄리를 갈아 만든 울트라마린 안료(오른쪽).

조반니 바티스타 살비 다 사소페라토, 〈기도하는 성모〉, 1640~1650년.
성모가 입고 있는 망토에 울트라마린이 칠해졌다.

이었다. 그러나 아주라이트 또한 매우 희소한 안료였으므로 울트라마린 못지않은 높은 가격에 판매되면서 울트라마린과 거의 비등한 지위를 획득했다. 이에 따라 당시의 예술품 소비자들은 인디고나 스멀트^{Smalt}(중국 청화백자에 쓰인 코발트 안료의 일종) 같은 저렴한 파란색 안료 대신에 아주라이트를 사용할 것을 예술가들에게 강력히 요구하기도 했다.

페르메이르는 자신의 후원자인 피터르 판라위번^{Pieter van Ruijven}과 마리아 데 크나위트^{Maria de Knuijt}의 주문대로 가장 고가의 안료를 사용했다. 그들의 넉넉한 후원 덕분에 페르메이르는 어떠한 제약도 없이 상당량의 울트라마린을 캔버스 위에 올릴 수 있었다. 하지만 그는 독특한 안료를 판매하는 안료상이기도 했기 때문에 부유한 후원자의 후원이 없더라도 다른 화가들은 감히 범접할 수조차 없는 귀한 안료들을 많이 사용할 수 있었다. "나만큼 울트라마린을 많이 쓸 수 있는 화가는 없을걸?" 하고 호탕하게 웃으며 화폭 위에 울트라마린을 주저 없이 퍽퍽 발랐을 페르메이르의 흡족한 표정이 상상이 된다. 하지만 그 또한 파란색을 표현하기 위해서 아주라이트를 많이 사용했고, 렘브란트도 고급스러운 파란색을 채색하기 위해 울트라마린 대신에 아주라이트를 사용한 것으로 전해진다.[21]

울트라마린은 수세기를 통틀어 모든 안료 중에서 가장 귀중하고 고귀한 안료였다.[22] 그러니 자연스럽게 가장 화려하고 가장 사치스럽게 제작된 〈아틀라스 마이오르〉에 파란색의 안료로 울트라마린이 사용되었을 것이라고 충분히 추측해볼 수 있다. 그러나 앞서 보았듯이 요안은 사업가적 기질이 아주 뛰어났다. 그는 수익성을 높이기 위해 울트라마린 대신에 대체품인 아주라이트를 사용했을 가능성이 상당히 높다. 스테파니 엘리자베스 스틸로는 당시의 예술가들이 이윤을 고려해 울트라마린 대신에 아주라이트를 더 많이 사용했을 것이라고 주장한 바 있다. 윌리엄 폴라 또한 블라외 가문은 수익성을 극대화하기 위해 조금이라도 더 저렴한 안료를 사용했을 것이므로 울트라마린이 아닌 아주라이트로 채색했을 것이라고 언급했다.[23]

그러나 〈아틀라스 마이오르〉의 구매자가 파란색 부분에 반드시 울트라마린을 사용할 것을 요구하며 추가금을 지급할 경우에는 최상급의 울트라마린으로 채색했을 것으로 보인다. 일례로 당시 네덜란드의 상인으로 어마어마한 부를 쌓은 소小 야코프 크롬하우트Jacob Cromhout the Younger가 소유하고 있던 〈아틀라스 마이오르〉에는 최상급의 울트라마린과 금이 채색되어 있었다.[24] 이외에 각국의 군주들에게 헌정할 목적으로 〈아틀라스 마이오르〉가 제작될 경우에도 양질의 울트라마린이 사용되었을 것으로 여겨진다. 이들에게 헌정할 〈아틀라스 마이오르〉는 최고급 벨벳에 다량의 금과 보석이 사용되어 사치의 절정을 이룬 모습으로 제작되었기 때문에 울트라마린으로 파란색을 채색하는 것은 너무나 당연한 일이었을 듯하다.

작품에 따뜻함과 품위를
더해주는 레드틴 옐로

레드틴 옐로는 "거장의 노란색"[25]이라 불리며 15세기부터 17세기에 이르기까지 노란색의 안료로 널리 애용되었다. 사실 14세기부터 노란색의 안료로 가장 많이 사용된 것은 오피먼트였는데, 17세기에도 노란색의 안료가 금색의 대체품으로서 채색될 경우에는 맑고 밝으면서 주황색에 가까워 깊은 색감을 나타내기에도 적합한 오피먼트가 사용되었다. 그러나 오피먼트는 엄청난 독성을 지니고 있는데다 아주라이트와 같은 구리 기반의 안료와 잘 섞이지 않는다는 단점이 있었다. 이 때문에 오피먼트의 대체재로 고안된 안료가 바로 레드틴 옐로였다.[26]

레드틴 옐로는 특히 페르메이르와 렘브란트가 즐겨 사용한 것으로 알려져 있다. 울트라마린이 페르메이르의 팔레트에서 '왕'으로 여겨진다면, 레드틴 옐로는 당연히 '여왕'으로 간주되었다. 그만큼 이 안료는 오피먼트에 버금가는 밝고 맑은 노란색의 표현이 가능한 동시에 금을 묘사하는 데에도 탁월했다. 예를 들어 페르메이르의 기술적인 표현 기법을 광범위하게 분석한 아서 휘록은 "페르메이르는 〈저울을 들고 있는 여인〉에서 여인이 착용한 로브의 소매 끝부분에 덧댄 하얀 털을 하얀색이나 옅은 파란색이 아닌 레드틴 옐로로 하이

금색을 표현하는 데 사용된 오피먼트. 하지만 레드틴 옐로 또한 이 같은 금색을 표현하는 데 모자람이 없었기에 레드틴 옐로는 이 오피먼트의 대체품으로 사용되었다.

얀 페르메이르, 〈저울을 들고 있는 여인〉, 1664년경.
페르메이르는 소매 끝부분에 덧댄 하얀 털에 레드틴 옐로로 하이라이트를 표현했다.

▲ 얀 페르메이르, 〈우유를 따르는 여인〉, 1660년경.

▼ 얀 페르메이르, 〈뚜쟁이〉(부분), 1656년.

라이트를 강조해 파란 로브의 채도를 줄이지 않고도 일정한 온기를 불어넣었다"[27]라고 설명했다.

또한 〈우유를 따르는 여인〉과 〈뚜쟁이〉에서는 각각의 여인이 입고 있는 밝은 노란색의 상의에 레드틴 옐로를 칠해서 화면의 화사함을 극대화시켰다. 두 그림을 언뜻 보면 〈우유를 따르는 여인〉에서는 여인이 치마 위에 두른 파란색 앞치마가, 〈뚜쟁이〉에서는 여성을 뒤에서 끌어안고 있는 남성의 빨간색 외투가 먼저 시선을 강탈한다. 이 색상들은 그림에 생동감과 다채로움을 불어넣고 있지만, 두 작품 모두에서 여성의 상의를 레드틴 옐로로 칠하지 않았다면 이처럼 산뜻하게 밝으면서도 맑은 느낌을 줄 수 있었을까? 페르메이르는 이 느낌을 구현하기 위해 어떤 색을 택해야 할지 무척 고심했을 것이다. 어쨌든 결과는 성공이다!

렘브란트는 레드틴 옐로를 단독으로 사용하거나 레드틴 옐로에 다른 색의 안료를 소량 섞어 사용하면서 작품에서 금을 표현했다. 예컨대 〈그리스도와 간음죄로 붙잡힌 여인〉에서는 화면 중앙 오른쪽 부분의 왕좌에 달린 기다란 두 개의 장식을 레드틴 옐로로 채색해 금색을 표현하면서 화려함을 더했다. 〈미소 짓는 젊은 여인의 초상〉에서는 여인의 옷에 달린 체인 장식에 레드틴 옐로와 소량의 레드 화이트^{Lead White}를 섞어 칠하며 금색에 포인트를 주었다. 이 그림 속의 여성은 붉은 립스틱을 바르지 않았는데도 이 체인 장식으로 인해 확실히 얼굴이 확 살아나는 듯하다. 전날 밤 푹 끓인 곰국을 한 사발 다

▲ 렘브란트 하르먼스 판레인, 〈그리스도와 간음죄로 붙잡힌 여인〉(부분), 1664년.

▼ 렘브란트 하르먼스 판레인, 〈미소 짓는 젊은 여인의 초상〉, 1633년.

먹고 꿀잠을 잔 것 같은 표정과 혈색이다. 귀걸이와 여러 개의 진주가 달린 목걸이보다 옷에 장식된 이 금색의 체인이 어두운 배경과 확실히 대비되면서 화면 속 주인공의 분위기를 더 고혹적이고 세련되게 만들어주는 듯하다.

프랑스산 종이와
네덜란드 제지 산업의 현실

이제 종이로 넘어가 과연 17세기의 어떤 종이가 〈아틀라스 마이오르〉에 사용되었는지 모든 추리력을 동원해 파헤쳐보자. 별로 궁금하지 않다고 해도 어쩔 수 없다. 종이는 이 지도책의 기본이 되는 재료이니 어떻게 해서든 알아내야 한다.

〈아틀라스 마이오르〉를 개괄적으로 설명해놓은 여러 서적들에서 어김없이 등장하는 구절은 이 지도책이 "가장 훌륭하고 뛰어난 최고급지에 인쇄되었다"는 것이다. 가성비를 따지는 요안도 기본적인 재료인 종이만큼은 제일 좋은 종이를 사용한 것이다. 17세기 유럽에서 가장 훌륭한 질의 종이로 대표적인 것은 프랑스산 화이트컬러 페이퍼White-Color Paper였다. 당시 제지 산업을 이끈 독일이 30년 전쟁으로 쇠퇴기를 맞이하자 프랑스가 유럽 제지 산업의 패권을 장악하게 된 것이다. 그리고 곧 네덜란드는 고품질의 프랑스산 종이를 수입

하기 시작했다.[28]

1600년대 네덜란드에서 판매된 여러 종이 중에서 품질이 가장 훌륭한 종이는 한국에서 흔히 경조사에 쓰는 흰색 민무늬 봉투보다 더 하얀 색이었다.[29] 〈아틀라스 마이오르〉가 당대 최상급의 종이에 인쇄되었다고 전제한다면, 이 지도책의 제작에 사용된 종이는 아마도 프랑스산 종이일 것으로 짐작된다. 물론 17세기의 네덜란드에서도 여러 종류의 종이가 제작되었다. 또 프랑스산 외에도 이탈리아, 스위스, 독일, 일본, 중국, 인도에서 종이가 많이 수입되었다.[30] 그러나 당시 현존한 종이 중에서 최고급으로 군림한 종이는 프랑스산이었다. 많은 이들이 궁금해서 속으로 외치고 있을 것이다. '〈아틀라스 마이오르〉가 프랑스산 종이로 제작되었다는 결정적인 증거는 확보하고 말하는 것이냐?' 사이다 같은 대답을 하고 싶지만, 물론 기록으로 남아 있는 증거는 없다. 하지만 동시대 종이 산업의 현황과 종이가 사용된 당시의 정황을 살펴보면, 이 지도책이 프랑스산 종이에 인쇄되었을 확률은 상당히 높다.

당대 네덜란드는 앞서 살펴보았듯이 인쇄와 도서, 지도책 산업의 구심점이었다. 그런 만큼 종이에 대한 수요도 엄청났을 테고, 제지 산업에서도 유럽을 주도했을 것이라고 충분히 생각해볼 수 있다. 물론 일찍이 16세기의 안트베르펜은 제지 산업에서 괄목할 만한 성과를 보였다. 그리고 1685년경부터는 네덜란드가 펄프를 훨씬 더 효율적인 방법으로 으깰 수 있는 '홀랜더 비터Hollander Beater'라는 도구를 도입하면서 한층 더 대규모의 제작 방식으로 유럽의 제지 산업을 선도하기도 했다. 그러나 16세기 후반부터 1685년 이전의 시기까지 네덜란드는 고급 종이를 생산하지 못했다.[31] 모든 것이 완벽해 보이는 17세기 네덜란드의 반전 매력이다.

17세기 유럽에서는 엘사의 궁전보다 더 새하얗고, 여름에 갓 딴 복숭아에 보송하게 난 솜털처럼 보드라우면서도 신윤복의 〈미인도〉에서 볼 수 있는 붓 터치같이 아주 섬세한 종이가 최고급 종이로 인정받았다.[32] 그런데 이 시기 네덜란드의 종이는 이 같은 최고급 종이의 기준과는 상당히 동떨어진 종이를 생산했다. 당시의 종이는 보통 낡은 옷을 두들겨서 평평하게 편 면이나 해진 리넨으로 만들었다.

당시 유럽에서 종이를 만드는 모습.

네덜란드는 이처럼 낮은 등급의 청결하지 못한 천으로 종이를 만들었기 때문에 질감도 거칠고 갈색 빛을 띤다는 이유로 '오트밀 페이퍼 Oatmeal paper'라 불린 다소 저품질의 종이를 생산했던 것이다. 그래서 양질의 종이는 프랑스 같은 종이 선진국에서 수입할 수밖에 없었다. 당시는 고품질의 리넨으로 만든 종이가 최고였는데, 프랑스산 종이는 네덜란드 종이와는 비교할 수 없을 만큼 정제되고 깨끗한 리넨을 원재료로 사용했다. 이 리넨으로 만든 프랑스산 종이는 1600년대 유럽에서 최상급의 종이로 평가될 수 있는 모든 기준에 부합했다.

프랑스산 종이의 라이벌,
일본산 종이

프랑스산 종이와 양대 산맥을 이루며 17세기 네덜란드 제지 시장을 장악한 또 하나의 종이는 일본산 종이였다. 일본산 종이는 강도와 밀도가 높은데다 매끄러운 광택을 지녀 '종이의 여왕'[33]이라는 칭호를 얻으면서 1600년대 네덜란드 종이 시장에서 프랑스산 종이와 우위를 다투었다. 당시 토리노코鳥の子(달걀의 연한 미색을 뜻한다)라고 명명된 일본산 종이는 1609년에 동인도회사를 통해 처음으로 네덜란드에 수입되었다. 이후 1643년에는 일본의 나가사키 부두를 출항한 두 척의 동인도회사 선박을 통해 3천 장 이상의 일본산 종이가 네

덜란드로 수입되기도 했다.[34]

　17세기의 일본산 종이는 여러 종류의 나무가 섞여 제작되기도 했고 하나의 나무로만 만들어지기도 했다. 예컨대 여러 나무로 종이를 만들 때는 뽕나무에 감피(안피지)나 삼지닥나무 혹은 대나무 같은 나무의 안쪽 껍질이 원재료로 사용되었다. 일본산 종이는 재료와 제작 방법에 따라서 두께와 색상이 달라 보통 5단계로 등급이 나뉘었다. 1600년대 일본에서는 감피가 최고급의 종이를 만드는 데 사용되었는데, 오로지 이 감피만을 사용해 특별 등급으로 분류된 최고 등급의 종이는 아주 얇지만 견고하며 노란빛을 띠는 특징이 있었다. 이 같은 일본산 종이의 고급스러운 특색으로 인해 수요가 급증했지만, 종이 제작에 필요한 나무, 특히 뽕나무나 감피는 재배하기가 까다로워 공급 물량을 제대로 조달할 수 없었다. 당연히 일본산 종이는 상당한 고가에 판매되었다.

　렘브란트는 17세기 초중반부터 드로잉과 판화 작업을 시작했다. 그는 자신의 작품을 위해 일본산, 인도산, 중국산, 네덜란드산, 프랑스산 종이와 피지로 실험했다. 다양한 종이로 쉴 틈 없이 작업한 결과 최종적으로 상당한 고가인 감피로 제작한 일본산 종이를 선택했다. 매서운 오감을 발동해 일본산 종이만이 가지는 고유한 특색과 우수성을 알아본 것이다. 일본산 종이는 특히 렘브란트의 작업 중 드라이포인트drypoint에 효과적이었다. 하지만 감피로만 만들어진 종이는 공급이 절대적으로 부족했기 때문에 렘브란트는 아주 얇은 감

▲ 렘브란트 하르먼스 판레인, 〈100길더 프린트〉, 1649년.

▼ 〈100길더 프린트〉 확대 부분.

피로 제작한 최고 등급의 종이 외에도 노란색이나 상아색을 띠며 다소 두꺼운 다른 일본산 종이도 상당수 사용했다.

일본산 종이는 인쇄 작업을 할 때 중간 톤이 적절히 아름답게 표현될 뿐 아니라 표면에 광택이 흐르기 때문에 부드러운 느낌을 작품에 구현할 수 있었다. 또 검은색의 음영이 잘 나타나 세밀한 부분까지 효과적으로 묘사할 수 있었다.[35] 이로써 렘브란트는 일본산 종이로 드로잉과 판화 작업을 한 최초의 유럽인으로 기록되었다.[36] 일본산 종이의 매력에 제대로 빠져든 그는 이후 1647년부터 약 십 년간 일본산 종이로만 작품을 제작했다.[37] 1649년의 작품인 〈100길더 프린트〉가 오로지 일본산 종이로만 제작한 그의 대표작이다. 이처럼 당시의 일본산 종이는 프랑스산 종이와 더불어 유럽인들을 매혹시키기에 충분했다.

피부도 종이도
하얀색이 최고

렘브란트가 일본산 종이를 선택한 것은 이 종이가 자신의 작품에 가장 어울리는 동시에 일본산 종이 특유의 노란 빛깔이 주는 따뜻함 때문이었다. 그러나 렘브란트 같은 예술가들을 포함해 당시의 유럽인들은 프랑스산 종이의 가장 큰 특색이라 할 수 있는 '하얀색'의 색상에 상당히 매력을 느꼈던 것 같다. 왜 그랬을까? 프랑스산 화이트 컬러 종이가 유럽에서 최고가로 팔리며 인기를 누린 것은 17세기 프랑스인들이 자신의 피부를 하얗게 보이기 위해 백분을 온몸에 바르고 다닌 것과도 일맥상통한다. 당시 유럽인들은 원래 피부가 하얀데도 더 하얗게 보이기 위해 여성들뿐 아니라 남성들까지 백분을 필수로 뿌렸다. 피부뿐만 아니라 머리카락도 흰색을 띠는 금발이어야 비로소 미의 최고봉에 이를 수 있었기 때문에 이들은 잠자리에 들기 전에 수선화 뿌리와 부채꽃을 말린 하얀 가루를 머리에 뿌렸다. 이처럼 17세기 유럽인들의 하얀색 사랑은 정말 유별났다. 그러니 종이도 당연히 하얀색에 이끌렸을 듯하다.

일본산 종이가 이 사실을 알게 되면 많이 섭섭할 것 같지만, 사실 렘브란트도 흰 종이를 상당히 좋아했다. 자신의 판화를 찍어낼 종이로 일본산 종이를 택하긴 했지만 그 역시 본인의 작업을 백색의 종이에 구현하고자 하는 열망을 갖고 있었던 듯하다. 일본산 종이를 사용하며 자신이 원하는 결과에 도달하고부터는 일본산 종이를 더 이상 쓰지 않고 거의 프랑스산 종이로만 작품을 제작했으니 말이다.[38]

루벤스의 경우에는 판화와 드로잉 작품에 어떤 종이를 사용했는지에 대한 구체적인 내용을 찾기 어렵다. 그러나 작품의 대다수를 흰색 종이를 사용해 제작했다는 기록이 있는 만큼[39] 그 또한 프랑스산 종이로 작업했을 가능성이 높다. 종이를 제작한 원재료에 따라 종이의 색상이 달라진 당시의 상황을 보면, 깨끗하고 정제된 흰색 리넨으로 제작한 프랑스산 종이만 흰색이었을 확률이 높기 때문이다. 게다가 루벤스는 상류 가문 출신이었다. 1624년 스페인에 머무는 동안에는 펠리페 3세가 귀족 신분을 하사했고, 1630년과 1631년에는 각각 잉글랜드의 찰스 1세와 펠리페 4세가 기사 작위를 수여한 바 있다. 죽기 직전에 이미 파산 상태였던 렘브란트와는 달리 루벤스는 일평생 재산과 명성에서 풍족한 삶을 살았다. 따라서 프랑스산 종이가 아무리 고가였다 할지라도 루벤스는 자신의 작업을 위해 프랑스산 종이를 사용하는 데 일말의 주저함도 없었을 것이다.

일본산 종이 특유의 노란 색상은 17세기 네덜란드의 제지 시장에서 분명 경쟁력 있는 요소였다. 그러나 품질 면에서는 프랑스산 종이의 경쟁 상대가 되지 못했다. 프랑스산 종이의 하얀 색상은 일본산 종이에 비해 한층 세련된 느낌을 주었다. 이 때문에 프랑스산 종이는 당시 가장 훌륭한 품질의 종이로 자리매김하게 되었고, 제지 시장에서 판매된 여러 종류의 종이 중에서도 최고가에 판매되었다.

일반적으로 프랑스산 종이와 같이 천으로 만든 종이는 일본산처럼 목재로 제작된 종이보다 묵직하고 유연하며 촉감도 더욱 부드러웠다. 게다가 튼튼하고 질겨서 내구성 또한 훌륭했다. 따라서 목재가 많이 함유된 종이보다 천으로 만든 종이에 더 높은 값이 매겨졌다. 그중에서도 흰색의 리넨은 최고급의 종이를 제작하는 데 필요한 핵심 재료였다.[40] 결과적으로 17세기 네덜란드의 제지 시장을 장악한 프랑스산 종이와 일본산 종이 중에서는 프랑스산이 일본산보다

고품질로 평가받았을 것으로 여겨진다. 이는 곧 〈아틀라스 마이오르〉가 프랑스산 종이에 인쇄되었을 것이라는 추정을 뒷받침한다.

〈아틀라스 마이오르〉가 프랑스산 종이로 제작되었을 것이라는 추측에 설득력을 더하는 또 하나의 근거는 바로 일본산과 프랑스산 종이에 대한 당시의 수요이다. 1660년대 후반 네덜란드에서는 프랑스산 종이를 20만 연▪ 정도 수입했다.[41] 1연이 대략 전지 5백 장이므로 네덜란드에서 당시 수입한 프랑스산 종이의 양은 1억 장으로 계산할 수 있다. 이 양은 일본에서 네덜란드로 수입된 종이가 3천 장 정도였다는 것을 감안한다면, 실로 어마어마했다고 볼 수 있다. 보통 프랑스산 종이는 책을 만드는 데 사용되었으니, 이 많은 양의 종이는 17세기 유럽에서 가장 큰 책이었던 〈아틀라스 마이오르〉를 제작하는 데에도 상당량이 쓰였을 것이다. 이처럼 일본산과 프랑스산 종이의 수요만을 따져보았을 때도 〈아틀라스 마이오르〉를 인쇄한 종이는 프랑스산이었을 것으로 충분히 추측해볼 수 있다.

〈아틀라스 마이오르〉에 사용된 종이의 가격

그렇다면 〈아틀라스 마이오르〉에 사용된 것으로 보이는 이 훌륭한 종이의 가격은 어느 정도였을까? 이는 옥스퍼드 대학 출판부에서 도서 인쇄를 위해 1670년대에 제공했던 종이의 가격 리스트를 기반으로 확인해볼 수 있다. 종이를 수입에 의존한 영국은 대다수의 종이를 네덜란드에서 수입했다. 네덜란드에서 들여온 종이 중 최고 품질의 종이는 프랑스산 종이였으므로 이 가격 리스트를 통해 〈아틀라스 마이오르〉에 사용되었을 것으로 짐작되는 프랑스산 종이의 당시 가격을 차근차근 유추해보자.

1600년대 종이는 일차적으로 크기에 따라 분류되었다. 영국에서 58.4×45.7cm 크기의 종이는 로열 페이퍼royal paper라는 이름으로 구분되었다. 이 로열 페이퍼의 가장 높은 등급의 가격은 480장(1연)에 34실링이었다.[42] 1670년대 당시의 환율로 2실링은 1길더였고, 〈아틀라스 마이오르〉의 크기는 64×53.5cm였으며, 권당 페이지 수는 평균 419페이지였으므로 1연의 로열 페이퍼의 수량과 가격에 비등한 수치이다.[43] 따라서 〈아틀라스 마이오르〉에 사용된 종이 원재료의 가격은 권당 약 17길더로 추정해볼 수 있다. 권당 42길더에 판매된 이 지도책의 가격을 감안하면 3분의 1이 넘는 가격이 종이에 할애되었음을 알 수 있다.

당연한 말이지만 〈아틀라스 마이오르〉를 제작하는 데에는 종이 값만 들어간 것이 아니었다. 인쇄를 하기 위해 인쇄기를 제작하는 비용을 필두로 잉크비를 포함한 전체적인 인쇄비도 들어가야 하고, 또 흑백으로 인쇄한다고 해도 검은색을 내는 안료를 구입해야 한다. 여기에 컬러판을 제작하려면 컬러 안료를 추가로 구입해야 하고, 흑백 인쇄물에 색을 입히려면 당시에는 일일이 손으로 채색했기 때문에 안료만이 아니라 여러 종류의 붓과 물통도 있어야 하고 팔레트도 필요하다. 또 장정에 사용되는 가죽과 장정의 표면을 꾸밀 여러 가지 다양한 장식들도 구매해야 한다. 이게 끝이 아니다. 이 모든 공정에 수반되는 훌륭한 장인들과 노동자들의 인건비까지 들어간다. 이 모두를 고려해본다면 〈아틀라스 마이오르〉에 사용된 종이의 비용은 전체 제작비용 중에서 엄청나게 높은 비중을 차지한다고 볼 수 있다.

지금까지 셜록 홈스가 되어 냉철히 추리해본 바와 같이 〈아틀라스 마이오르〉에 채색된 빨간색, 노란색, 파란색의 안료는 각각 버밀리언, 레드틴 옐로, 아주라이트일 것으로 추측된다. 또 이 지도책에 사용된 종이는 당시 유럽에서 최고 품질의 종이로 추앙받은 프랑스산 화이트컬러 페이퍼로 보인다. 17세기 네덜란드에서 돈으로 살 수 있는 책 가운데 최고가였던 〈아틀라스 마이오르〉의 제작에 사용된 이 모든 물질적인 요소들은, 이 지도책에 더욱 높은 품격을 부여해 최고급만을 원하는 소비자들의 욕구를 충분히 만족시켰다. 더 나아가 신흥 엘리트 부르주아 계급은 이 지도책을 소유함으로써 스스로를 '선택받은 소수의 승리자'라고 자부했을 것이다.

배우자감을 고를 때 여러 방면에서 우월한 유전자를 가진 상대를 만나고 싶어 하는 것도, 기업에서 사원을 채용할 때 성실하고 책임감이 강하며 개인의 능력치 또한 뛰어난 인재를 고용하고 싶어 하는 것도 '좋은 재료'가 바탕이 되면 '우수한 결과물'을 얻을 수 있다는 신념에 기인하는 것이다. 음식도 마찬가지다. 건강하고 신선한 재료를 사용하면 특별한 조미료가 없어도 충분히 근사하고 맛있는 음식이 만들어진다. 블라외 가문은 안료에서도, 가장 기본적인 재료인 종이에서도 당대의 가장 뛰어난 재료를 사용했다. 이들 재료가 가진 본래의 품격으로 인해 〈아틀라스 마이오르〉는 어떠한 화려한 수식어구도 필요치 않은 명품으로 탄생했다. 훌륭한 재료가 탁월한 성과를 낳는다는 진리, 이것은 17세기 네덜란드인들에게 소비의 고급화를 촉진했다.

7

도상의 의미를 찾아서
알레고리와 문장에 숨은 뜻

서울의 한 갤러리에서 갤러리스트로 일한 적이 있다. 새로운 전시가 열릴 때마다 혹은 키아프KIAF와 같이 큰 아트 페어가 개최될 때마다 늘 갤러리 부스를 방문하는 단골 컬렉터가 있었다. 젊은 부부인 그들이 작품을 컬렉팅하는 기준은 작품이 자기 아이들에게 꿈과 희망을 줄 수 있는지의 여부였다. 한번은 작품을 실제로 보기도 전에 도록만 살펴보고 구입을 결정했다. 하늘에는 풍선과 구름이 가득하고 그 사이로 두 명의 아이가 한껏 행복한 미소를 머금은 채 비행기를 타고 있는 그림이었다. 작품 값이 오를 것을 기대하면서 본인의 취향과는 무관하게 유망한 작가나 대가의 작품을 구매하는 것이 당연시되는 미술 시장에서 그들의 컬렉팅 기준은 참으로 신선하고 아름답게 다가왔다.

그들은 무엇보다 그림에서 표현된 형태를 중요시했다. 특히 아이들이 이 그림을 볼 때 행복해할 수 있는 형태에 환호했다. 물론 추상화도 말로 표현하기 힘든 감동과 울림을 준다. 때로는 부드럽게 살랑거리는 물결같이, 때로는 강렬하다 못해 모든 것을 집어삼킬 듯이 넘실대는 파도같이 말이다. 하지만 인상을 좌우하는 것이 피부색보다 얼굴의 이목구비인 것처럼 그림에서도 강렬한 인상을 남기는 것은 확실히 묘사된 도상이다.

왜 〈아틀라스 마이오르〉의 소유주들은 이 지도책 안의 수많은 지도들 중에서도 '세계지도'를 개인 도서관 정중앙의 테이블 위에 펼쳐놓았던 것일까? 상식적으로 판단해보면 이 지도에는 17세기 네덜란드 신흥 지배계급의 예술적 취향을 충족시킬 만한 요소들이 오롯이 함축되어 있었기 때문일 것이다. 그렇다면 그들이 관람객들에게 '세계지도'에서 꼭 보여주고 싶었던 것은 무엇일까? 빨간색, 노란색, 파란색의 생기 넘치는 색감이었을까? 하지만 이런 유행 컬러도 이 지도의 양반구와 상하단부에 표현된 당대 최신의 트렌드가 담긴 도상의 강렬한 아름다움을 이기지는 못했을 것 같다.

〈아틀라스 마이오르〉의 출판 이전까지 블라외 가문의 '세계지도'에 사용된 메르카토르 도법에 대해서는 지리적으로도 과학적으로도 동인도회사와 요안 모두 우수성을 인정하고 있었다.[1] 메르카토르 도법은 지구의 표면이 평면으로 표현되기 때문에 각 지역의 위치와 위도를 정확히 나타낼 수 있었기 때문이다. 하지만 요안은 평사 도법 Stereographic Projection이 당대 소비자들의 취향에 부합한다는 이유로 〈아틀라스 마이오르〉의 '세계지도'에 평사 도법을 적용했다.[2] 더불어 상하단부를 장식하고 있는 도상들은 1600년대 네덜란드에서 큰 이슈가 된 과학과 예술 분야의 중심 주제들로 채웠다.

이 책의 주제가 지도인 만큼 도상에 대해 더 깊이 탐구해보기 전에 우선 〈아틀라스 마이오르〉의 '세계지도'에 사용된 평사 도법은 무엇인지, 그리고 당대 여러 도법 가운데 가장 높이 평가받은 메르카토르 도법은 무엇인지에 대해 간략히 알아보자.

우선 평사 도법은 투영면을 지구상의 한 점에 접하도록 하고 접점의 대척점을 시점으로 해서 지구의 경위선을 투영하는 도법이다. 이

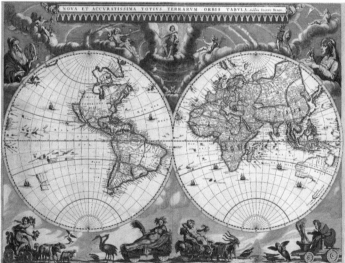

▲ 메르카토르 도법이 적용된 『아틀라스 누보』에 삽입된 세계지도.

▼ 〈아틀라스 마이오르〉에 평사 도법으로 표현된 세계지도.

도법은 반구보다 더 넓은 범위의 지도를 그릴 수 있다는 장점을 갖고 있는데, 제작 또한 간단해서 양반구를 나타내는 지도에 많이 사용된다. 그리고 평사 도법은 경위선의 간격이 주변부로 갈수록 넓어지며 축척이 증가하기 때문에 경선과 위선이 곡선으로 표현된다는 특징을 지니기도 한다.

반면에 메르카토르 도법은 경선 간격의 확대율에 따라 위선 간격의 확대율을 조정한 비투시 도법이다. 평사 도법과는 달리 경선과 위선의 각도가 정확히 직각으로 만나면서 지도의 모양이 반듯하게 표현되어 동일한 축척 비율로 표시되기 때문에 현재에도 세계지도를 만들 때 많이 이용한다. 그러나 적도 부분은 정확히 나타낼 수 있는 반면 고위도로 갈수록 면적이 확대되어 실제의 모양과 달라지며 왜곡이 생긴다는 단점이 있다.

〈아틀라스 마이오르〉에 삽입된 '세계지도'를 보면, 『아틀라스 누보』의 세계지도와 같이 메르카토르 도법이 사용된 다른 세계지도에 비해 확실히 더 고전적인 아름다움이 느껴진다. 그렇기 때문에 두 도법 모두 장점과 단점이 공존한다면, 평사 도법을 사용하는 것이 고전주의에 매료되어 있던 17세기 네덜란드의 상황에 비추어 볼 때 당연한 선택이었을지도 모르겠다. 아무리 과학적으로 우수할지라도 블라외 가문은 수익성과 대중성을 최우선으로 고려했으니 말이다.

지동설의
알레고리

'세계지도' 상단부에는 과학혁명의 수많은 쟁점 가운데서도 네덜란드에서 첨예하게 공론화된 지동설과 천동설의 알레고리가 묘사되어 있다. 하단부에는 당대의 네덜란드 예술에서 간과할 수 없는 알레고리의 여러 주제들 중 사계절을 표현하고 있다. 혼디우스 가문과 같은 당시의 여타 지도 제작자들의 지도책에서도 알레고리의 도상을 비교적 쉽게 찾아볼 수 있다. 하지만 그들의 지도책에는 주로 지구, 불, 물, 공기의 4원소가 표현되어 있다. 이에 반해 〈아틀라스 마이오르〉의 '세계지도'에는 당대의 여러 지도책들 가운데 유일하게 사계절의 알레고리와 더불어 지동설과 같은 당대 유럽을 뜨겁게 달구었던 우주론과 연관된 도상이 표현되어 다른 지도 제작자들의 지도책과 차별화되었다.

그런데 여기에 반전이 있다. 혼디우스 가문의 세계지도에도 오른쪽 상단부의 모서리 부분에 〈아틀라스 마이오르〉의 '세계지도'와 같이 프톨레마이오스의 얼굴이 새겨져 있다는 것이다. 그러나 이 지도의 프톨레마이오스는 〈아틀라스 마이오르〉에서와 같이 천동설을 주장한 우주론과 연관된 인물로서 표현된 것이 아니다. 그렇다면 왜 프톨레마이오스를 그려 넣은 것일까? 단서는 지도 하단부의 왼쪽

카이사르　　　　　　　　　　　　　프톨레마이오스

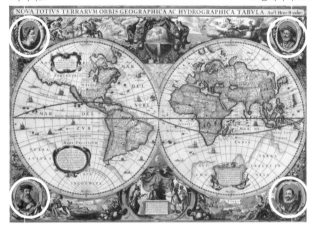

메르카토르　　　　　　　　　　　　　혼디우스

봄　　　여름　　　가을　　　겨울

▲ 혼디우스 가문이 제작한 세계지도.

▼ 피터르 후스가 제작한 세계지도.

모서리 부분에 묘사된 메르카토르의 얼굴이다. 두 인물을 함께 묘사했다는 것은 프톨레마이오스를 지도 제작의 선구자로서 인식했다는 뜻이다.

이처럼 혼디우스의 세계지도에서는 지동설에 관한 흔적을 찾으려고 아무리 애써봐도 절대로 찾을 수 없다. 이뿐 아니라 니콜라스 피셔르 1세 혹은 데 비트와 같은 다른 제작자들의 지도책 속에 포함된 세계지도와 비교해봐도 지동설과 사계절의 알레고리를 담은 지도는 〈아틀라스 마이오르〉의 '세계지도'가 유일하다. 다만 피터르 후스의 세계지도에도 사계절의 알레고리 도상이 새겨져 있는데 그의 세계지도에는 지동설과 관련한 도상은 묘사되지 않았으므로 〈아틀라스 마이오르〉의 '세계지도'와는 비교하기 어렵다.

이처럼 〈아틀라스 마이오르〉에서만 볼 수 있는 지동설과 관련한 도상은 혼디우스와 같은 다른 제작자들의 지도책에 비해 훨씬 더 경쟁력을 높일 수 있었던 절대적으로 중요한 요소였다. 곧 다시 살펴보겠지만 17세기 네덜란드에서는 천동설 이론보다 지동설 이론이 더 큰 지지를 받은 것으로 알려져 있는데, 아마도 이 이유 때문에 〈아틀라스 마이오르〉가 신흥 엘리트 부르주아 계급의 이목을 집중시켰을 것이다.

'세계지도'는 태양을 중심에 놓고 그 주변에 행성을 배치한 태양계를 지도 역사상 최초로 제시했다는 점에서 큰 역사적 성취를 이루었다.[3] 이것을 나타낸 상단부의 도상은 이미 연구된 바가 있기 때문에 여기에서는 간략하게 살펴보면 좋을 것 같다. 앞서 보았듯이 양반구의 왼쪽 위에는 프톨레마이오스가, 오른쪽 위에는 코페르니쿠스가 자리한다. 두 인물 사이에는 항성인 태양(아폴로)을 중심으로 고대의 신으로 의인화된 행성들이 그려져 있는데 왼쪽부터 목성, 금성, 수성, 화성, 토성이 각각 유피테르, 베누스, 메르쿠리우스, 마르스, 사투르누스로 묘사되어 있다. 지도 상단부에서 가장 중앙에 위치한 아폴로는 태양의 신이므로 이 점이 바로 태양계를 제시한 것으로 볼 수 있다.(206쪽 참조)

이처럼 '세계지도' 상단부에 나타나는 행성의 정렬은 코페르니쿠스가 설파한 태양중심설의 행성 순서를 정확히 따른 것이다. 이를 근거로 추정해볼 때 17세기 네덜란드 사회에 첨예한 논쟁을 불러일으킨 두 우주론 중에서 천동설보다 지동설이 조금 더 높은 지지를 받았을 것으로 여겨진다. 그러나 지동설은 당시의 거룩한 사회적 윤리를 와해시킨다는 이유로 신교와 구교 모두에서 적대시된 이론이었다. 이 때문에 수익성을 고려한 요안은 천동설과 지동설을 지지하는 각각의 소비자 모두를 잠재적 고객으로 보아야 했기 때문에 〈아틀라스 마이오르〉의 서문에서 다음과 같이 언급한다.

어느 것이 진실과 일치하는지를 명시하는 것은 우리의 의도가 아니다. (……) 천동설과 지동설은 뚜렷한 차이가 없다.[4]

애매모호하기 그지없는 이 말에서 요안이 지동설과 천동설 모두를 받아들이려 한 것을 알 수 있다. 역시 요안은 타고난 사업가임에 틀림없다. 그가 지금 이 시대에 태어난다면 세계적인 대기업의 오너가 되어도 두 번은 되었을 것 같다. 게다가 그가 환생한다면 꼭 어울리는 사람이 있다. 바로 테슬라의 대표 일론 머스크다. 처음엔 지역 정보를 인터넷으로 제공하는 사업으로 시작해 페이팔, 전기자동차로 떼돈을 벌어 스페이스엑스SpaceX를 설립하고 우주 산업에 막대한 투자를 하는 것까지 우주에 대한 열망이 어쩐지 서로 비슷해 보이니 말이다.

사계절의
알레고리

'세계지도' 하단부에 의인화된 알레고리는 사계절의 알레고리다. 16세기부터 18세기까지 네덜란드 예술에서 알레고리는 상당히 중요한 요소였다. 당시 알레고리를 표현하는 보편화된 방법은 의인화였다. 가장 인기 있는 주제는 죽음과 시간, 사랑, 덧없음이었고 이외에도 일곱 가지의 악과 덕, 오감五感, 4원소설, 인간의 나이 등과 같은 다양한 주제들이 있었다. 요안은 〈아틀라스 마이오르〉의 서문에서 "코페르니쿠스의 태양중심설 지지자들은 지구가 태양을 공전하는

〈아틀라스 마이오르〉의 '세계지도' 하단에 묘사된 사계절의 알레고리. 왼쪽부터 봄, 여름, 가을, 겨울을 나타낸다.

데 태양 년으로 일 년이 소요된다고 상정한다. 그리고 이에 따라 봄, 여름, 가을, 겨울의 계절이 구분된다고 말한다"[5]라고 언급한다. 여러 알레고리 주제 중에서 사계절의 알레고리가 '세계지도'에 표현된 것은 요안이 이 같은 지동설의 체계에 따라 변모하는 자연의 형태를 의식해 선택한 것으로 보인다.

16세기 말에는 친절하게도 예술가들을 위해서 의인화에 관한 몇 가지 매뉴얼이 발행되기도 했다. 체사레 리파의 『이코놀로지아』가 대표적인데, 이 책에서는 사계절의 알레고리를 주로 고대 신의 형태로 표현할 것을 제안한다.[6] 그 결과 봄은 플로라 혹은 베누스로, 여름은 케레스 또는 포모나로, 그리고 가을은 바쿠스로, 마지막으로 겨울은 아이올로스 혹은 야누스로 주로 의인화되었다.

한편 네덜란드의 화가 마르턴 판헴스케르크Maerten van Heemskerc와 출판업자 필리프 할레Philip Galle는 오비디우스의 『변신 이야기』에 근

거해 알레고리의 도상을 제안했다. 이들은 봄은 꽃으로, 여름은 밀 혹은 곡물 다발로, 가을은 포도로, 그리고 겨울은 불의 화로와 함께 따뜻한 옷을 입은 사람으로 표현할 것을 제시했다.[7] 17세기 알레고리의 주제는 현재 최고의 인기를 구가하고 있는 카카오프렌즈의 캐릭터들과 같은 존재였다. 당시에 카카오톡과 같은 매체가 있었다면 채팅창에는 이 알레고리의 주제를 귀엽고 위트 있게 표현한 이모티콘이 지겹도록 도배되었을 것이다.

'세계지도'의 하단부에 묘사된 사계절의 알레고리는 가장 왼쪽의 봄을 시작으로 가장 오른쪽의 겨울에 이르기까지 위의 두 가지 표현 방법이 모두 나타난다. 우선 가장 왼편의 인물은 봄을 의인화하고 있는데 얼굴을 휙 돌려 우리를 바라보는 표정은 꽤나 시크하지만 그의 포즈는 불금에 친구를 만나 삼겹살과 항정살을 안주로 수다 떨어 가는 양 신이 난 것 같아 보인다. 이 여성은 양손에 장미를 들고 있고, 장미 화관을 쓴 머리와 장미로 장식된 마차를 타고 있는 것으로 보아 장미로 상징되는 로마 신화의 베누스로 추측된다. 이 마차를 맨 앞에서 이끌고 있는 양은 당시 봄을 상징하는 동물이었기에 봄의 알레고리에 등장한 것으로 보인다.

그 옆에서 여름을 의인화하며 도도한 자태로 정면을 바라보고 있는 인물은 밀로 장식된 관을 쓰고, 이삭 단을 잡고 있는 동시에 이삭으로 장식된 마차를 타고 있는 것으로 보아 곡물의 여신인 케레스로 여겨진다. 케레스를 상징하는 동물은 학(황새 또는 두루미)인데, 케레스가 타고 있는 마차를 이끌고 있는 두 마리의 새가 학으로 추정된다. 이 학은 디즈니 사의 영화 〈곰돌이 푸〉에서 푸와 항상 함께하는 귀여운 아기돼지 피그렛과 같은 존재이다. 『이코놀로지아』에 따르면 학은 침묵을 상징하는 한편 어떠한 상황에서도 도움이 되는 동물이다.[8] 또한 곡식단은 풍요를 상징한다.[9]

케레스의 오른편에서 잔을 들고 있는 포동포동한 남자아이는 가을을 의인화한 인물로 포도와 포도주, 다산과 풍요, 기쁨과 황홀경의 신인 바쿠스로 보인다. 바쿠스를 상징하는 동물은 호랑이와 표범이기 때문에 이 소년이 타고 있는 마차는 표범 무늬로 꾸며져 있다. 포도의 신답게 여러 송이의 포도도 장식되어 있는데, 어찌나 싱그럽고 탐스러워 보이는지 이 포도의 무게로 마차가 곧 무너질 것 같다.

소년은 한쪽 손에는 포도를, 반대쪽 손에는 포도주 잔을 들고 있다. 리파에 따르면 포도주 잔을 든 소년은 연회의 즐거움을 상징한

▲ 산드로 보티첼리, 〈베누스의 탄생〉, 1485년경.
  서양 미술의 역사에서 베누스는 절대로 빼놓을 수 없는 미의 여신이다. 로마 신화에서는 베누스, 그리스 신화에서는 아프로디테이다.

▼ 얀 미엘, 〈케레스나 바쿠스가 없다면 베누스는 얼어버릴 것이다〉, 1645년.
  오른쪽에 곡식단을 들고 있는 케레스 옆에 바쿠스가 함께 있는데 이 둘의 가운데에는 베누스도 등장한다.

▲ 코르넬리스 데 보스, 〈바쿠스의 승리〉, 17세기.
이 작품에서 보는 것처럼 바쿠스는 늘 호랑이나 표범을 데리고 다닌다. 그래서 '세계지도'에
묘사된 바쿠스의 마차가 표범 무늬로 장식되어 있는 것이다.

▼ 니콜라 푸생, 〈시간의 음악에 맞춘 춤〉, 1634~1636년.
화면의 가장 왼편에 있는 석상이 야누스이다. 야누스는 이처럼 보통 두 개의 얼굴로 표현된다.

다.[10] 한편 마차를 끌고 있는 두 마리의 동물은 숫양으로 보인다. 리파는 숫양을 명랑한 사람이 바쿠스에게 헌신하는 것을 의미한다고 보았다.[11]

마지막으로 바쿠스의 오른편에서 뜨거운 화로의 불에 두 손을 데우고 있는 노인은 겨울을 의인화한 인물로서 야누스로 추측된다. 어깨를 잔뜩 웅크린 채 추위에 떨고 있는 듯해 측은해 보인다. 야누스는 미술 작품에서는 두 개 혹은 네 개의 얼굴을 가진 모습으로 표현된다. 그래서 한 개의 얼굴만을 가진 이 노인과는 동떨어져 보인다. 그러나 야누스라는 이름의 뜻은 '야누스의 달'을 뜻하는 라틴어 '야누아리우스Januarius'에서 유래해 한겨울인 1월을 의미하기 때문에 바람의 상징인 아이올로스보다 야누스로 유추하는 것이 더 맞을 것 같다. 노인이 타고 있는 마차의 제일 앞에서 목을 길게 빼고 있는 두 마리의 조류는 야생 오리다. 야생 오리는 당시에 겨울의 상징 중 하나였고, 그 바로 뒤에 자리 잡은 야행성 조류인 두 마리의 부엉이는 밤과 잠을 상징한다.[12] 이러한 상징성으로 인해 이 네 마리의 동물은 사계절의 알레고리에서 가장 마지막인 겨울에 표현되었을 것이다.

17세기 네덜란드에 불어닥친
고전주의의 열풍

당대의 예술적 시류를 고스란히 담아내고 있는 〈아틀라스 마이오르〉에 묘사된 이 같은 알레고리의 주제는 고대 그리스와 로마의 예술 사조를 추구하는 '고전주의'의 경향을 내포한다고 볼 수 있다. 알레고리는 대개 그리스·로마의 신들과 같은 고대의 모티프를 매개로 표현되기 때문이다. 따라서 회화 장르를 구분할 때 알레고리는 신화와 함께 묶여 고전주의의 범주로 분류된다. 1600년대 네덜란드에 고전주의 양식을 유포하는 데 크게 기여한 네덜란드의 화가이자 미술 이론가인 헤라르트 데 라이레세^{Gerard de Lairesse}는 저서 『회화대전 Het Groot Schilderboek』(1707년)을 통해 화가들에게 고전주의 법칙에 숙달해 이를 궁정 양식에 적용할 것을 제안하고 있는데, 이는 알레고리가 고전주의에 귀속한다는 것을 입증하는 것이다. 여기서 궁정 양식이란 고전주의의 형태 안에서 알레고리의 요소를 도입하는 것을 뜻하기 때문이다.[13]

네덜란드 회화에서 고전주의에 대한 관심은 1620년대 후반에 건축가 야코프 판캄펀^{Jacob van Campen}에 의해 고전주의 양식의 건축이 등장하고, 회화 양식도 건축과 마찬가지로 고전주의로 변모해야 한다고 화가들과 미술 애호가들이 주장하면서 촉발되었다.[14] 그리고

◀ 렘브란트 하르먼스 판 레인, 〈헤라르트 데 라이레세의 초상〉, 1665년.
　헤라르트는 17세기 네덜란드에 고전주의와 알레고리를 유포하는 데 크게 기여했다.

▶ 헤라르트 데 라이레세, 〈과학의 알레고리〉, 1675~1683년.

1654년 암스테르담의 담 광장에 새로 짓는 시청사를 고전주의 양식으로 건축함으로써 고전주의의 붐이 일어나는 결정적인 계기가 된다. 이후 네덜란드에서 고전주의는 17세기 후반까지 귀족의 생활양식을 동경한 예술품 소비자들에게 상당히 인기 있는 양식으로 추앙받았다.

　이와 같이 네덜란드인들이 고전 미술에 관심을 가진 것은 당시에 부상한 인문적 실학주의humanistic realism에서 기인한 것으로도 볼 수 있을 듯하다. 17세기에 등장한 인문적 실학주의란 단순히 고전을 암기

▲　헤리트 베르크헤이데, 〈암스테르담의 시청사〉, 1665~1680년.

▼　헤리트 베르크헤이데, 〈암스테르담에 있는 담 광장〉, 1668년.

17세기에 암스테르담의 담 광장에 세워진 시청사는 고전주의 양식의 붐을 일으킨 계기가 되었다.

하거나 어법 혹은 문법에 지나치게 편중된 인문주의를 비판하고, 일상생활에 대한 지식과 자연과학을 중시하는 경향을 뜻한다. 이들은 그리스와 로마의 고전을 높이 평가하고 라틴어와 그리스어의 교육을 중시했으며, 그 내용을 실생활에 이용할 것을 적극적으로 권장했다. 후안 루이스 비베스, 프랑수아 라블레, 존 밀턴 같은 이들이 대표적이다. 당시 네덜란드에서도 코페르니쿠스와 갈릴레이의 천문학, 뉴턴의 물리학과 같은 경험적, 실험적 과학의 붐이 광범위하게 일어나고, 데카르트를 필두로 합리주의 철학이 제창되면서 진리를 탐구하는 학문적 정신이 크게 대두되고 있었다. 거기에 그리스·로마의 고전을 대단히 중요시하는 인문적 실학주의가 수용되었으니 이를 당대 네덜란드인들의 고전 미술에 대한 관심과 충분히 연관지어볼 수 있을 듯하다.[15]

당대의 네덜란드인들은 협업에 특화된 만큼 고전주의의 열풍을 도시에 빠르게 전파해 갔다. 트렌드세터였던 헤인시우스와 판데르헴은 자신의 컬렉션에 이러한 사조를 재빨리 반영했다. 이 두 인물의 도서 컬렉션에는 각각 85퍼센트, 61퍼센트가 라틴어 도서로 구성되었다.[16] 특히 판데르헴의 예술품 컬렉션에는 '로마의 경이Roman Wonder'라는 분류하에 바사리나 미켈란젤로 등 이탈리아의 거장들이 그린 로마의 건축물이나 동상의 드로잉이 상당수 포함되었다.[17] 앞서 언급한 훌륭한 개인 도서관으로 이름을 떨친 판위헐런이나 판화 수집가로 유명한 미힐 힌로펀Michiel Hinloopen 같은 수집가들의 컬렉

판데르헴의 '로마의 경이' 카테고리에 포함되어 있던 드로잉.

션에도 로마의 카테고리가 새롭게 추가되었다. 이들 또한 헤인시우스와 판데르헴 못지않게 로마 관련 인쇄물을 상당수 수집하면서 고대 로마에 높은 관심을 보였다.

이 수집가들의 컬렉션과 더불어 '세계지도'를 보면, 당시에는 회화와 건축 외에도 지도를 포함한 인쇄물에 고전주의를 표현하는 것이 대세였던 것으로 보인다. 〈아틀라스 마이오르〉에도 '세계지도'뿐 아니라 지도책 내부 곳곳에 고전주의 양식이 새겨져 있는 것을 확인할 수 있는데, 특히 제1권에 삽입되어 있는 권두 삽화에서 이를 가장 뚜렷하게 볼 수 있다. 이 삽화에 묘사된 인물들을 보면 고전주의의 특징이라 할 수 있는 여러 겹의 주름으로 풍성하게 표현된 의상을 확인할 수 있다. 또 하늘에 떠 있는 귀여운 아기 천사들 역시 고전주의 회화에서 흔히 볼 수 있는 전형적인 소재이다. 앞서 살펴보았듯이 당

▲ 〈아틀라스 마이오르〉 제1권에 삽입된 권두 삽화에는 고전주의 의상과 천사들의 이미지가
나타나 있다.

▼ 얀 뵈크호르스트, 〈니오베의 아이들을 죽인 아폴로와 디아나〉, 1630년경.
고전주의의 전형적인 모티프인 풍성한 옷 주름과 신전이 표현되어 있다.

▲ 얀 뵈크호르스트, 〈헤르세를 보는 메르쿠리우스〉, 1650~1655년.
고전주의 주제의 작품에서 쉽게 찾아볼 수 있는 아기 천사와 멀리 보이는 그리스식 신전, 화려한 옷의 주름이 표현되어 있다.

▼ 페테르 파울 루벤스, 〈파리스의 심판〉, 1597~1599년.
하늘 위의 아기 천사와 세 여신을 비롯해 누드로 표현된 인물들은 고전주의 주제의 작품에서 쉽게 찾아볼 수 있다.

시 지도책에서는 권두 삽화 페이지가 매우 중요한 부분으로 인식되었는데, 여기에 이처럼 고전주의 양식이 나타나는 것은 고전주의가 회화나 건축뿐 아니라 인쇄물에도 크게 영향을 미쳤다는 것을 보여주는 좋은 예가 될 수 있다.

이처럼 고전주의 열풍이 불면서 알레고리 주제가 대유행했지만, 여전히 많은 화가들을 포함해 당대의 네덜란드인들은 신화적인 주제를 인지하는 데 어려움을 겪었다. 이에 따라 친절한 당시의 이론가들은 무한한 창의력과 상상력을 동원해 그들의 어려움을 덜어주고자 도상이 내포한 의미를 개선하거나 보완했다.[18] 또 많은 이들이 이해하기 쉽도록 도상을 해석하는 방법을 새롭게 설명하기 위해 노력했다. 예컨대 판만더르는 『화가의 서』 안에 『변신 이야기』를 활용해이 책에 등장하는 인물에 대한 묘사와 설명을 제공함으로써 신화적인 주제를 표현하고 싶어 하는 화가들에게 도움을 주었다.[19] 체사레 리파 또한 『이코놀로지아』에서 시인과 예술가들이 쉽게 고대의 모티프를 의인화할 수 있도록 설명해 알레고리의 레퍼토리를 크게 확장하는 데 공헌했다.[20]

독자들에 대한 배려는 넓고 지식은 한없이 깊은 이 위대한 인물들에 의해 알레고리 주제는 더욱 확장되고 인기도 높아졌을 것이다. 이를 방증하듯이 당시 예술 시장에서 가장 높이 평가되어 고가에 판매된 장르가 바로 이 알레고리 주제를 포함한 이야기나 역사였다.[21] 미국 예일 대학교의 경제학 교수인 존 마이클 몬티아스John Michael

Montias가 게티 미술 연구소Getty Research Institute의 후원하에 1600년대 암스테르담 시민들의 예술품 51,071개를 기록하고 정리한 게티 몬티아스 데이터베이스Getty-Montias Database에 따르면, 총 열두 개로 분류된 장르 중에서 신화-알레고리 주제를 다룬 예술품의 평균 가격이 141.46길더로 가장 높은 수치를 기록했다.[22]

게티 몬티아스 데이터베이스도 17세기 네덜란드의 미술품을 분석하는 데 큰 도움이 되지만, 당시의 미술품 현황을 알 수 있는 또 다른 훌륭한 시스템이 있다. 1600년대 암스테르담의 미술품 경매를 파악하는 데 중요한 원천으로 여겨지는 오펀 챔버Orphan Chamber 시스템이 바로 그것이다. 오펀 챔버 시스템은 16~17세기 네덜란드의 경매 시스템으로, 당대 네덜란드인들은 전쟁과 질병, 그리고 처형 등으로 급작스러운 죽음을 맞이하는 경우가 많았는데, 이 때문에 자신의 사후에 남겨질 자식들에게 앞으로 살아가는 데 필요한 재정을 마련해주어야 했다. 이를 위해 암스테르담 의회는 누군가 급작스럽게 사망하면 미술품을 포함한 그의 재산을 경매에 붙여 현금을 확보해 그의 아이들에게 제공했다. 따라서 이 시스템은 당대 미술품의 현황을 아주 정확하게 보여주는 지표라 할 수 있다. 그런데 이 오펀 챔버 시스템에 남겨진 판매 비율 분포도를 보면 총 16가지의 주제 중에 신화가 5위를 차지하며 상위권에 안착하고 있다는 걸 알 수 있다.[23] 이렇듯 신화-알레고리 주제는 당대의 네덜란드 예술품에 적극적으로 수용되어 소비자들에게 인기 있는 양식으로 공고히 자리 잡았고, 그 결과 당시의 여러 예술 장르 중에서 단연 우위를 차지했다.

알고 보니 문장 마니아, 잉글랜드와 네덜란드

'세계지도' 내의 알레고리와 함께 〈아틀라스 마이오르〉가 다른 지도책에 비해 현저하게 부각되는 또 다른 도상적 특징은 각 국가의 지도에 표현된 문장이다. 그런데 여기서 주목해야 할 점이 있다. 〈아틀라스 마이오르〉의 각 권을 차지하고 있는 독일, 스코틀랜드와 아일랜드, 잉글랜드, 프랑스와 스위스, 네덜란드, 이탈리아, 스웨덴, 동유럽 국가인 러시아와 폴란드, 그리고 북유럽 국가인 노르웨이와 덴마크 같은 여러 유럽 국가들의 지도 중에서도 유독 잉글랜드와 네덜란드의 지도들에 더욱 많은 수의 문장이 묘사되어 있다는 점이다. 물론 다른 유럽 국가들의 지도에도 문장이 새겨져 있지만, 잉글랜드와 네덜란드의 지도에는 지겹도록 많이 등장한다. 그리고 〈아틀라스 마이오르〉 안에 표현된 이 두 국가 사이에 또 다른 공통점이 있다면, 여타 유럽 국가들의 권두 삽화에는 오로지 각 국의 문장 하나만 권두 삽화의 제일 위에 새겨진 반면 잉글랜드와 네덜란드의 권두 삽화에는 그 나라뿐 아니라 주요 지역의 문장 또한 그려져 있다는 것이다.

권두 삽화에 국가의 문장이 새겨진 나라는 잉글랜드와 네덜란

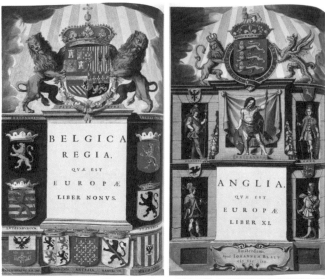

▲◀ 네덜란드 지도 편의 권두 삽화.

▲▶ 잉글랜드 지도 편의 권두 삽화.

▼◀ 프랑스 지도 편의 권두 삽화.

▼◆ 스코틀랜드 지도 편의 권두 삽화.

▼▶ 스페인 지도 편의 권두 삽화.

드 외에도 프랑스, 스코틀랜드, 스페인이 있다. 앞서 살펴보았듯이 권두 삽화는 지도책의 모든 콘텐츠를 압축적으로 보여주는 가장 중요한 부분이다. 그런데 이 국가들의 권두 삽화에 국가의 문장이 등장한다는 것은 이 국가들이 그만큼 문장을 중시한다는 것을 암시한다. 그런데 프랑스, 스코틀랜드, 스페인의 지도들에는 각 지도마다 주province, 시city의 문장이 한 개씩 새겨져 있거나 혹은 한 개도 없는 것에 반해 네덜란드는 보통 4~5개의 문장이 묘사되어 있다. 특히 잉글랜드는 가장 많은 경우 무려 20개의 문장이 그려져 있고, 평균적으로는 8~10개의 문장이 표현되어 있다. 이런 점으로 짐작해보면 17세기의 여러 유럽 국가들 중에서도 유독 잉글랜드와 네덜란드가 문장에 상당히 관심이 많고 열성적이었던 것으로 보인다.

잉글랜드에서는 튜더 왕조를 기점으로 더 복잡하고 섬세한 도안의 문장이 유행하면서 엄청난 수요를 촉발시켰다.[24] 이후 1600년대 중엽에는 문장이 상류 계급의 높은 지위를 과시하는 가장 유용한 방법으로 인식되었다. 이에 따라 잉글랜드 귀족들은 자신들의 소유물에 가문의 문장을 장식하면서 그들의 위상을 드러냈다. 몸에 항상 지니고 다니는 물품에 그저 새기거나 그리거나 붙이기만 하면 되니 얼마나 간편하게 자신을 뽐낼 수 있는 수단인가. 선풍적인 문장 붐이 충분히 일어날 만하다.

이러한 사회 풍조에 따라 16~17세기 잉글랜드의 역사학자이자 지리학자이며 영국Great Britain과 아일랜드에 관한 최초의 지지학적 연

마커스 기레아츠 2세, 〈윌리엄 캠던〉, 1609년.

구서인 『브리타니아Britannia』를 집필한 윌리엄 캠던William Camden은 문장을 "고귀하고 학식이 풍부한 인물들이 자부심을 드러내기 위해 좌우명, 즉 모토motto와 말word을 그림으로 나타내는 장치"[25]이며 "다른 가문과 구별하기 위해 고안된 것"이라고 언급하기도 했다. 이렇듯 잉글랜드에서 문장은 1417년부터 1687년까지 공식적으로 권력을 나타내는 기호로서 '영예의 상징'으로 간주되었는데[26] 캠던은 이러한 사실을 기반으로 개개인이 각 문장의 특성에 대해 확실히 이해할 필요가 있다고 역설했다. 이에 따라 '명예'의 개념은 무엇인지, 또 그것을 어떻게 문장으로 표현할 것인지에 대해 관심을 가진 저자들이 1602년부터 1697년까지 최소 13권의 우수한 문장학 매뉴얼을 발행하기도 했다.[27] 당시 잉글랜드에서 문장을 연구하기 위해 많은 시간과 노력, 자본이 투자되었다는 것은 영국박물관의 카탈로그에 17세

기부터 기록된 어마어마하게 긴 문장학 수집품 목록을 통해서도 확인할 수 있다.[28]

해양 대국으로 우뚝 선 네덜란드는 그들의 자부심을 바다를 항해하는 선박에 문장으로 새겨 과시했다. 네덜란드인들은 배 앞머리에 문장을 새길 때 금박을 붙이고 다채롭게 색도 입혔으며, 멋있고 세련되게 조각하는 등 최대한 우아하게 장식하기 위해 막대한 자금을 투자했다.[29] 마치 우리가 자신의 자동차를 취향에 맞게 각양각색으로 꾸미는 것과 비슷하다고나 할까. 차의 앞 유리 밑에 두는 개인의 전화번호판 하나도 개성이 드러나는 것을 고르고, 자신이 소속된 학교나 회사, 단체의 로고 스티커를 붙이거나 자기가 좋아하는 액세서리로 꾸미는 것처럼 말이다. 네덜란드인들이 자신들의 선박을 문장으로 열심히 장식한 결과, 선박에 꾸며진 문장들은 그 배의 소유주를 식별하는 수단이 되기도 했다. 휴대폰 번호나 차량 번호판을 노출하지 않아도 간단히 소유주를 알 수 있다니 이건 거의 17세기판 QR 코드나 다름없었다.

앞서 살펴본 바와 같이 당시 도서 수집가들은 뛰어난 컬렉션을 보유한 저명한 수집가들의 수집품 목록 카탈로그를 본보기로 삼아 자신의 컬렉션을 구축해나갔다.[30] 그런데 놀라운 점은 이 수집품 목록 카탈로그에서도 문장에 관한 네덜란드 사회의 높은 관심을 확인할 수 있다는 것이다. 당시 네덜란드에서 가장 훌륭한 컬렉션을 보유한 서적 수집가로 유명했던 인물은 판데르헴이었기 때문에 많은 수집가들이 그의 컬렉션을 참고해서 도서를 수집했을 가능성이 높다. 그리고 그의 도서 컬렉션 중에서 유럽 귀족들의 문장에 관한 서적들의 퀼리티는 그의 모든 컬렉션을 통틀어 가장 풍부하고 또 훌륭했다. 그러므로 분명 많은 도서 수집가들이 판데르헴의 컬렉션을 따라 하기 위해 문장학 관련 책을 많이 수집했을 테고 문장학에 관한 학식을 쌓기 위해 노력했을 공산이 크다. 어쩌면 자신의 컬렉션 대다수를 문장학 책으로 채운 수집가도 있었을 것이다. 이 같은 정황은 문장에 관한 네덜란드인들의 관심이 얼마나 높았는지를 잘 보여준다.

말이 나온 김에 당대 유럽이 낳은 멋지고도 훌륭한 학문인 문장학의 기원에 대해 좀 더 알아보자.

문장은 12세기경 유럽에서 처음 생겨났다. 문장의 초기 단계에는 도안이나 색상이 규격화되어 있지 않고 중구난방이었다. 따라서 문장에는 일정한 규칙이 있어야 한다는 제안 아래 문장의 규칙을 통괄하는 직책인 '문장관'이라는 직업이 탄생했다. 문장관은 왕이나 귀족의 직속 관리로 고용되어 사회적 신분이 높았다. 그들에게는 문장에 대한 풍부한 지식과 기억력, 신뢰성이 요구되었는데, 이를 바탕으로 문장에 관해 결정할 때도 강력한 발언권을 행사할 수 있었다. 또 군주에게서 위탁받은 문장을 관리하고 통괄하며 이를 세세하게 기록할 뿐 아니라 각 국가나 왕가의 문장에 대한 위반 사항이나 다툼도 중재해야 했다. 문장학은 이러한 사회적 배경에서 탄생했다.

문장은 원칙적으로 개인의 것이었기 때문에 장남을 제외하고는 동일한 문장을 계승할 수 없었다. 이에 따라 문장의 색채나 도안, 그리고 상속을 위한 문장의 분할이나 합성 등의 세세한 원칙을 정해야 했다. 이처럼 문장에 대한 관심과 수요가 높아지다 보니 어지럽게 난립하던 문장도 점차 체계화되었고, 이에 발맞추어 문장 학교가 세워지기도 하고 대학에서 문장학 강좌가 진행되기도 했다.[31]

문장들의
정체

앞서 살펴보았듯이 잉글랜드와 네덜란드는 다른 유럽 국가들에 비해 문장을 아주 중시했다. 국가적 차원에서뿐만 아니라 각 가문이나 개인적인 차원에서도 문장을 소유하는 풍조가 보편화되었기 때문에 〈아틀라스 마이오르〉에 실려 있는 여러 문장들에는 이 지도책을 구매한 각 가문의 문장을 반드시 포함시켰을 것으로 예상할 수 있다. 실제로 이 지도책을 최대한 사치스럽게 제작한 일부 소비자들은 자기 가문의 문장을 〈아틀라스 마이오르〉의 표지 장정에 금박으로 새길 것을 특별히 주문하기도 했다.[32] 넘치는 자기애와 가문에 대한 자부심을 이 지도책에 시각화한 것이다. 그러나 우리의 예상과는 달리 〈아틀라스 마이오르〉는 기성품인 만큼 지도가 실린 면에 인쇄된 문장들은 이 지도책의 주요 소비자 층인 신흥 지배계급의 문장이 아니라 국가나 주 또는 시의 문장이, 그리고 왕족이나 공작, 후작 같은 전통 명문 가문의 문장이 새겨졌다.

그렇다면 왜 우리의 예상이 완전히 빗나갔을까? 단순히 생각해보면 아무리 주요 구매층이라 해도 신흥 지배계급의 문장을 모두 그려 넣기에는 시간적으로나 물리적으로 상당한 한계가 있었을 것이다. 게다가 네덜란드의 지도에만 뼈대 있는 귀족이 아닌 신흥 지배계급의 문장을 넣는 것도 이치에 맞지 않았을 것이다. 따라서 네덜란드 지도 역시 다른 나라의 경우와 마찬가지로 해당 국가와 지역을 대표할 수 있는 몇몇 전통 있는 가문과 그 지역의 문장을 새긴 것으로 볼 수 있다.

그럼 잉글랜드와 네덜란드의 지도 중 몇 개를 선별해 살펴보면서 여기에 묘사된 문장들이 어느 가문의 문장인지, 그리고 어느 주, 어느 시의 문장인지 확인해보자.

〈아틀라스 마이오르〉의 잉글랜드 지도 중에서도 가장 많은 문장을 배치하고 있는 지도는 옥스퍼드셔 주의 지도다. 여기에는 총 20개의 문장이 빼곡히 그려져 있다. 잉글랜드의 옥스퍼드 하면 자연스럽게 떠오르는 것은? 그렇다. 옥스퍼드 대학이다. 당시 그들의 생각도 우리와 같았던 모양이다. 옥스퍼드셔 주의 지도에는 옥스퍼드 대학과 연관된 문장들로 도배되어 있으니 말이다. 지도의 왼쪽 상단에는 9세기에 잉글랜드의 통일을 이룬 주역이자 옥스퍼드 대학의 창립자인 알프레드 대왕의 문장이 상당히 크게 그려져 있다. 노약자 우대

알프레드 대왕의 문장.

옥스퍼드 대학의 문장과
드 베르 가문의 문장.

옥스퍼드 대학의
각 칼리지의 문장.

옥스퍼드셔 주 지도.

가 아니라 창립자 우대다. 이 지도에서 확인되는 알프레드 대왕의 문장은 매우 우아하고 고전적이다. 이 방패 모양은 17세기 문장에서 아주 전형적인 것인데, 황금색 방패를 제외하고는 파란색의 배경 위에 십자가만 새겨져 있어 옥스퍼드 지도의 다른 문장들에 비해 비교적 간단해 보인다.

오른쪽 상단에는 옥스퍼드 대학의 문장이, 그 바로 아래에는 옥스퍼드 백작인 드 베르De Vere 가문의 문장이 실려 있다. 옥스퍼드 대학의 문장에는 지성의 장을 상징하듯 정중앙에 책이 그려져 있고, 그 주위를 세 개의 왕관이 감싸고 있다. 반면 드 베르 가문의 문장에는 빨간색과 노란색을 칠해 네 개로 구획한 문장의 왼쪽 상단에 별이 그려져 있다. 또한 옥스퍼드셔 주 지도의 양쪽 끝에 각각 8개씩 세로로 촘촘히 배열된 문장들은 옥스퍼드 대학에 속한 칼리지의 문장들이다. 각 문장의 바로 하단에는 친절하게도 칼리지의 이름과 창립 연도가 씌어 있다.

그럼 이번에는 네덜란드의 헬데를란트 주 지도를 살펴보자. 지도의 오른쪽 상단에는 주의 문장이 자리한다. 왼쪽 상단에는 리본 끈으로 이어져 있는 다섯 개의 문장이 보이는데 아기 천사들이 양쪽에서 끈을 잡고 있다. 이 문장들은 헬데를란트 주에 속해 있는 각 시의 문장들이다. 가장 왼편에는 하텀 시, 그 옆에는 하르데르베익 시 그리고 가장 가운데에는 헬데를란트 주의 주도인 아른험 시, 그 바로 옆에 바헤닝언 시의 문장이 차례로 이어지다가 엘뷔르흐 시의 문장

헬데를란트 주 지도에 자리한 다섯 개 시의 문장.

헬데를란트 주 지도.

헬데를란트 주의 문장.

이 가장 오른쪽을 장식하고 있다.

　이렇게 지도에 그려진 문장들을 보다 보면 하나의 지도에 나타나는 여러 개의 문장이 어떤 기준으로 배열된 것인지 궁금증이 생긴다. 당대의 유력 가문이나 중요한 행정 구역을 나타내는 문장인 만큼 서로의 우열을 나타내는 이 배열 기준은 꽤 엄격했을 것이다. 혹시라도 배열 순서 때문에 다툼이라도 생기면 지도책을 만든 요안도 꽤나 곤란했을 테니 말이다. 다행히 이 배열 순서에는 쉽게 알아볼 수 있는 기준이 있다. 우선〈아틀라스 마이오르〉에 나타나는 문장들의 전체적인 배열은 주와 시가 설립된 순서나 각 지역 지배 계층들의 출생연도 순서에 따라 등장한다. 또한 문장들이 가로로 배열될 때는 왼편에서 오른편으로, 세로로 배열될 때는 위에서 아래 순으로 우선순위가 결정된 것으로 보인다. 한국도 유럽도 지금도 당대에도 연도와 나이가 서열을 결정하는 가장 중요한 요소인 모양이다.

　옥스퍼드 대학의 각 칼리지의 문장에 새겨진 연도를 보면 각 문장들이 칼리지의 설립 순서대로 위에서부터 아래로 그려져 있음을 알 수 있다. 왼쪽 가장 위에 있는 문장은 바로 옆에 크게 그려진 알프레드 대왕의 문장과 흡사한데, 예상한 대로 872년에 이 대학을 설립했다고 전해지는 알프레드 대왕의 문장이다. 바로 아래에는 1274년에 창설된 머튼 칼리지, 그 아래에는 1323년에 창립된 오리얼 칼리지의 문장이 이어지다가 1557년에 설립된 세인트존스 칼리지의 문장이 마지막을 장식한다.[33]

글로스터 시 공작들의 문장.

글로스터 시 지도.

헬데를란트 주의 지도에서도 이와 같은 기준은 어김없이 적용된다. 이를테면 아른험 시는 주도임에도 불구하고 첫 번째가 아니라 정중앙에 위치하고 있다. 이것은 이 문장들의 순서가 시의 설립 순서에 따라 오래된 순서대로 왼편에서 오른편으로 나아가기 때문이다. 따라서 800년에 건립되어 가장 유구한 역사를 가지고 있는 하텀 시의 문장이 가장 왼쪽에, 1231년에 창건되어 그다음으로 긴 역사를 가진 하르데르베익 시가 그 옆에, 그리고 각각 1233년, 1263년, 1392~1396년에 설립된 아른험 시, 바헤닝언 시, 엘뷔르흐 시가 이어진다.

잉글랜드의 다른 지도들을 보아도 상황은 동일하다. 잉글랜드 글로스터셔 주의 주도인 글로스터 시의 지도 왼쪽 상단에 표현된 공작 가문들의 문장을 보면, 이들의 출생 연도가 가장 빠른 순으로 첫 줄의 왼편에서 오른편으로 나아가다가 두 번째 줄에서도 왼쪽에서 오른쪽의 순으로 이어진다. 두 번째 줄 가장 오른쪽이 1355년에 출생한 글로스터 시의 첫 번째 공작이자 잉글랜드의 왕자인 우드스톡의 토머스^{Thomas of Woodstock}의 문장이고, 맨 아랫줄 가장 왼쪽이 1390년에 탄생한 랭커스터의 험프리^{Humphrey of Lancaster}, 그 바로 오른쪽이 1452년에 출생한 리처드 3세의 문장이다.[34]

문장에 담긴
도상의 의미

이처럼 당대의 문장은 각국의 권위를 과시하는 상징인 동시에 명예를 중시하는 왕권의 정통성과 정체성을 공고히 해주는 아주 효율적인 도구였다. 그렇다면 이제부터는 당대 유럽에서 가장 우월한 위치에 있었던 잉글랜드와 네덜란드의 국가 문장이 어떠한 도안으로 구성되었고, 또 그 도안이 가지는 의미는 무엇인지를 알아보자. 문장에 누구보다 열성적이고 진심이었던 이들 국가의 문장에는 어떤 특별한 상징들이 쏙쏙 박혀 있을까. 벌써부터 흥미진진하지 않은가.

당시 문장에서 도안은 선조의 공적에서 유래한 것이거나 출신지를 상징하는 물품 혹은 동식물을 따서 선택했다. 물론 순전히 개인의 취향에 따라서 채택되기도 했다. 이를 기억하며 먼저 네덜란드부터 살펴보자.

네덜란드 연합공화국은 스페인과 펠리페 2세로부터 독립을 선언한 후 1581년부터 직립보행 자세로 한 손에는 칼을, 다른 손에는 일곱 개의 화살을 들고 머리에는 관을 쓰고 있는 용맹스러운 한 마리의 사자를 도안한 독자적인 문장을 보유하고 있었다. 그러나 1648년 베스트팔렌 조약의 체결로 정식으로 독립을 인정받은 후에도 네덜란드는 1795년까지 스페인 합스부르크 왕가의 문장을 국새國璽로 사용

네딜란드 연합공화국의 문장.

네딜란드 지도의 권두 삽화에 묘사된 스페인 합스부르크 문장.

잉글랜드 지도의 권두 삽화에 그려진 잉글랜드 문장.

했다. 이러한 연유로 네덜란드 지도의 권두 삽화에는 혀를 날름거리는 이 귀여운 사자 문양 대신 스페인 합스부르크 왕가의 문장이 실려 있다. 또한 네덜란드 지도 편에는 남부와 북부 지도가 모두 들어 있기에 연합공화국 문장이 아닌 스페인 합스부르크 문장이 사용된 것으로 보인다. 반면 잉글랜드 지도의 권두 삽화에는 당연히 잉글랜드의 국가 문장이 당당하게 그려져 있다.

국가나 왕가의 문장에서 핵심 부분은 바로 '방패'이다. 유럽 문장의 기원은 12세기경으로 거슬러 올라가는데, 전쟁에서 적군과 아군을 구별하기 위해 방패에 문양을 새겼고, 이 이유로 문장은 방패 모양을 하게 되었다. 귀족의 문장과는 다르게 국가와 왕가의 문장은 아주 특별하다. 문장의 핵심인 방패 외에도 왕관crown, 꼭대기 장식crest, 방패잡이supporter, 모토motto 등의 장식을 배치해 대문장Great Arms이라 명명되며 상당히 화려한 모습으로 표현되기 때문이다. 문장이 생겨난 12세기경에는 방패의 표면에만 문장이 그려져 매우 단순한 모습이었지만, 16세기 말경에는 다양한 세부 장식이 합쳐져 호화로운 모습으로 나타나게 된다. 그럼 17세기의 대문장을 속속들이 들여다보며 화려하기 그지없는 당시의 대문장을 파헤쳐보자.

대문장의 가장 윗부분에는 꼭대기 장식이 투구helmet와 왕관 위에 새겨진다. 스페인 합스부르크 문장과 잉글랜드 문장에서는 이 꼭대기 장식 부분에 왕관을 채택한 것을 볼 수 있다. 바로 아래에는 고리 장식torse이 있는데, 이는 보통 투구의 바로 윗부분에 나타난다. 또 투

꼭대기 장식

고리 장식

망토

투구

왕관

방패잡이

필드

3분할(치프)

방패잡이

4분할

5분할

방패받침

모토

대문장의 요소.

구 바로 아래에는 왕관이 그려진다. 왕관은 13세기까지는 문장에 표현되지 않았지만, 14~15세기경부터는 왕이나 제후의 상징으로서 문장의 투구 장식에 그려졌다.[35]

투구와 왕관은 사회적 지위에 따라 모양이 달라진다. 당연히 국왕의 투구와 왕관이 가장 화려하게 표현되고 대공작, 후작, 백작, 남작, 그리고 칭호가 없는 귀족 순으로 화려함의 정도가 낮아진다. 왕관의 아래에는 대문장의 핵심 부분인 방패가 나타난다. 방패는 각 국가와 가문에 따라, 그리고 그들의 취향과 반드시 들어가야 할 도안에 따라 분할이 자유자재로 나눠진다. 방패의 3분할[chief]은 이름 그대로 방패 너비의 3분의 1 크기를 차지하는데, 방패에서 가장 윗부분을 가리킨다. 4분할^{quartering}은 방패를 4개의 면적으로 나눈 것을 의미한다. 스페인 합스부르크 문장은 크게는 4분할로 이루어져 있지만, 세분화한다면 13분할로 나눠진 것을 볼 수 있다. 그리고 5분할^{escutcheon}은 방패가 5개의 영역으로 나눠져 있을 때 그중 한 부분을 일컫는다. 마지막으로 필드^{field}는 방패의 전체 표면을 의미한다.

방패의 아랫부분에 있는 방패받침^{compartment}과 방패를 양옆에서 지지하고 있는 방패잡이, 그리고 방패잡이와 이어져 있는 망토^{mantling}는 방패를 장식하는 기능을 담당한다. 방패잡이와 방패받침은 실제 또는 상상 속의 동물, 혹은 상징적인 인물 같은 생명체가 방패 양쪽과 방패 아래쪽에 배치되어 방패를 지탱하는 역할을 하는데, 스페인 합스부르크 문장에서는 사자로, 잉글랜드 문장에서는 사자와 용으로 방패잡이를 묘사하고 있다. 그리고 망토는 투구 윗부분의 고리 장식에서 늘어져 방패를 장식하는 천을 의미한다. 마지막으로 대문장의 가장 아래쪽에 그려지는 모토에는 가문의 좌우명이나 슬로건과 같은 어구가 새겨지는데, 때로는 왕관과 꼭대기 장식의 윗부분에 나타나기도 한다.[36]

도안은 문장학에서 크게 두 부류로 나누어진다. 선이나 기하학적인 추상 도형의 형태와 동식물처럼 구체적인 형상이 그려진 구체 도형의 형태다. 문장학에서는 전자를 '일반 무늬^{Ordinaries}', 후자를 '일반 도형$^{Common\ Charge}$'이라 일컫는다. 유럽의 여러 문장들을 살펴보면 일반 무늬만으로 표현된 문장이 있는가 하면 일반 도형만으로 구성된 문장도 있다. 나아가 일반 무늬와 일반 도형을 조합해 표현한 문장들도 많은데, 스페인 합스부르크 문장은 이 둘이 합쳐진 대표적인 예로 볼 수 있다.

문장학 연구자들은 일반 무늬를 다시 세 가지로 나눌 수 있다고 본다. '공식형honourable ordinaries'과 '하위형sub-ordinaries', 그리고 '축소형diminutives'이다. 듣기만 해도 공식형은 왠지 딱딱할 것 같다. 그래서인지 공식형은 무수히 많은 일반 무늬 중에서 엄격히 선발된 8~9개가 채택된다. 이 8~9개의 공식형에는 어떤 것이 있을까? 이것을 선별하는 데에는 문장학자마다 견해가 다르긴 하지만 공통적으로 꼽는 공식형은 일곱 가지가 있다. 치프chief(방패의 위쪽 3분할 부분), 벤드bend(방패의 왼쪽 위에서 오른쪽 아래로 그은 사선), 패일pale(방패 중앙의 세로 줄), 페스fess(방패 중앙의 가로 줄), 셰브론chevron(V자형), 그리고 크로

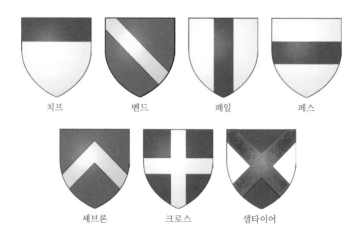

치프　　　벤드　　　패일　　　페스

셰브론　　　크로스　　　샐타이어

스^{cross}(십자형)와 샐타이어^{saltire}(X자형 십자)가 영광의 얼굴들이다. 또 재미있는 것은 이 일곱 가지 공식형 중에서도 1등부터 꼴등까지 다시 순위가 매겨진다는 것인데, 이 순위에 대해서도 연구자들의 의견이 분분하다.

그럼 하위형과 축소형에 대해서도 간략히 알아보자. 하위형은 방패의 전체적인 범위에 나타나는 공식형과는 다르게 방패 안에서 제한된 모습으로 나타난다. 예를 들어 방패의 4분의 1의 범위에만 무늬가 그려진다거나 방패의 양쪽 끝부분에만 반달형의 모습으로 표현되는 것이다. 또 축소형은 공식형의 도안들이 하나의 방패 안에 여러 개의 모습으로 나타나는 것인데, 그렇다 보니 작고 세밀하게 새겨지는 것이 특징이다.

일반 도형은 일반 무늬처럼 세분화되지는 않는다. 하지만 구체적

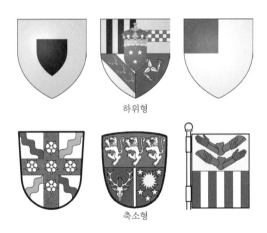

하위형

축소형

일반 도형의 여러 가지 도안.

인 형태로 표현되기 때문에 아주 다양하고 재미있는 도안이 많이 나타난다. 여러 가지 복장을 한 인간의 모습으로 표현되기도 하고 닻, 불가사리, 책, 열쇠, 눈 결정체 등의 모습으로 묘사되기도 한다. 또 조류와 포유류, 가공 동물과 식물로도 표현되는데 황소, 여우, 유니콘, 물고기, 백조, 장미, 대마초 등 다양한 도안이 존재한다.

스페인 합스부르크 문장의 방패에는 유럽 왕가의 대표적 도안인 독수리, 사자, 백합 등의 구체적인 형상과 함께 세로 띠, 대각선 띠와 같은 추상적인 도형 또한 새겨졌다. 그리고 중앙부에는 불쑥 포르투갈 문장도 나타난다. 왜 스페인 문장에 난데없이 포르투갈 문장이

네덜란드 지도의 권두 삽화에 그려진
스페인 합스부르크 문장.

17세기 포르투갈의 문장.

등장할까? 스페인이 1580년 알칸타라 전투에서 승리를 거둔 후 펠리페 2세가 포르투갈의 영토를 지배하면서부터 스페인 합스부르크 문장에 포르투갈 문장이 새겨지기 시작했기 때문이다. 이 포르투갈 문장까지 더해져 스페인 합스부르크 문장은 총 13개의 분할 구역으로 이루어져 있다.[37] 이에 반해 잉글랜드의 문장은 오로지 세 마리의 사자로만 구성되어(298쪽 참조) 스페인 합스부르크 문장에 비해 상대적으로 단순한 형태를 보이며 굉장히 심심해 보이기까지 한다.

이 두 문장에서 공통적으로 나타나는 사자는 역사적으로 동물의 왕으로 여겨져 왕족, 용기, 힘, 위엄을 상징했다. 따라서 당시 유럽에서는 왕권을 가진 자가 권위를 드러내고 힘을 과시하기 위한 방편으로 사자를 문장의 주요 문양으로 채택했다.

인문학을 공부하다 보면 느끼게 되는 한 가지 사실이 있다. 이제 제4차 산업혁명의 시대까지 도달했다지만 사람들이 이미지에 대

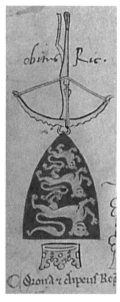

◀ 영국의 역사가이자 장식화가인 매슈 패리스Matthew Paris
가 쓴 『대연대기Chronica Majora』(13세기)에 등장하는 리처드
1세의 뒤집힌 문장. 사자 세 마리가 그려져 있다. 문장이 뒤
집힌 것은 그의 죽음을 암시한다.

▲ 1198년부터 1340년까지 사용된 잉글랜드 왕실 문장.

해 기본적으로 생각하고 느끼는 것은 웬만해서는 잘 변하지 않는다
는 것 말이다. 문장에서 사자가 나타나는 최초의 기록은 12세기이
다. 1195년 영국의 왕 리처드 1세의 문장에서 최초로 등장했다. 이후
17세기에는 네덜란드를 포함한 북유럽과 동유럽 왕가의 문장으로
다수 채택되어 사자 도안은 최고의 권력을 나타내는 도안의 표본으
로 자리 잡게 되었다.

요즘도 사자는 국가와 민족을 불문하고 가장 강한 캐릭터를 나
타낸다. '현대판 문장'의 대표 격이라 할 수 있는 자동차 회사의 엠블
럼 역시 자사 자동차의 강인함을 표현하기 위해 사자를 채택한 경우

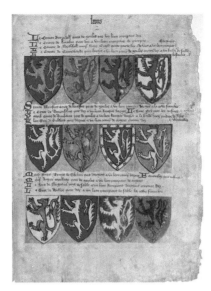

토머스 젠스Thomas Jenns가 1410년경에 편찬한 문장에 관한 책에서 제안한 사자 관련 문양.

를 볼 수 있다. 또 17세기 유럽의 문장처럼 자동차 엠블럼에 특정 의미를 담기 위해 동물을 선정하는 경우가 있는데, 힘차게 도약한다는 의미에서 말을 채택하기도 하고 빠른 주행 성능을 발휘한다는 이유에서 재규어를 엠블럼의 도안으로 선택하기도 한다.

스페인 합스부르크와 잉글랜드, 두 국가의 문장에서 볼 수 있듯이 방패 안의 사자 상은 보행 자세로 오른쪽을 향하는 공통점을 지닌다. 우리가 보는 관점에서는 사자가 왼쪽을 보고 있는 것 같지만, 사자의 입장에서 본다면 사자 자신은 오른쪽으로 발걸음을 향하고 있다. 이 같이 사자가 오른쪽을 향하도록 표현한 것은 문장학에서 오

른쪽이 우위를 나타내기 때문이다.[38]

이 의미는 스페인 합스부르크 문장에서 나타나는 독수리에도 적용된다. 독수리는 사자의 권위에 대응하는 왕권의 상징으로 사용된 또 다른 도안으로, 조류의 왕으로서 용맹하고 과감한 성질을 지녀 사자 도안이 등장하기 훨씬 이전부터 권력의 상징으로 사용되었다.

독수리는 12세기부터 르네상스 시기까지 표준적인 묘사에서 점진적인 변화를 보였다. 초기 고딕 시기에는 날개와 발톱을 평평히 편 상태로 표현되었지만, 후기 고딕 시기에는 발톱과 날개를 이전보다 조금 더 편 상태에서 다리 또한 더 벌린 모습으로 변화했다. 그러다가 16세기부터 나타나는 도안은 영국의 문장학자 아서 찰스 폭스-데이비스Arthur Charles Fox-Davies도 언급했듯이 "가능한 한 장식적인 방식으로 묘사되어야 했기 때문에 사치스럽고 포악한 모습으로 표현되었다".[39] 날개, 다리, 발톱을 최대치로 편 상태로 독수리가 그려지면서 과감하면서도 화려하게 묘사된 것이다. 스페인 합스부르크 문장에서 방패의 오른쪽 상단에 한 쌍으로 묘사된 독수리들도 이 모습이지만 아주 작게 그려져 있기 때문에 포학하기보다는 오히려 깜찍해 보인다. 그러나 자세히 살펴보면 초기 고딕 시기에 비해서 확실히 더욱 날카롭고 세세하게 묘사되어 있다.

독수리 문양 바로 밑에 자리 잡은 푸른색 바탕에 금색으로 칠한 백합 또한 당시에 왕권을 상징하는 도안 중의 하나였다. 그런데 생뚱맞게 이 문장에서 백합 문양은 프랑스 부르봉 왕가의 통치를 인정하

오스트리아의 문장학자 후고 제라드 슈트뢸Hugo Gerard Ströhl이 1899년에 집필한 문장학 책에 담겨 있는 독수리 도안의 변천사. 가장 왼편 위쪽이 14세기의 도안이고 가장 오른편 맨 아래가 16세기의 도안이다. 시간이 갈수록 날개, 다리, 발톱이 벌어진 것을 볼 수 있다.

는 것을 의미한다. 신교와 구교 간에 벌어진 대규모의 국제 종교 전쟁이자 최초의 근대적인 영토 전쟁이기도 했던 30년 전쟁 당시, 스페인은 얼마 남지 않은 국고를 탈탈 털어 이 전쟁에 전력투구했다. 하지만 앞서 살펴보았듯이 펠리페 2세 시기부터는 스페인의 국력이 상당히 약해졌기 때문에 전쟁의 주도권을 잃으면서 점차 몰락하기 시작한다. 이를 놓치지 않고 강대국 프랑스의 부르봉 왕가가 유럽의 주도권을 장악하고자 30년 전쟁에 과감히 뛰어들었다. 그 결과 오스트리아 합스부르크 가문의 신성로마제국은 붕괴되었고, 스페인의 합스부르크 가문도 프랑스에 완전히 패해 유럽의 주도권을 포기할 수밖에 없었다.[40] 이에 따라 대규모의 마지막 종교 전쟁이었던 30년 전쟁에서 실질적인 승전국이 된 프랑스 부르봉 왕가의 백합 도안이 스페인 합스부르크 문장 안에 당당히 자리할 수 있게 된 것이다.

백합 도안은 12세기에 프랑스의 왕 루이 6세가 처음으로 사용하면서 '루이의 꽃Fleur-de-Louis'으로 불리며 프랑스 왕권과 밀접하게 관

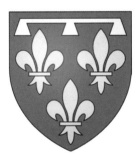

당시 브루봉 왕가의 문장.

이야생트 리고, 〈루이 14세의 초상〉, 1700~1701년.
프랑스 왕가 문장의 대표 도안인 백합이 눈이 어지러울 정도로 많이 표현되어 있다.

련되기 시작했다. 프랑스의 왕족 중에서는 특히 루이 14세가 이 백합 모티프를 좋아했던 듯하다. 이야생트 리고가 그린 루이 14세의 초상화를 보면 백합 모티프가 유난히 눈에 띄기 때문이다. 우선 루이 14세가 입고 있는 대관식 망토에는 파란 바탕에 금실로 수놓은 백합 문양이 눈이 어지러울 정도로 많이 그려져 있고, 화면 왼쪽에 왕관이 놓여 있는 스툴에도 오른쪽 뒤쪽에 놓여 있는 의자에도 백합 문양이 뒤덮여 있다. 뿐만 아니라 자세히 보면 왕관의 밑부분 장식과 그가 오른손에 쥐고 있는 지팡이(왕홀) 끝에도 백합 문양이 조각되어 있다. 루이 14세가 이토록 사랑한 백합 도안은 17세기 프랑스 왕실에서 줄곧 명맥을 이어갔다. 프랑스는 역사적으로 가톨릭 국가였기 때문에 문장에서 백합이 상징한 것은 종교, 정치, 왕조, 예술이었다.[41]

　프랑스의 문장에 사용된 백합 도안에서 눈여겨봐야 할 부분은 이 백합 도안이 언제나 파란색을 배경으로 나타난다는 것이다. 이러한 관례가 생기게 된 것은 루이 6세와 루이 7세의 고문이자 성직자였던 쉬제^{Suger de Saint-Denis}에게서 찾을 수 있다. 쉬제는 자신이 수도원장으로 있던 생드니 수도원의 부속 교회를 허물고 재건할 때 '색'을 교회 건축의 매우 중요한 요소로 보았다. 특히 파란색을 하느님의 빛이라 여겨 교회 곳곳과 스테인드글라스를 파란색으로 치장했다. 이때부터 백합 도안도 파란색의 배경 안에 표현되기 시작했다. 하느님의 빛으로서 이후 파란색은 왕의 색으로 정착되었고, 백합과 파란색의 조합은 프랑스 왕국이 천상의 왕국과 결속된다는 의미를 지니게 되

◀ 샤를 보브룅, 〈안 도트리슈(루이 13세의 왕비)의 초상〉, 1650년경.

▶ 이야생트 리고, 〈대관식 로브를 입은 루이 15세〉, 1730년.

루이 14세의 어머니인 안 도트리슈와 루이 15세도 백합 문양의 로브를 착용하고 있다. 이렇게 프랑스 왕실과 백합 문양은 밀접하게 관련되어 있다.

었다. 이로써 프랑스 왕들이 애착을 가졌던 백합 문양의 배경 색으로 파란색이 사용된 것이다.[42]

나는 현실세계를 초월해 배후에 숨어 있는 본질과 존재의 근본 원리를 탐구하는 형이상학에 관심이 많다. 그래서인지 눈에 보이기 때문에 명확히 해답을 찾을 수 있는 경험적인 학문에는 그다지 흥미를 느끼지 못한다. 형이상학은 보이지 않고 답이 없기 때문에 매력적이다. 하지만 시각 매체에서는 눈에 명확히 보이고 확실히 각인될 수 있는 이미지가 매체의 경쟁력을 좌우하는 가장 중요한 요소가 되는 듯하다. 사람을 만날 때도 마찬가지다. 그 사람의 분위기나 취향도 중요하지만 첫인상은 대부분 이목구비와 체형 같은 분명히 보이는 그의 생김새가 좌우한다.

〈아틀라스 마이오르〉의 소비자들 역시 우선 이 지도책의 시각적 이미지에 이끌려 구매를 결정했을 것이다. 이 지도책에 시각화된 최신의 지동설 이론을 보고 한 번, 당대 예술의 트렌드를 보여주는 사계절의 알레고리를 보고 또 한 번, 각 국가와 가문, 지역의 명예를 한눈에 보여주는 화려한 문장들을 보고 다시 또 한 번. 그러고 나서 마지막 결정의 순간에 "그래, 바로 이거야!"라고 외쳤을지도 모른다.

이처럼 〈아틀라스 마이오르〉는 당대에 우위를 다툰 다른 어떤 지도책보다도 신흥 엘리트 부르주아 계급이 추구한 예술적 취향을 확실히 담아냈으며, 최신의 지리학적 동향을 촘촘히 채워 넣었다. 창작 활동은 언제나 큰 고통이 따르는 법이다. 자신이 간파한 이 예술적 트렌드를 어떻게 도상학적으로 표현해야 소비자들을 유혹할 수 있을지 밤낮으로 고민하며 요안이 이 지도책에 쏟아부은 열정을 상상해 보면 가슴이 찡해진다.

8

명품 지도책을 탄생시킨 일등공신
∽ 최고의 장정가와 채색가

오스트리아의 장크트길겐St. Gilgen 마을은 내가 꼽은 인생 여행지 순위에서 두 번째를 차지한다. 그곳에 도착했을 때는 늦은 오후였는데 광활한 에메랄드빛 호수에 아직 열기가 식지 않은 은은한 햇살이 반사되어 황금빛으로 물들어가고 있었다. 세상의 어느 보석이 이보다 더 아름답게 반짝일 수 있을까. 부드러운 능선을 그리며 주위를 둘러싼 초록의 숲은 마치 엄마가 아기를 감싸듯 호수를 다정하게 보듬고 있는 듯했다. 연둣빛 수풀이 주단처럼 깔린 낮은 언덕에는 아담한 박공지붕을 얹은 집들이 듬성듬성 무리지어 있어 여린 꽃송이 같이 무척이나 사랑스러웠다. 이 모든 것을 품고 있는 하늘은 한없이 청아한 빛으로 멀어지며 이 아름다운 풍경을 완성했다.

그렇다면 나의 인생 여행지 일순위는 어디일까? 그곳은 바로 그리스의 미코노스 섬이다. 에게 해 한복판에 자리 잡은 이 섬은 공항에 착륙하기 전부터 비행기에서 내려다보이는 바다가 압권이다. 에게 해는 드넓은 어깨를 묵묵히 내어주는 아빠같이 듬직했다. 미코노스라는 이름은 아폴로의 손자 미콘스에서 따온 것으로, 헤라클레스가 거인족을 물리치려고 던진 바위 조각이 바로 이 섬이 되었다는 전설을 품고 있다. 공중에서 내려다보는 그리스는 영혼의 신진대사를 촉진하는 듯 따스한 치유의 빛으로 나의 무의식까지 포옹해주었다. '나에겐 꿈이 있다'는 문장 하나만 달랑 가슴에 품은 채 외롭고 고단하기만 한 영국 유학 생활을 견디고 있던 때라 더욱더 애틋하게 남아 있는지도 모르겠다. 그때 처음으로, 모든 것을 품고 있는 자연은 그 자체로 조화롭고, 그래서 아름답다는 걸 진심으로 느꼈다.

니체는 전체로서 하나로 통일된 그 무엇을 보여주는 것, 즉 만물이 혼연일체가 되는 도취와 황홀경의 상태를 '디오니소스적'이라고 표상했다. 마치 오케스트라가 지휘자의 손끝 하나로 장엄하고 조화로운 화음을 만들어내듯이 말이다. 자연 역시 하나의 객체로는 결코 아름다운 풍광을 만들어낼 수 없다. 가장 높이 자리하며 시시각각 변화하는 하늘, 그 아래에서 끝없이 움직이는 호수와 바다, 그리고 인간이 살고 있는 파란의 대지. 이 모든 것이 한데 어우러져 때때로 감동과 기쁨을 선사하는 풍경을 완성한다. 그야말로 '삶 속에서의 디오니소스적인 예술'이다. 자연은 정지한 채 그대로인 듯하지만, 늘 움직이며 서로가 서로를 위해 존재한다. 자연의 교향곡을 들을 줄 아는 이들에게 아름다움은 멀리 있지 않다.

〈아틀라스 마이오르〉도 여러 예술가와 각 분야의 전문가들이 함께 모여 혼연일체로 이루어낸 한 편의 교향곡이라 할 수 있다. 이 지도책을 만드는 과정에서 모두가 각자 맡은 중요한 역할을 제대로 해냈기에 인류의 문명에서 빛나는 예술적 결정체를 탄생시킬 수 있었던 것이다.

블라외 가문은 〈아틀라스 마이오르〉를 17세기 네덜란드에서 단연 독보적인 지도책의 반열에 올려놓기 위해 당대 최고의 예술가와 학자, 장인들을 고용해 제작했다. 앞서 살펴보았듯이 당시 책의 가격을 결정지은 기준은 크기와 삽화, 장정이었다. 특히 장정은 15세기 후반부터 도서의 가격을 책정하는 데 아주 중요한 요소였다.[1] 또 지도의 심미적인 부분 중에서 가장 중요한 것은 색상이었고, 투자나 장식의 목적으로 지도를 수집하는 경우에도 색상은 역시 중요한 요소였다.

자, 이제 마지막으로 지도책의 가격을 결정하는 요소 중에서 가장 중요한 두 가지, 장정과 채색에 대해 알아볼 차례이다. 이를 위해서는 우선 당대 네덜란드 도서 수집가들의 서가를 장식했던 다양한 서적의 장정 스타일을 살펴볼 필요가 있다. 당연하게도 이 두 분야에서 가장 널리 이름을 알린 장정가와 채색가의 이야기도 빼놓을 수 없다.

이번 장은 〈아틀라스 마이오르〉가 보여주는 17세기 네덜란드의 예술적 수준과 경향을 최종적으로 점검해보는 중요한 시도가 될 것이다. 지금까지 달려온 여정의 마지막을 장정가와 채색가, 두 분야의 대가들과 함께 마무리해보자.

화려한 이력의 마흐뉘스,
초라한 외형의 네덜란드 장정

〈아틀라스 마이오르〉의 장정가는 명실공히 17세기 네덜란드를 대표하는 장정가로 네덜란드에서 가히 독보적인 위치에 오른 알버르튀스 마흐뉘스Albertus Magnus다. 그가 당대 최고의 장정가였다는 사실은 몇 가지 사례만을 통해서도 충분히 알 수 있다. 네덜란드의 유명한 출판인 중 한 명인 로데베이크 엘제비르의 서신에 따르면, 마흐뉘스는 오라녜-나사우 가문^{House of Orange-Nassau}의 왕자 윌리엄 3세와 루이 14세, 그리고 그의 아들인 루이 드 프랑스 왕세자에게 헌정하기 위해 1676년에 로마의 시성 베르길리우스^{Publius Vergilius Maro}의 서사시『아이네이스』판본을 돌고래와 왕관이 금으로 정교하게 묘사된 녹색 모로코가죽으로 장정했다.[2]

마흐뉘스의 명성을 보여주는 또 다른 사례도 있다. 스피노자와 호이겐스의 친구이자 저명한 과학자 에렌프리트 발터 폰 치른하우스^{Ehrenfried Walther von Tschirnhaus}는 자신의 저작『물리 치료 의학^{Physical Medicine}』의 사본 세 부를 장정해줄 인물을 찾았다. 루이 14세와 루이 드 프랑스, 그리고 프랑스의 국무 장관을 역임한 프랑수아 미셸 르 텔리에^{François Michel Le Tellier} 등 최고 권력자들에게 바칠 책이었으므로 특별한 장정이 필요했다. 그는 주저없이 장정을 마흐뉘스에게 의뢰했다. 마흐뉘스는 이 책들을 붉은 모로코가죽 장정에 프랑스의 국가 문장인 백합을 금으로 새겨 장식했다.[3]

당대 유럽의 최고 셀러브리티들에게 헌정하는 책을 도맡아 장정하다니, 마흐뉘스의 커리어는 정말 '브라보!'를 외칠 수밖에 없다. 그렇다면 마흐뉘스는 어떻게 이런 화려한 경력을 쌓을 수 있었을까?

17세기 중반 이전의 네덜란드에는 위에 언급한 모로코가죽의 장정이나 〈아틀라스 마이오르〉의 장정처럼 문장이나 엠블럼, 그 외의 장식이 금으로 화려하게 장식된 장정은 존재하지 않았다.[4] 물론 네덜란드 정부가 국가적 차원에서 외국의 군주와 같은 최상위 계급의 인물에게 책을 헌정할 때는 벨벳을 입히고 그 위를 금으로 장식한 사치스러운 장정을 제작하긴 했다. 그러나 이 같은 특별한 경우를 제외하고는 어떠한 무늬와 장식도 없이 양피지로만 단순하게 제작한 장정이 보편적이었다. 당대 네덜란드의 시대상을 고려하면 눈이 부셔서 차마 쳐다볼 수 없을 만큼 화려한 장정이 일반적이었을 것 같지만, 의외로 아주 단출하고 초라하기까지 했다.

네덜란드에서 제작된 책의 장정 가운데 가장 고품질의 장정은 양피지로 만들어 짙은 황색을 띠는 특징이 있었기 때문에 호른horn이라

16~17세기 영국에서 가장 보편적인 스타일의 장정이다. 네덜란드의 호른 스타일 장정이 이와 상당히 유사했을 것으로 여겨진다.

불렸다. 호른 스타일이 최고급품이긴 했지만 가장 아름답고 값비싼 지도책을 지향하는 〈아틀라스 마이오르〉의 장정으로 사용되기에는 적합하지 않았다. 호른 스타일은 별다른 장식이 없어 밋밋하고 미적 가치 또한 찾아볼 수 없었기 때문이다.

지도책 장정에서 이 진부한 스타일을 세련되고 감각적으로 바꾸는 것이 당대 장정가들의 도전 과제로 떠올랐다. 단번에 눈에 확 띄는 화려함을 추구하고 개성도 강한 당대의 예술품 소비자들을 생각해본다면, 이 과제는 장정가들이 필수적으로 해결해야만 하는 핵심 사업이었을 것이다. 이런 예상은 적중해서 장정가들은 부단하고 꾸준하게 이 과제를 해결하기 위해 매진했다.

그리하여 지도책 장정은 호른 스타일에서 한 단계 진일보했다. 하지만 장정가들의 피땀 어린 노력에도 불구하고 새로 탄생한 장정 역시 여전히 노란빛의 양피지 위에 소량의 금으로 장식하는 것에 그쳤다. 그러다가 1600년대 중반이 지날 무렵 이른바 '마흐뉘스 장정 Magnus-binding'이라고 불리는, 기존과는 판이하게 다른 스타일의 장정이 새로운 시류로 떠오르기 시작했다.

프랑스에서 건너온
마흐뉘스의 감성

마흐뉘스는 1630년에서 1660년 사이에 프랑스의 저명한 두 명의 장정가에게서 도제식 교육을 사사한 것으로 추측된다. 플로리몽 바디에Florimond Badier와 르 가스콩Le Gascon이라는 별칭을 가진 두 인물인데, 마흐뉘스는 이들에게서 익힌 프랑스 스타일의 장정을 네덜란드 도서에 도입한 최초의 인물이다.[5]

네덜란드로 복귀한 그는 1666년에 아르메니아인 출판업자 오스칸 예레반치Oskan Erevants'i의 의뢰로 루이 14세에게 헌정할 최초의 아르메니아어 성경 완전판 장정을 수주한다. 오스칸은 아르메니아에서 망명한 이주민으로 아르메니아어로 된 책을 출판하기 위해 암스테르담에 출판사를 설립한 상태였다. 마흐뉘스가 네덜란드에서 최초로 프랑스식 장정을 입힌 이 성경은 159개의 일러스트를 포함해 양면 1,462쪽에 달하는 방대하고 아름다운 책이었다. 가톨릭 교회로부터 대단한 찬사를 받은 이 오스칸 성경을 필두로 마흐뉘스는 이후 프랑스 스타일의 장정을 지속적으로 선보인다.

당시 프랑스에서 유행한 도서 장정은 얇은 띠로 표지의 구획을 나누고 식물 문양의 작은 장식들을 새기는 일명 '팡파르Fanfare 스타일'이었다. 요즘도 팡파르를 울린다고 하면 요란한 축하 의식을 떠올리

마흐뉘스가 제작한 『사보이Savoy의 도시』 책 장정.

르 가스콩이 제작한 팡파르 스타일의 장정과 세부 도안.

17세기 프랑스에서 제작된 팡파르 스타일의 장정.

는데, 그만큼 팡파르 스타일이라는 이름에서 이 장정이 기존의 장정에 비해 놀라울 정도로 화려했다는 것을 짐작할 수 있다. 특히 잎이 많이 나 있는 작고 세밀한 나뭇가지, 화환, 화관과 같은 섬세한 식물 문양은 16세기 후반부터 17세기까지 프랑스 장정에서 아주 쉽게 찾아볼 수 있다. 또한 표지의 각 네 군데 모서리에 4분의 1 크기의 부채 장식을 넣고 표지 정중앙에 커다란 부채 장식을 새겨 넣은 장정은 17~18세기 내내 프랑스뿐 아니라 네덜란드, 이탈리아, 독일, 영국에서도 큰 인기를 구가했다.[6] 마흐뉘스가 도입한 이 프랑스 장정은 기존의 네덜란드 장정에 식상해진 네덜란드인들을 완전히 매료시켰다. 흥미롭게도 당시 네덜란드인들은 프랑스식 의복에 대해서는 상당히 지양하는 태도를 보였지만, 책에서 프랑스산 화이트컬러 종이를 사용한 것처럼 장정에서도 프랑스식 감성을 추종했다.

이 프랑스식 장정은 〈아틀라스 마이오르〉에도 고스란히 반영되었다. 그런데 평범한 프랑스식 스타일에 그쳤다면 최고의 지도책이라는 명성에 걸맞을 수 없었을 것이다. 〈아틀라스 마이오르〉의 장정은 일반적인 프랑스식 장정에서 한 단계 더 나아가 노란빛의 견고한 양피지 위에 정중앙에는 문장이나 모토, 메달 문양을 단독으로 새겼다. 그리고 더욱 세분화해 구획을 나누고 테두리와 모서리에는 곡선으로 큼직하게 그린 식물 문양을 금박으로 장식했다. 프랑스식 장정을 그대로 모방하지 않고 네덜란드인의 정서에 맞게 개량하거나 절충해 한층 수준을 업그레이드한 것이다. 마흐뉘스는 새 또는 왕관

정중앙에 장식이 큼지막하게 새겨져 있고 모서리의 각 네 군데에 부채 장식이 있는 스타일 또한 전형적인 팡파르 스타일이다.

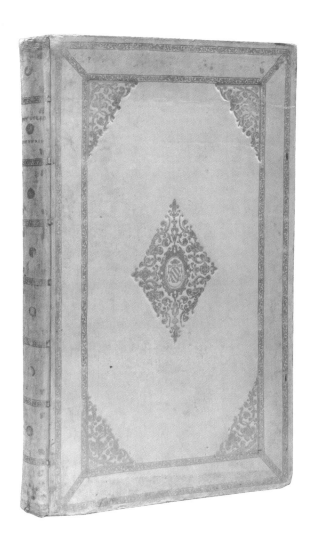

〈아틀라스 마이오르〉의 기본 장정. 사진에서는 확인할 수 없지만 금박 장식이 화려하게 빛난다.

모티프를 장정에 새기는 등 프랑스식 장정과는 차별화되는 본인만의 정체성을 찾기 위해 노력했다. 네덜란드인들의 감성을 고려해 네덜란드식으로 재해석한 마흐뉘스의 〈아틀라스 마이오르〉 장정은 '네덜란드 장정' 또는 '아틀라스 장정'이라는 이름으로 전 유럽에 알려졌다.[7]

✦

소비자의 개성에 따라 맞춤 제작한
마흐뉘스 장정

〈아틀라스 마이오르〉는 레디메이드 상품인 만큼 시간과 자금을 절약하기 위해 정형화된 형태로 장정을 제작했다. 하지만 요안은 〈아틀라스 마이오르〉의 장정을 획일화하지 않고 자신만의 개성을 추구하는 소비자들을 위해 미제본 상태로 이 지도책을 출판하기도 했다.[8] 〈아틀라스 마이오르〉의 정형화된 기본 장정을 마흐뉘스가 맡았는지는 확실히 밝혀져 있지 않지만, 당시 이 지도책의 기본 장정이 프랑스식과 흡사하고 요안이 정기적으로 마흐뉘스에게 장정을 의뢰했다는 기록이 남아 있기 때문에[9] 그가 이 지도책의 기본 장정도 담당했을 가능성이 높다. 기본 장정을 마흐뉘스가 담당했는지의 여부가 확실하지 않은 이유는 요안이 자신의 작업장에 공식적으로 장정가를 고용하지 않았기 때문이다.[10]

하지만 특별한 맞춤 제작일 경우 마흐뉘스가 담당했다는 것은 확실하다. 이 지도책의 소비자들은 가문의 문장이나 모토, 모노그램 monogram(두 개 이상의 글자를 합쳐 한 글자 모양으로 도안한 것)과 같이 그들만의 고유한 정체성과 가치관을 담아 프랑스식으로 디자인한 장정을 원하는 이들이 많았다. 그리고 그것을 해낼 수 있는 사람은 네덜란드에서 마흐뉘스가 유일했기 때문에 프랑스식 장정을 원하는 수집가들은 무조건 마흐뉘스에게 의뢰해야만 했다.[11] 이미 기본 장정으로 출판된 〈아틀라스 마이오르〉를 구입한 소유주들도 자신만의 개성이 담긴 장정으로 새로 바꾸고 싶을 때는 마흐뉘스에게 의뢰하는 것을 당연시했다.

17세기 네덜란드인들은 자신들이 수집한 도서를 당대 일류 장정가에게 맡겨 최신의 스타일로 장정하거나 기존의 도서를 자기 가문의 정체성이 드러나는 일관된 장정으로 다시 장정했다.[12] 개인 도서관이 전 유럽에서 가장 많은 나라이다 보니 수집한 도서의 장정에도 자신의 고귀한 취향이 드러나도록 신경 쓰는 게 당연했다. 이들에게 가장 인기 있는 최고의 장정가가 바로 마흐뉘스였고, 그의 장정은 '아틀라스 장정'이라 불리며 선풍적인 인기를 끌었다.[13]

프랑스에서 도제 생활을 끝내고 네덜란드로 돌아오자마자 마흐뉘스에게는 쉴 틈 없이 주문이 쇄도했다. 주문자 대부분은 〈아틀라스 마이오르〉의 장정을 원하거나 재장정을 원하는 수집가들이었다. 〈아틀라스 마이오르〉는 지도책뿐만 아니라 모든 도서 중에서 가장 잘 팔리는 책인데다 가장 고가의 책이었으므로, 장정도 그에 걸맞은 것으로 바꾸길 원하는 사람들이 많았던 것이다. 이 수집가들 중에는 네덜란드인뿐 아니라 외국의 귀족도 상당히 많았다. 일례로 1671년에는 스웨덴의 귀족 요한 가브리엘 스텐보크Johan Gabriel Stenbock, 안데르스 토스텐손Anders Torstensson, 악셀 릴리에Axel Lillie가 암스테르담을 방문해 각자 소유하고 있던 〈아틀라스 마이오르〉 프랑스어 판본을 새로 장정해줄 것을 마흐뉘스에게 의뢰했다.[14]

마흐뉘스가 이토록 인기를 끌다 보니 네덜란드의 수집가들은 장정을 의뢰하려고 굳이 먼 길을 떠나 외국으로 갈 필요가 없었다. 그들은 손쉽게 그의 작업장에 들러 편안하게 장정을 주문했고, 그의 장정으로 한껏 멋을 낸 서적들로 자신들의 높은 지위와 넉넉한 부를 과시했다. 도서 수집가로 명성이 높았던 판데르헴과 네덜란드의 해상 지도 제작자로 활약한 요하네스 판퀼런Johannes van Keulen이 소유한 〈아틀라스 마이오르〉 라틴어 판본, 네덜란드 통화은행의 이사이자 암스테르담 시의회 의원을 역임한 프레데릭 빌럼 판론Frederik Willem van Loon이 소유한 〈아틀라스 마이오르〉 네덜란드어 판본이 마흐뉘스가 장정하거나 혹은 재장정한 '아틀라스 장정'의 대표 격이다.

특히 판론은 〈아틀라스 마이오르〉의 기본 장정에 절대로 만족할 수 없었다. 그는 마흐뉘스에게 값을 매기기 어려울 정도로 고급스럽게 재장정해달라고 주문했다. 백지 수표를 받은 것이나 마찬가지였던 마흐뉘스는 그의 〈아틀라스 마이오르〉를 더욱 견고하고 튼튼하

▲ 프레데릭 빌럼 판론의 〈아틀라스 마이오르〉. 정중앙에 가문의 문장을 자랑스럽게 새겨놓은 것을 포함해 팡파르 스타일의 디자인이 두드러진다.

▼ 판론의 〈아틀라스 마이오르〉 장정 확대 부분. 붉은 모로코가죽과 금이 대비되어 굉장히 화려해 보인다.

판데르흐립Van der Grijp이라는 네덜란드의 서적 컬렉터가 소유한 〈아틀라스 마이오르〉. 이 장정 역시 마흐뉘스가 제작했다.

게 제본하기 위해 송아지 가죽 대신 붉은 모로코가죽을 사용했으며, 가죽 위에는 화려한 문양과 함께 판론 가의 문장과 모토를 금으로 찬란하게 새겼다.[15] 새롭게 장정을 마친 〈아틀라스 마이오르〉를 보고 슬그머니 새어 나오는 웃음을 주체하지 못했을 그의 근엄한 얼굴이 상상이 된다. 판론은 자신이 소유한 〈아틀라스 마이오르〉를 앞서 살펴본 '아틀라스 블라외-판데르헴'과 같이 자신의 기호와 취향에 맞게 새롭게 변형했다. 〈아틀라스 마이오르〉에는 한 번도 해양 지도가 삽입된 적이 없었지만, 판론은 본인의 취향에 따라 다른 지도

작자 미상, 〈프레데릭 빌럼 판론의 초상화〉, 1700~1708년.

제작자가 만든 해양 지도도 추가하며 지도책의 권수를 서서히 늘려가 최종적으로 18권으로 완성했다. 마흐뉘스의 장정과 더불어 새롭게 추가한 지도들이 합쳐진 그의 〈아틀라스 마이오르〉는 '아틀라스 판론Atlas van Loon'이라 불리며 명성을 떨쳤다.

한편 판퀼런의 컬렉션에서도 마흐뉘스가 장정한 〈아틀라스 마이오르〉는 단연 가장 귀중한 도서로 취급되었다. 또 〈아틀라스 마이오르〉가 시장에 출시되자마자 이를 구입하기 위해 1670년대에 암스테르담에 왔던 코시모 3세 데 메디치는 요안의 에스코트를 받으며 암스테르담의 주요한 명소 중 하나였던 판데르헴의 도서관을 방문했다.[16] 그는 마흐뉘스가 장정한 〈아틀라스 마이오르〉를 보고 경이로운 아름다움에 감탄을 금치 못했다. 물론 이 〈아틀라스 마이오르〉는 판데르헴이 '아틀라스 블라외-판데르헴'이라는 타이틀을 붙였을 만큼 자신의 취향에 따라 새롭게 구성한 책이긴 했지만, 〈아틀라스 마이오르〉의 기본적인 외양은 동일했다.

판데르헴은 〈아틀라스 마이오르〉에 대한 애정이 남달랐던 것 같다. 그는 이 지도책을 장정할 가죽으로 판론의 〈아틀라스 마이오르〉 장정에 사용한 모로코가죽보다 더 비싸고 더 단단한 네덜란드 피지Dutch vellum를 사용할 것을 마흐뉘스에게 요청했다. 그리고 앞표지에는 금박으로 자신의 문장과 모노그램을 새길 것을 요구했다. 그렇게 해서 완성된 판데르헴의 〈아틀라스 마이오르〉에 매료된 코시모 3세는 3만 길더라는 어마어마한 금액을 제시하면서 판데르헴에게 이 지도책을 양도해달라고 제안하기까지 했다. 하지만 판데르헴은 지극한 열정과 심혈을 기울인 만큼 억만금을 준다고 해도 판매할 리가 없었다. 그의 후손들도 '아틀라스 블라외-판데르헴'을 소중히 보전하기 위해 낱권으로도 절대 매도하지 않았다. 이 덕택에 '아틀라스 블라외-판데르헴'은 46권 전권이 잘 보존되어 2003년 유네스코 세계문화유산에 등재되었다.[17] 어쨌든 '아틀라스 장정'은 〈아틀라스 마이오르〉의 가격을 대폭 올릴 수 있는 중요한 요소였다.

금장식에 경도된 당대인들과
채색의 대가 판산텐

'아틀라스 장정'의 가장 중요한 특징은 다른 장정가들에 비해 압도적으로 많은 금을 사용했다는 것이다. 17세기의 소비자들은 장정에 금을 많이 사용해서 책이 극도로 사치스럽고 화려해 보이는 것을 선호한 듯하다. 요즘은 중국이 금 소비국 1위로 떠오르며 그들의 유별난 황금 사랑이 세계적으로 유명한데 아무리 금을 사랑하는 중국인이라 해도 17세기 네덜란드인에 비하면 애교 수준이라 할 수 있다. 그만큼 당시의 소비자들은 금 사용량에 대단히 민감했다.

마흐뉘스가 활동한 당시에도 금은 상당히 고가였기 때문에 서적에 금을 사용할 경우에는 일반적으로 하이라이트나 포인트 부분에만 소량 사용할 뿐이었다. 그러나 마흐뉘스에게 작업을 의뢰한 고명한 인물들은 그런 강조 부분 외에도 최대한 화려하게 보일 수 있도록 과도할 정도의 금박 장식을 원했다. 마흐뉘스가 그의 아내에게 결혼 선물로 주려고 1670년에 제작한 『결혼 성경Marriage-Bible』은 금색의 배경에 꽃과 새의 모티프를 그려 넣은 풍부한 장식적 요소가 큰 특징이다. 특히 상당량의 금박을 입힌 배경 장식으로 높은 평가를 받으며[18] 마흐뉘스가 제작한 장정들 가운데 가장 아름답다는 평을 받았다. 곧 마흐뉘스는 『결혼 성경』으로 네덜란드에서 장정에 금박 장식을 최대치로 구현할 수 있는 장정가로 등극했다. 이 때문에 어떤 학자들은 마흐뉘스가 동시대 네덜란드에서 가장 뛰어난 역량을 가진 장정가로 인정받을 수 있었던 것은 그가 금박의 대가였기 때문이라고 주장하기도 한다.

금장식에 대한 이 같은 높은 선호도는 1600년대 네덜란드에서 '채색의 대가'라 일컬어진 유일한 인물인 디르크 얀스 판산텐Dirk Jansz van Santen의 기교가 높게 평가받았던 것과 맥이 닿아 있다. 판산텐은 마흐뉘스와 함께 〈아틀라스 마이오르〉를 가장 아름다운 지도책으로 제작하는 데 기여한 중추적인 인물이니, 여기서 잠시 당대 판산텐의 명성에 대해 살펴보자.

17세기 네덜란드에서 채색가들은 자신이 작업한 작품에 서명을 남기지 않았다. 채색가들은 거의 익명으로 활동했는데, '채색의 대가'라는 수식어가 증명하듯 판산텐만은 예외였다. 그는 1600년대의 네덜란드에서 수많은 유명 팬들을 확보한 최고의 채색가였다. 앞서 언급한 콘라트 폰 우펜바흐 같은 여행가나 안토니 얀센 판데르휘스Anthony Janssen van der Goes 같은 시인은 암스테르담을 방문하고 나서 쓴 글에서 판산텐에 대한 칭송을 빼놓지 않았다. 그리고 수많은 예술품 애호가들이 판산텐의 작품을 구입하기 위해 서로 경쟁했다고 언급하기도 했다.[19] 이같이 판산텐이 17세기 유럽에서 최고의 채색가로 군림할 수 있었던 이유, 특히 〈아틀라스 마이오르〉의 채색가로 활약한 그가 채색가의 최고 영예인 '채색의 대가'라는 칭호를 얻게 된 것은 채색할 때 본인만의 특화된 기술을 이용해 다량의 금을 사치스러울 만큼 아낌없이 사용할 수 있었기 때문이다.

당시 금색의 안료는 금박을 꿀과 물, 소금과 함께 돌에 갈아서 정제된 물에 씻은 후 조개껍데기 안에 소량의 식초와 함께 넣어 숙성시키는 방식으로 만들어졌다. 아주 조심스럽게 수작업으로 만든 이 귀한 금색의 안료는 조개껍데기 안에 보관한다는 이유로 '조개껍데기 금shell-gold'이라 명명되면서 매우 고가에 거래되었다.[20] 그렇기 때문에 판데르헴과 같이 막대한 부를 가진 이들만이 이 금색 안료를 구입해 사용할 수 있었다. 17세기에는 울트라마린과 금을 함께 칠하는 것이 매우 인기 있는 색상 조합 방식이었는데[21] 값비싼 가격 때문에 이 방식으로 제작한 책은 자연스럽게 경제적으로도 예술적으로도 대단한 가치를 획득했다. 물론 울트라마린과 금이 함께 칠해진다면 보색의 대비로 인해 시각적으로도 눈에 확 띄긴 한다.

더불어 당시 수채화에도 이 두 안료를 함께 사용하는 조합이 상당한 인기를 끌었다. 하지만 종이에 금을 채색하는 방법에는 큰 어려움이 따랐다. 금을 종이에 바르는 것 자체가 최고의 기교로 인식될 정도였다. 이 기술이 얼마나 어려웠던지 17세기에는 금을 종이에 채색하기 위한 전문 지침서가 따로 출판되기도 했다.[22] 하지만 이러한 노력에도 불구하고 전문가들 사이에서는 종이에 금을 칠하는 것은 불가능하다는 의견이 지배적이었다. 과학기술 덕분에 물감과 붓이 고도로 발달해 있는 현재에도 금색은 수채로 종이에 칠하기가 아주 어렵다. 캔버스에 칠하는 유채나 아크릴 물감은 그나마 좀 낫지만, 종이에 금색을 칠하면 몇십 번을 덧발라도 밑의 흰색 종이를 다 가릴 수 없을 정도로 발색이 잘 되지 않는다. 그리고 몇십 번을 덧칠해서 금색으로 채색이 잘 되었다 할지라도 그 정도로 붓질을 하면 물기가 마르면서 종이가 보기 싫게 우글쭈글해진다. 그러니 4백여 년 전에는 상황이 어떠했을지 능히 짐작할 수 있다.[23]

수채화가 고유한 가치를 인정받게 된 것은 18세기 후반에 이르러서였다. 그 이전까지 수채화는 유화 작품을 제작하기 위한 준비 작업에 불과했다. 17세기에는 네덜란드를 포함해 북유럽에서 수채화가 가장 발달했던 것이 사실이다. 하지만 수채화는 당시까지도 높은 평가를 받지 못했고, 또 금색은 엄청나게 비싸서 대중적으로 잘 사용하지 않았기 때문에 다른 색상의 안료들에 비해 채색 안료로서 활발하게 연구되지도 않았던 듯하다. 게다가 당시에는 요즘처럼 착색력이 좋은 합성 재료가 아니라 아라비아 고무액 같은 착색력이 떨어지는 천연 재료를 섞어 만들었으니, 왜 당시 전문가들이 종이에 금을 채색하는 것은 불가능하다고 했는지 백번 이해가 간다.

하지만 판산텐이 누구인가! 그는 불가능하다고 여긴 이 어려운 과제를 거뜬히 해결한다. 지겨울 정도로 금과 밀고 당기기를 반복한 끝에 결국 성공한 것이다. 그는 황색의 안료를 종이에 먼저 칠한 후 붓을 이용해서 그 위에 금을 바르는 것과 같은 자신만의 독창적인 기법을 개발해 훨씬 편리하고 손쉽게 금을 종이에 채색할 수 있었다.[24] 지금도 금색 물감을 칠할 때에는 종이는 물론, 종이보다 발색이 훨씬 더 잘 되는 캔버스에도 밑에 황색과 같은 금색과 비슷한 물감을 먼저 바른 후 금색을 칠하면 발색력이 훨씬 더 좋아진다. 현재 화가들이 금색을 캔버스에 칠할 때 사용하는 이 기법을 최초로 사용한 사람이 판산텐일 수도 있겠다는 생각이 든다. 그는 이처럼 금을 종이에 채색하는 기술뿐 아니라 다량의 금을 극도로 세밀하고 정교하게 바를 수 있는 본인만의 손기술 또한 갖고 있었다. 그리고 본인만의 이 특화된 손기술을 이용해 지도에서 각 지역의 명칭, 그리고 국가와 지역을 구분하는 외곽 부분에 금을 입혔다. 지도를 제외한 나머지 부분에서는 소유주의 문장이나 카르투슈^{Cartouche}(문자나 타이틀을 넣기 위한 테두리 장식) 같은 장식적인 모티프에 금을 채색했다. 이로써 그가 금을 사용해 채색한 지도책은 단연 압도적인 비주얼을 자랑했다.

이처럼 판산텐은 지도를 포함한 당대의 가장 권위 있고 중요한 인

수채화에 적용하기가 매
우 어려웠던 금색 안료.

디르크 얀스 판산텐이 채색한 성경 중 〈솔로몬의 사원〉(위)과 〈지상 낙원〉(아래).
1682년에 출간된 성경을 1697년에 채색했다. 〈솔로몬의 사원〉에서는 타이틀 글자와 정중앙의
사원, 그리고 테두리에 금색을 칠했다. 〈지상 낙원〉에서도 타이틀 글자와 테두리에 금색이 보
인다.

쇄물에 금을 입힘으로써 밋밋한 흑백의 인쇄물을 회화에 버금갈 만큼 화사하면서도 찬란한 작품으로 격상시킬 수 있었다. 이것이 바로 그가 1600년대 네덜란드에서 가장 뛰어난 채색가로 평가받을 수 있었던 이유였다.

17세기 도서 수집가들의 카탈로그를 살펴보면 대부분의 컬렉션에는 반드시 판산텐이 채색한 작품이 두 작품 이상 소장되어 있다. 판데르헴의 1684년 인쇄물 컬렉션, 마흐뉘스의 1707년 컬렉션, 야코프 크롬하우트의 1709년 컬렉션, 네덜란드의 외교관 니콜라스 빗선Nicolaes Witsen의 1728년 컬렉션, 네덜란드의 부유한 상인 페트뤼스 판데르하헌Petrus Van der Hagen의 1710년 컬렉션, 그리고 코르넬리스 니코랄Cornelis Nicolal과 빌럼 판베이스트Willem van Beest라는 예술품 애호가이자 수집가였던 인물들의 1698년과 1714년 컬렉션에서 판산텐의 작품이 발견되었다.[25] 특히 판산텐은 지도책에 채색하는 것을 채색가로서 자신의 가장 주요한 임무로 삼았기 때문에 그가 40여 년간 채색한 지도책은 2백여 권을 상회한다. 그리고 당대의 저명한 도서 수집가들이 소유한 판산텐의 작품 중에는 대부분 〈아틀라스 마이오르〉가 포함되어 있었다.[26]

하지만 마흐뉘스와 마찬가지로 〈아틀라스 마이오르〉가 도서 시장에 모습을 드러내기 전에 기본적인 채색을 한 사람이 판산텐이었는지는 아직까지 연구된 바가 없다. 그러나 소비자들이 자신의 지도책에 양질의 울트라마린과 금이 채색되길 원하거나 이 분야의 일인자

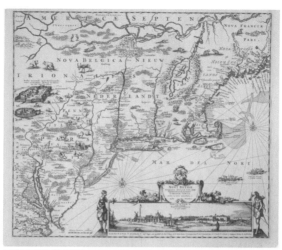

원래 흑백으로 인쇄된 〈아틀라스 마이오르〉(위)와 판산텐이 채색한 〈아틀라스 마이오르〉(아래).

17세기 초반 네덜란드의 식민지였던 아메리카의 뉴네덜란드 지도. 뉴네덜란드는 현재의 코네티컷, 뉴욕, 뉴저지, 델라웨어 주를 포함한다. 뉴네덜란드의 총독 페터 미노이트는 1626년에 지역 인디언들에게서 맨해튼 섬을 구입했다.

가 채색하길 원하면, 이 주문 역시 여지없이 요안이 판산텐에게 의뢰했으리라는 것은 충분히 짐작할 수 있다. 이것은 판데르헴이 구입한 〈아틀라스 마이오르〉의 지도 부분과 고대 조각상 같은 드로잉들을 판산텐이 매우 아름답게 채색했다는 사실에서도 유추할 수 있다.[27] 판데르헴은 자신의 컬렉션 리스트에 오르는 책은 단연 가장 아름다워야 한다는 생각을 가졌던 만큼, 당대 최고의 채색가인 판산텐이 아니라면 그 누구에게도 본인의 서적을 맡기지 않았을 것이다.

엄청난 재력가였던 야코프 크롬하우트의 〈아틀라스 마이오르〉에 칠해진 양질의 울트라마린과 금도 판산텐이 채색한 것으로 전해진다. 이외에도 네덜란드의 동양학자, 문헌학자이자 지도 제작자였던 아드리안 렐란트^Adriaan Reland의 〈아틀라스 마이오르〉와 페트뤼스 판데르하헌이 소유한 지도책도 판산텐이 채색한 것으로 판명되었고, 니콜라스 빗선이 소유한 네덜란드어 판본 〈아틀라스 마이오르〉도 1665년에 판산텐이 금으로 장식했다는 기록이 남아 있다.[28]

**두 대가의 협업으로 탄생한
완벽한 아름다움**

17세기 네덜란드에서는 어떤 책이든 최고의 미적 감각을 뽐내려면 장정은 마흐뉘스가, 채색은 판산텐이 맡아야 비로소 가치를 인정받았다. 뿐만 아니라 두 사람이 함께 작업한 책은 네덜란드를 넘어 전 유럽에서 가장 완벽하고 이상적인 서적이라는 평가를 받았다. 즉 이 두 장인이 협업으로 완성한 책을 소유하는 것 자체가 소유주의 지위와 재력을 나타내는 무언의 징표였던 셈이다.

이렇듯 당시 네덜란드에서 마흐뉘스와 판산텐의 영향력은 대단했다. 당연히 서적 수집가들은 두 사람이 힘을 합쳐 제작한 책을 갖고 싶어 했다.[29] 특히 판데르헴이나 판위헐런, 판론과 같은 네덜란드를 대표하는 개인 도서관을 소유하고 출판업계에 큰 영향력을 행사한 이들은 거의 모두가 마흐뉘스와 판산텐이 협업한 책, 그중에서도 가장 뛰어난 지도책인 〈아틀라스 마이오르〉를 갖고 있었다고 봐도 무방할 듯하다.

네덜란드의 신흥 지배계급 외에도 당시 마흐뉘스가 장정하고 판산텐이 채색한 성경이나 지도책은 유럽의 여러 왕가에서도 큰 인기를 구가했다. 이에 따라 네덜란드 정부가 다른 유럽 국가의 왕실에 헌정하는 도서는 마흐뉘스와 판산텐이 협업한 책을 보내는 것이 관례로 여겨졌다. 그중에서도 〈아틀라스 마이오르〉 라틴어 판본은 가장 호평을 받았던 선물로, 요안의 감독하에 마흐뉘스와 판산텐이 보라색의 최고급 벨벳 위에 상당량의 금으로 아름답게 장식해 제작한 것이었다.[30]

괄목할 만한 것은 이 두 인물이 협업한 책이라는 이유만으로 판데르헴의 〈아틀라스 마이오르〉를 감상하기 위해 여러 유럽 국가의 왕

당시의 장정가(왼쪽)와 채색가(오른쪽)의 모습.

자들이 굳이 암스테르담까지 여행을 왔다는 사실이다. 요즘으로 말하자면 '아틀라스 마이오르 패키지' 여행이었다고나 할까.

　그들의 여행 일정은 어땠을까? 아마 첫 번째 일정은 판데르헴의 도서관에 가서 〈아틀라스 마이오르〉를 감상하는 일이었을 테다. 판데르헴은 자랑스러운 표정을 지으며 '세계지도' 페이지가 펼쳐진 〈아틀라스 마이오르〉를 보여주었을 것이다. 판데르헴은 이들을 위해 네덜란드의 대표 음식인 청어 요리를 대접했을까? 청어 요리를 먹은 뒤에는 춥고 비도 오는 네덜란드 날씨 탓에 분명 당시에 가장 핫한 음료이자 건강 음료로 알려진 뜨거운 커피도 한 잔씩 마셨을지 모르겠다. 그리고 나서 다음 날 일정으로는 요안의 작업장을 둘러보러 갔을 것이다. 연이어 그곳에서 멀지 않은 마흐뉘스와 판산텐의 작업실도 가보지 않았을까. 일종의 명품 브랜드 산업 시찰처럼 말이다. 각국의 왕자들은 유럽 최고의 귀족이니 출판 재벌이자 동인도회사의 공식 지도 제작자인 요안은 자신의 사업을 위해 그들만을 위한 성대한 북 콘서트를 열지 않았을까? 상상만으로도 즐거운 일정이다.

마흐뉘스와 판산텐은 〈아틀라스 마이오르〉를 함께 만들며 고충도 겪었을 테고 최고의 명예도 함께 누렸을 것이다. 세계적인 베스트셀러가 된 〈아틀라스 마이오르〉의 성공을 축하하며 둘이서 함께 샴페인 잔을 부딪혔을지도…….

〈아틀라스 마이오르〉를 탐험하며 나는 17세기 네덜란드의 특별한 사회적 분위기와 예술을 만났다. 4백여 년 전 네덜란드인들은 도전과 고난을 기꺼이 받아들였다. 그리고 미래에 대한 희망을 담은 지도를 품은 채 돛을 높이 올리고 대서양과 인도양을 향해 나아갔다. 새롭게 출발한 네덜란드 연합공화국은 학문에 대한 관용과 열정으로 유럽 최고의 인문학과 과학을 탄생시켰고, 해상무역으로 일군 막대한 재력으로 당대 최고의 예술을 탄생시켰다. 그리고 그 한가운데에 〈아틀라스 마이오르〉가 있었다.

한 사람의 오롯한 예술 작품이 아니라 수많은 장인들의 경험과 기술이 집약된 것이기에, 또 한 사람을 위한 것이 아니라 수많은 사람들을 위해 만들어진 것이기에 〈아틀라스 마이오르〉의 존재감은 더욱 특별하게 다가온다. 마치 17세기 네덜란드의 황금시대가 이 열한 권의 지도책에 고스란히 담겨 있는 것만 같다.

〈아틀라스 마이오르〉는 절대로 요안 혼자의 힘만으로는 만들어 질 수 없었다. 마흐뉘스와 판산텐 같은 당대의 대가들이 함께 작업하며 각자의 기량을 최대치로 발휘한 덕분에 〈아틀라스 마이오르〉는 단지 책이 아니라 찬연하게 빛나는 예술품이 될 수 있었다. 우리의 인생도 마찬가지다. 혼자서는 충만한 행복에 이를 수 없다. 행복도 슬픔도 좋은 사람들과 함께한다면 우리의 인생은 그 어떠한 예술품보다 더 눈부시게 빛날 수 있다. 〈아틀라스 마이오르〉의 마지막 여정에서 얻은 이 소박한 교훈은 나에겐 그 어떤 미술사적 지식보다 크나큰 감동과 기쁨으로 다가왔다.

니체도 아마 나와 비슷한 감정을 느꼈을지 모른다. 그의 말로 나의 이 벅찬 마음을 대신하며 〈아틀라스 마이오르〉와 함께한 대장정을 끝맺고자 한다.

함께 침묵하는 것은 멋진 일이다. 하지만 그보다 더 멋진 일은 함께 웃는 것이다. 두 사람 이상이 함께 똑같은 일을 경험하고 감동하며, 울고 웃으면서 같은 시간을 보낸다는 것은 너무도 멋진 일이다.[31]

에필로그

우리 모두의 인생 지도가 명작이 되기를

백화점 1층의 눈부신 조명 아래에서 누군가가 손짓한다. "이 백 한번 들어보고 가! 아니면 이 구두는 어때? 오늘 입고된 신상이야." 에르메스, 루이비통 같은 명품 브랜드의 마케터가 휘황찬란하게 꾸며놓은 마네킹의 달콤한 속삭임이다. 세계적인 명품 브랜드들은 대개 19세기에 창업했다. 이후 집안 대대로 명맥을 이어가며 눈부신 발전을 거듭한 결과 요즘은 전 세계인이 선망하는 명품 브랜드로 자리 잡았다.

상당한 고가임에도 불구하고 수많은 사람들이 명품 브랜드를 애호하고 열광하는 이유는 무엇일까? 크게 보면 두 가지일 듯하다. 하나는 이 명품 브랜드의 디자인이 개인의 취향에 꼭 맞기 때문이다.

또 하나는 명품 브랜드라는 이름값 때문에 충분히 투자 가치가 있다고 보는 것이다. 명품을 소유함으로써 자신의 사회적 위치를 높게 평가받으려는 전략인 셈이다. 이렇듯 현대의 명품은 한 사람의 취향을 만족시켜주는 도구이자 사회적 위치를 표상하는 매개체라 할 수 있다. 17세기 네덜란드에서도 지도책 제작의 명가, 블라외 가문이 만든 당대 최고의 명품인 〈아틀라스 마이오르〉가 이 같은 역할을 했다. 당시 〈아틀라스 마이오르〉는 네덜란드에서 소유자의 계급적 자긍심과 이상적 자아상을 표상하는 증표나 마찬가지였다.

유럽에서 가장 큰 규모의 인쇄업장으로 자리잡은 블룸흐라흐트의 작업장에 이어 블라외 가문은 1667년에 규모를 더욱 확장해 암스테르담의 흐라벤스트라트^Gravenstraat에 새로운 작업장을 열었다. 하지만 1672년 2월 22일 큰 화재가 일어나면서 여기에 보관된 지도와 지도책, 그리고 지도와 텍스트의 동판 대다수와 인쇄기기들이 불에 타버렸다. 〈아틀라스 마이오르〉의 영광은 이렇게 허무하고 처참하게 역사의 뒤안길로 사라졌다.

그렇다면 지도와 지도책의 역사상 예술성과 가치가 최정점에 도달한 17세기 유럽에서 그 후 지도와 지도책은 어떻게 변모했을까?

18세기에 접어들면 지도 제작의 중심이 네덜란드에서 영국과 프랑스로 옮겨가며, 정치적인 목적을 우선시한 지도가 활발히 제작된다. 이러한 조짐은 17세기 중반부터 나타났는데 먼저 프랑스가 1664년에 네덜란드를 모방해 동인도회사를 설립하면서 아시아로 진출하자 당시까지 해상무역의 패권을 장악하고 있던 네덜란드의 상황이 점차적으로 어려워졌다. 연이어 1670년경부터는 영국의 조선업이 급격하게 발전했고 이와 달리 네덜란드의 조선업은 안타깝게도 반대의 길을 걸었다. 결정적으로 17세기 중기와 말기에 세 차례, 18세기 초에 한 차례 영국과 네덜란드 사이에 벌어진 전쟁으로 네덜란드의 국력은 급격히 쇠퇴했고, 이는 결국 해상무역의 주도권이 영국으로 넘어가게 되는 상황을 초래했다. 결국 18세기가 되면 영국과 프랑스 두 나라만이 국제적인 상업 경제의 패권과 식민지 쟁탈

피터르 코르넬리스 판수스트, 〈메드웨이 공격〉, 1667년.
영국과 네덜란드가 바다에서 치열한 전투를 벌이고 있다. 이때 치른 세 차례의 전쟁으로 네덜란드는 결국 해상무역의 패권을 잃게 되었다.

을 둘러싸고 치열한 각축전을 벌이게 된다. 그리고 이 과정에서 해상 무역과 영토 지배권을 확보하기 위한 가장 중요한 무기가 바로 지도 였다. 두 나라가 18세기에 지도 제작에 열을 올리게 된 이유이다.

특히 영국은 더 넓은 식민지를 차지하고 지정학적으로 소유권을 행사하기 위해 지도 제작에 더욱 혈안이 되었다. 17세기 초반에 영국 은 인도를 동인도회사를 통해 자국 영토의 일부로 삼았는데 18세기 중엽에는 남인도에서 벌어진 프랑스와의 전쟁(세 차례에 걸친 이 전쟁 은 카르나티크 전쟁이라고 불린다)에서 승리하며 지배 영역을 더욱 확장 했다. 이에 따라 더욱 정확한 인도 지도를 제작할 필요가 생겼다. 이 때 영국 정부에 고용된 이가 윌리엄 램턴^{William Lambton}이라는 당대 최 고의 지도 제작자였다.[1] 또 영국의 유명한 항해가인 제임스 쿡^{James Cook}이 1770년까지 영국이 전혀 알지 못했던 호주를 발견하는데, 이 때부터 호주의 소유권을 정당화하기 위해 영국 정부는 호주의 지도 제작에도 열을 올렸다. 더불어 17~18세기에 걸쳐 북아메리카를 차 지하고자 프랑스와 전쟁을 벌이면서부터는 북아메리카 지도 제작 에 총력을 기울이기도 했다.

이렇듯 17세기와 18세기는 해상무역의 패권과 식민지 쟁탈을 두 고 네덜란드와 영국, 프랑스가 혈전을 벌인 시기였다. 그리고 이런 특 수한 역사적인 배경이 있었기에 〈아틀라스 마이오르〉라는 명품 지 도책이 세상 밖으로 나올 수 있었다. 당연히 서양의 사학계와 지리학 계에서 17세기의 지도에 관한 논의는 지금까지 상당히 중요한 연구

◀ 당대 최고의 지도제작자였던 윌리엄 램턴.
▶ 나다니엘 댄스 홀랜드, 〈제임스 쿡 선장〉, 1775년.
   항해가의 초상화답게 지도를 테이블 위에 올려놓았다.

과제였다. 하지만 대다수의 연구는 전쟁이나 영토 지배권의 이동과 같은 국제 관계적인 측면에 초점을 맞춘 것으로, 지도를 국가의 정체성을 창출하는 메커니즘으로 해석하는 데 그쳤다. 정치적 권력과 경제적 이권을 획득하고자 첨예하게 대립한 당대 유럽 열강들의 상황이 '예술품으로서의 지도'라는 측면을 간과하게 만든 것이다.

이 책은 이 같은 기존의 관점에서 벗어나 〈아틀라스 마이오르〉의 가장 큰 특징이라고 할 수 있는 심미적인 관점에서 이 지도책을 조망하고자 했다. 처음 〈아틀라스 마이오르〉를 알게 되었을 때 이 지도책이 미술사학계에서 독립된 연구 주제로 다루어지지 않았다는 사실에 매우 놀랐다. 4백여 년이 지난 지금도 오로지 이 지도책만을 대상으로 한 구체적인 예술적 분석이 여전히 부재하다는 사실도 발견하게 되었다. 〈아틀라스 마이오르〉를 보고 첫눈에 반해 큰 흥미를 느꼈던 나는 이 지도책을 하나의 '예술 작품'으로 바라보며 미술사학적 관점에서 진심을 담아 탐구해보고 싶었다. 이를 통해 〈아틀라스 마이오르〉를 17세기를 대표하는 '예술품으로서의 지도'로 자리매김하고자 했다.

〈아틀라스 마이오르〉가 제작된 이후로도 지도 산업은 끊임없이 발전을 거듭했고, 여전히 지도는 현대인에게 중요한 정보를 제공한다. 그러므로 책을 마무리하면서 그 후의 지도 제작 산업은 어떻게 발전해나갔는지를 간략하게 살펴보는 것도 의미가 있으리라 생각한다. 지도는 지금도 진화를 거듭하고 있기 때문이다.

본문에서 언급했듯이 블라외 가문에 이어 17세기 중·후반기부터 지도 제작업계에서 활동을 시작한 프레데릭 데 비트는 지도에 정확한 지리적 정보를 담는 것을 최우선으로 삼았다. 이러한 흐름은 18세기에도 유지되었다. 17세기 유럽에 센세이션을 일으킨 과학혁명으로 지도에서도 정확성과 수학적 엄밀성이 가장 중요한 가치로 자리 잡았기 때문이다. 18세기에 빛을 발한 계몽주의 또한 과학적이고 이성적인 접근 방식으로 세계를 보다 체계적으로 정리하는 데 일조했다. 이렇게 18세기의 지도는 17세기의 지도에 비해 정확성에서 훨씬 업그레이드되었다.

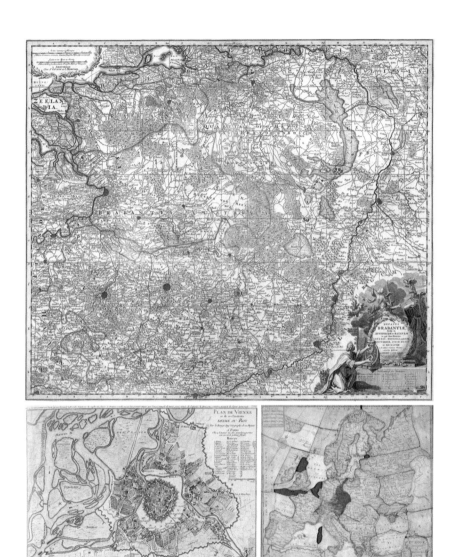

18세기에 제작된 지도들. 17세기에 제작된 지도에 비해 확실히 장식적인 요소가 단조로워졌다.

18세기 지도는 17세기 지도에 비해 색상이나 장식적인 부분에서 확실히 단조로워졌다. 그러나 점차 지도학이 발달하면서 17세기 지도에 대한 비평도 함께 수행되며 '정확한 축척'이라는 지도 본연의 실용적인 목적은 매우 충실해졌다. 거리를 재는 표준 수단의 발달도 18세기 지도가 정확성을 기하는 데 큰 도움이 되었다. 또 당시의 지도는 군사적인 목적이나 영토의 확보 같은 정치적인 의도뿐만 아니라 시민들의 삶을 개선하기 위한 참고 자료로서도 많이 제작되었고 토지세의 기초 자료로도 사용되었다. 하지만 제국주의가 대두하기 시작한 상황에서 지도의 가장 큰 목적 중 하나는 국가 간의 국경선을 명료하게 확정하는 것이었고, 국가 간에는 이를 둘러싸고 날선 신경전과 끝없는 협상이 이어졌다.[2]

17세기 지도책에 삽입된 지도들만큼은 아니지만, 18세기에도 사이즈가 크고 세련된 감각을 보여주는 지도들이 만들어졌다. 국력이 일진월보로 뻗어나간 18세기의 영국, 프랑스, 러시아, 이탈리아와 같은 국가들은 각각 국제적인 명성을 떨칠 대규모의 도시를 구축하는 데 엄청난 노력을 쏟았다. 이 새로운 도시들의 지도가 바로 그 노력의 결과물이다. 일례로 프랑스 파리의 주 행정관인 미셸 에티엔 튀르고Michel-Étienne Turgot가 루이 브레테즈Louis Bretez라는 지도 제작자에게 의뢰해 1739년에 만든 파리의 조감도는 총 20여 장으로 정밀하게 구현되었다.[3] 위에서 아래를 내려다보듯 버드 아이 뷰Bird's eye view로 펼쳐지는 도시의 모습을 그린 이 지도들은 한 권의 지도책으로도 제

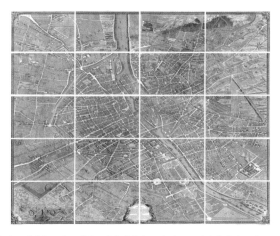

튀르고가 지도 제작자 루이 브레테즈에게 의뢰해 20여 장으로 제작한 파리 조감도, 1739년.

작되었다.

　19세기 영국에서는 그리니치 천문대를 지나는 자오선을 경도의 기준으로 삼는 본초자오선을 정립하면서 지도 제작을 위한 국제적인 표준 기준이 마련되었다. 20세기 중·후반부에는 전자 기술의 진보로 컴퓨터, 스캐너와 같은 첨단 과학기기들이 사용되면서 지도 제작에도 새로운 기술혁명이 일어나 오늘에 이르렀다. 지도는 이러한 발전을 거듭한 끝에 현재 우리의 스마트폰 안에 담겨 매일매일을 함께하고 있는 것이다. 지도 앱이 없다면 어떻게 처음 가보는 맛집을 척척 찾아갈 것이며, 약속 장소를 찾을 것인가. 특히 해외여행에서 지도 앱은 필수적이다. 길을 찾아가는 것뿐만 아니라 버스나 기차의 도착 시간과 최단거리까지 알려주니 행동반경이 전 세계로 확장된 현대인에게 지도는 무엇보다 값진 보물이라 할 수 있다.

　17세기 네덜란드인들에게도 지도는 보배로운 가치 그 이상이었
다. 그들에게 지도는 단지 길을 찾아주는 도구가 아니라 그들이 일군
성공과 권위, 자긍심을 보여주는 자랑거리였다. 〈아틀라스 마이오
르〉를 소유한 사람들은 시시때때로 자신의 도서관에 들어가 이 지
도책을 사랑스럽게 쓰다듬었을 것이다. 아마도 그 순간만큼은 자신
의 고된 삶을 잊을 수 있었으리라. 격변하는 정세 속에서 17세기 네덜
란드인들은 엄청나게 힘겨운 삶을 헤쳐 나가야 했기에, 그들의 꿈과
희망이 담긴 〈아틀라스 마이오르〉는 더 값진 존재로 다가왔을 것이
다. 캐러멜마키아토에 살포시 올려진 달달한 캐러멜 시럽같이 달콤
한 꿈으로 말이다.

　1600년대의 네덜란드인들은 〈아틀라스 마이오르〉를 통해 꿈을
찾아갔다. 우리도 그들처럼 마음속에 간직한 아름다운 꿈을 늘 떠올
리며 언젠가 그 꿈이 실현될 날을 위해 묵묵히 앞으로 나아가보자.
그러다 보면 우리 모두의 인생 지도도 분명 〈아틀라스 마이오르〉와
같은 명작이 되지 않을까.

못 다한 이야기

이 책은 석사 학위 논문에 나만의 감성을 담고, 어떻게 하면 독자들이 조금 더 흥미롭게 읽을 수 있을까를 고심하며 풀고 풀어 쓴 책이다. 〈아틀라스 마이오르〉는 국내외 어디에서도 이 주제만을 미술사학적 시각에서 집중적으로 연구한 사례가 없기에 나에겐 큰 모험이었다. 그렇기에 책을 쓰는 동안 정말 많이 힘들었던 것이 사실이다. 하지만 그래서 더 의미 있고 나의 두뇌를, 눈빛을, 생각을 끊임없이 반짝이고 설레게 해주었다. 〈아틀라스 마이오르〉라는 지금껏 숨겨져 있던 이 위대한 예술품을 세상 밖으로 드러내고자 고군분투하며 연구한 그 시절의 나는 그 어느 때보다 열정으로 가득했고, 새로운 사실을 알게 될 때마다 가슴 벅찬 희열과 행복, 감동을 느꼈다.

나는 꿈을 꾼다. 세상에 미처 알려지지 않은 예술품과 문화적 산물을 알아보고 이것을 깊이 연구해 미술사와 시각문화사라는 세계의 새로운 일원으로 아름답고 건강하게 성장시키는 것, 그래서 세상에 조금이나마 기여할 수 있는 미술사학자, 작가로 커나가는 소중한 꿈을 꾼다. 이 책은 이 같은 나의 꿈을 위한 첫 발걸음이다.

인연이라면 모든 게 물 흐르듯 진행된다는 말을 이 책을 준비하는 동안 처음으로 실감했다. 모요사출판사는 한국의 수많은 출판사 가운데 내가 유일하게 이 글을 투고한 곳이다. 부족함이 많은 글을 선뜻 받아주고 이렇게 멋진 책으로 출판해주신 김철식 대표님과 손경여 기획실장님께 진심으로 감사의 인사를 전하고 싶다.

이 책의 근간이 된 석사논문을 지도해주신 이화여자대학교 미술사학과 전동호 교수님께도 고개 숙여 깊이 감사드린다. 암스테르담과 위트레흐트 대학 도서관, 스코틀랜드 국립도서관의 레인더 스톰, 페터르 판데르 크로흐트, 마르코 판에흐몬트, 윌리엄 폴라 큐레이터께도 큰 감사의 인사를 드린다. 끊임없는 질문에도 정성스런 답변과 응원으로 사기를 북돋아주고, 다른 질문은 또 없냐며 나를 웃게 해준 이 분들 덕택에 책의 내용이 더욱 풍성해지고 신빙성 있는 논거를 갖출 수 있었다. 팬데믹이 끝나면 꼭 네덜란드에서 만나자던 이 분들과의 조우를 기대한다.

존재만으로도 큰 힘이 되는 오랜 벗 열여덟 명(일일이 열거할 수는 없지만 본인들은 다 알 것이라 믿는다)과 세상에 하나뿐인 오빠와 새언니, 그리고 나에게 정말 큰 기쁨을 주는 예쁜 조카 다민이에게도 깊은 감사의 인사를 전한다. 이 세상에서 가장 존경하고 사랑하는, 내 '인생의 항해'에서 마지막 항구인 부모님께는 어떠한 말로도 감사함을 다 표현할 길이 없다. 언제나 따뜻한 응원과 격려, 긍정의 힘과 희망의 꿈을 심어주며 무한한 지지와 사랑을 보내주시는 부모님의 딸로 태어난 건 내 인생 최고의 축복이며, 다음 생애를 통틀어서도 다시 없을 최고의 행운이다. 28개월간 내 모든 영혼과 애정을 쏟은 이 책을 나의 아버지와 어머니께 바친다.

늘 "공부는 남 주기 위해 하는 것"이라고 말씀하시는, 내 삶의 판도를 바꾸어주신 인생의 멘토, 이화여자대학교 미술사학과 정은진 교수님의 가르침과 격려, 제안 덕분에 이 책이 탄생할 수 있었다. 느지막한 봄날의 향기가 강의실을 포근하게 감싸던 2016년 4월 28일, 선생님의 수업을 들은 직후 내 꿈은 큐레이터에서 연구자로 바뀌었다. 이 꿈은 지금까지도 변함이 없다.

나의 꿈을 실현해가는 여정에서 최고의 조력자가 되어주신 위의 분들께 내 마음이 고스란히 가닿기를, 그리고 우리 모두가 언제나 건강하고 행복하기를 진심으로 바란다.

2021년 10월의 어느 멋진 날에
강민지

미주

프롤로그

1 Herman de la Fontaine Verwey, "The Glory of the Blaeu Atlas and the 'Master Colourist'," *Quaerendo* 11:3 (January 1981): p.197.

2 Joan Blaeu, *Atlas Maior of 1665* (Cologne: Taschen, 2016), p.37. 2018년에 벨기에 브뤼셀의 경매장에서 〈아틀라스 마이오르〉 라틴어 초판이 한 개인 컬렉터에게 6만 유로(현재 환율로 8억 1천만 원가량)에 판매되었다. 전문가들은 〈아틀라스 마이오르〉의 가치를 35만 유로(현재 환율로 4억 7천3백만 원가량) 정도로 평가했는데, 그 가격의 두 배에 달하는 값에 낙찰된 것이다.

3 Cornelis Koeman et al., eds. "Commercial Cartography and Map Production in the Low Countries, 1500ca. 1672," *History of Cartography* vol. 3: *Cartography in the European Renaissance* ed. David Woodward (Chicago: Chicago University Press, 2007), p.1330.

4 유럽의 군주들에게 〈아틀라스 마이오르〉가 헌정된 것에 관한 자세한 내용은 La Fontaine Verwey, 앞의 글, pp.201~207 참고.

5 군사적 영웅이나 왕이 아닌 왕자라 할지라도 사회적 영예와 존경을 받는다면 여지없이 이 지도책이 바쳐졌다. 앞의 글, p.197.

1장 남다른 지적 열정과 세상에 대한 호기심

1 윤경철, 『지도학개론』 (진샘미디어, 2008), p.30. 참고.

2 Jonathan Israel, *The Dutch Republic: Its Rise, Greatness and Fall 1477~1806* (Oxford: Clarendon Press, 1995), p.899.

3 앞의 책, p.686.

4 에곤 프리델, 『근대문화사 2: 바로크와 로코코, 30년 전쟁에서 7년 전쟁까지』, 변상출 옮김 (한국문화사, 2015), p.40.

5 자신의 아이가 글쓰기를 배우기 원한다면 학부모는 추가 비용을 지불해야 했다. Israel, 앞의 책, p.688.

6 H. Wansink, *Politiee wetenschappen aan de Leidse Universiteit, 1575~1650* (Utrecht, 1981), p.9, p.26을 앞의 책, p.572에서 재인용.

7 Rina Knoeff, "Dutch Anatomy and Clinical Medicine in 17th-Century Europe," *European History Online*, Leidniz Institute of European History (June 2012), http://ieg-ego.eu/en/threads/models-and-stereotypes/the-dutch-century/rina-knoeff-dutch-anatomy-and-clinical-medicine-in-17th-century-europe

8 Wijnand W. Mijnhardt, "Urbanization, Culture, and the Dutch Origins of the European Enlightenment," *Low Countries Historical Review 125* (2010), p.167을 러셀 쇼토, 『세상에서 가장 자유로운 도시, 암스테르담』, 허형은 옮김 (책세상, 2016), p.336에서 재인용.

9 당시 네덜란드의 청어 산업은 규모가 상당해서 마케팅과 홍보를 담당하는 직원까지 있었다. Richard W. Unger, "Dutch Herring, Technology, and International Trade in the Seventeenth Century," *The Journal of Economic History*, 40:2 (Jun, 1980), p.257 참고.

10 헤이그에 보관되어 있는 동인도회사와 관련된 기록들을 무려 '킬로미터' 단위로 측정해야 했을 정도로 동인도회사는 막대한 영향력을 지닌 곳이었다. 러셀 쇼토, 앞의 책, pp.172~174 참고.

11 네덜란드 동인도회사는 1602년 아시아 지역의 무역과 식민지 경영, 외교 업무 등을 위해 동인도 지역에 난립해 있던 무역회사들을 하나로 통합해 설립한 회사다. 주로 동남아시아, 인도, 일본, 중국 등지에서 활동했다. 동인도회사는 아시아와 아프리카 지역에 유럽을 소개하는 역할을 했고, 지도 제작술이나 조선술을 발전시키는 고무적인 역할을 했다. 하지만 엄청난 규모의 질병을 동인도 지역에 퍼뜨리고, 동인도인들을 노예로 삼아 노동력을 무지막지하게 착취했다. 이에 더해 외래 식물과 동물, 곤충을 옮겨 와 생태계를 심각하게 교란시키기도 했다.

12 Johan van Veen, *Dredge Drain Reclaim: The Art of a Nation* (New York: Springer, 2013), p.70.

13 Alexander Wolfheze, *The Sunset of Tradition and the Origin of the Great War*

(Newcastle upon Tyne: Cambridge Scholars Publishing, 2018), p.307.

14 Lesley B. Cormack, "Maps as Educational Tools in the Renaissance" in ed. David Woodward, *The History of Cartography vol. 3: Cartography in the European Renaissance* (Chicago: University of Chicago Press, 1987), p.631.

15 Heike Jons et al., eds. *Mobilities of Knowledge* (New York: Springer, 2017), p.111.

16 Israel, 앞의 책, pp.582~583 참고.

17 헤마 프리시위스는 시계의 도움으로 경도를 알아낼 수 있다고 제안했지만, 반드시 정확한 출항 시각에 시계를 맞춰야 하고 항해 중에 시계가 멈추지 말아야 한다는 전제가 따랐다. 하지만 이는 당시 절대 불가능한 것이었다. 데이바 소벨·윌리엄 앤드류스, 『경도』, 김진준 옮김, (생각의 나무, 2001), p.68.

18 당시 네덜란드의 의사이자 곤충학자, 작가였던 스테번 블랑카르트Steven Blankaart 는 커피가 괴혈병을 쫓아내고 관절에도 특효라면서 하루에 열두 잔 이상 마셔야 하는 음료라고 주장했다. Simon Schama, *The Embarrassment of Riches: an Interpretation of Dutch Culture in the Golden Age* (New York: Vintage Books, 1997), p.172.

19 데이바 소벨·윌리엄 앤드류스, 앞의 책, p.94.

20 크로노미터는 바다에서 절대 흔들리지 않게 제작되었다. 당시 프랑스 왕실의 시계공인 피에르 르루아Pierre Le Roy와 그의 최대 라이벌인 스위스의 시계공 페르디난트 베르투트Ferdinand Berthoud도 존 해리슨이 제작한 크로노미터를 '정말 천재적인 작품'이라고 언급했을 정도였다. 데이바 소벨·윌리엄 앤드류스, 앞의 책, pp.138~139.

21 Lewis Samuel Feuer, *Spinoza and the Rise of Liberalism* (New Jersey: Transaction Publishers, 1987), p.65.

22 Gregorio Leti, *Raguagli Historici* (Boeteman, 1699), pp.29~31을 Israel, *The Dutch Republic*, p.677에서 재인용

23 Steven M. Nadler, *Spinoza: A Life* (Cambridge: Cambridge University Press: 2001), p.111.

24 Israel, 앞의 책, p.309. 1650년대 동인도회사의 직원 중 40퍼센트가 외국인이었고, 대양에서 동인도회사 상선을 호위하는 군인 대다수 또한 외국인일 정도였다.

앞의 책, p.623.

25 카를로스 클루시우스가 레이던에서 출간한 『판화 식물의 역사Rariorum Plantarum Historia』는 최초로 북부 네덜란드에서 출판된 주요 과학 연구서 중 하나이다. Israel, 앞의 책, p.572.

26 앞의 책, p.902.

27 Wijnand W. Mijnhardt, "Urbanization, Culture and the Dutch Origins of the European Enlightenment," *BMGN-Low Countries Historical Review 125* (January 2010), p.166.

28 Fruin, Robert, *Tien Jarenuitden Tachigjarig en Oorlog, 1588~1598* (The Hague: Nijhoff, 1899), p.267을 러셀 쇼토, 앞의 책, p.169에서 재인용.

2장 넘처나는 재화와 신흥 지배계급의 책 수집 문화

1 Jerry Brotton, *A History Of The World In 12 Maps* (London: Penguin Books, 2014), p.280.

2 Rene Descartes and Anthony Kenny, *The Philosophical Writings of Descartes: vol. 3, The Correspondence* (Cambridge: Cambridge University Press, 1984), pp.31~32.

3 Peter C. Sutton, *Jan van der Heyden(1637~1712)* (New Haven: Yale University Press, 2006), p.12 참고.

4 Andrew Pettegree and Arthur Der Weduwen, "What Was Published in the Seventeenth-century Dutch Republic?," *Livre. Revue historique* (March 2018), p.13 참고.

5 Y zabur Shirahata and W. J. Boot, *Two Faces of the Early Modern World: The Netherlands and Japan in the 17th and 18th Centuries* (Kyoto: International Research Center for Japanese Studies, 2001), p.63.

6 러셀 쇼토, 앞의 책, p.237.

7 Enno van Gelder, "Getemperde Vrijheid," *Bijdragen en mededelingen betreffende de geschiedenis der Nederlanden* 88(3):493 (January 1973): p.162를 Paul Hoftijzer, "Metropolis of Print: the Amsterdam Book Trade in the

Seventeenth Century," *Urban Achievement in Early Modern Europe: Golden Ages in Antwerp, Amsterdam, and London.* Patrick Karl, O'Brien et al., eds (New York: Cambridge University Press, 2001), p.254에서 재인용.

8 이 추정치는 다음에 근거한다. J. A. Gruys, P.C.A. Vriesema & C. De Wolf, 'Dutch National Bibliography 1540~1800: the STCN,' *Quaerendo 13* (1983), pp.149~160을 Hoftijzer, 앞의 책, p.249에서 재인용.

9 Graham Gibbs, "The Role of the Dutch Republic as the Intellectual Entrepôt of Europe in the Seventeenth and Eighteenth Centuries," *Low Countries Historical Review* 86:3 (1971): pp.323~349를 Hoftijzer, 앞의 책, p.249에서 재인용.

10 뤼시앵 페브르·앙리 장 마르탱, 『책의 탄생』, 강주헌·배영란 옮김, (돌베개, 2014), p.394.

11 Paul Hoftijzer, "Metropolis of Print: the Amsterdam Book Trade in the Seventeenth Century," p.258; 유럽의 도서 시장을 선도했던 엘제비르 출판사에 관한 자세한 사항은 David William Davies, *The World of the Elzeviers 1580~1712* (The Hague, 1960) 참고.

12 셰익스피어 다음으로 위대한 영국의 시인으로 꼽히는 존 밀턴과 사회철학의 토대를 마련한 영국의 철학자 토머스 홉스도 엘제비르 출판사에서 책을 출간했다. Paul Hoftijzer, "Dutch Printing and Bookselling in the Golden Age," *International Symposium in Europe 1990* (March 2001), p.64.

13 William Madison Randall, "The Library Quarterly: Information, Community, Policy," *University of Chicago Press* 22:1 (April 1952), p.203.

14 Michael Deinema, "Amsterdam's Re-emergence as a Major Publishing Hub in a Changing International Context," *Amsterdam Institute for Metropolitan and International Development Studies* (August 2008), p.5.

15 Hoftijzer, "Dutch Printing and Bookselling in the Golden Age," p.63.

16 Erlend de Groot, *The world of a Seventeenth-Century Collector: the Atlas Blaeu-Van der Hem* (t'Goy-Houten: HES & De Graaf Publishers, 2006), p.60.

17 당대의 개인 도서관은 소유주의 호기심을 가시적으로 보여주는 증거였다. 앞의 책, p.61.

18 앞의 책, p.64.

19 앞의 책, p.64.

20 앞의 책, p.64.

21 손수연, 「17세기 네덜란드 판화와 물질문화」, 『미술사 연구』, 28 (2014): p.39.

22 당시 네덜란드의 개인 도서관 소유주들의 판매 카탈로그에 관한 더 자세한 사항은 Groot, 앞의 책, pp.61~63 참고.

23 앞의 책, p.62.

24 앞의 책, p.63.

25 로제 샤르티에 · 굴리엘모 카발로 엮음, 『읽는다는 것의 역사』, 이종삼 옮김, (한국출판마케팅연구소, 2006), p.310.

26 조제프 스칼리제르의 책은 어느 하나도 미제본이 없었다. 앞의 책, p.310.

27 Groot, 앞의 책, p.63.

28 앞의 책, p.63 참고.

29 그의 동생 헨드릭 판데르헴Hendrick van der Hem도 형만큼은 아니지만 어느 정도 규모의 도서 컬렉션을 소유하고 있었다. 그의 초창기 컬렉션의 경우 434권은 장정이 되어 있었고, 22권만 장정이 되어 있지 않은 책이었다. 앞의 책, p.65.

30 앞의 책, p.60.

31 La Fontaine Verwey, 앞의 글, p.198 참고.

32 Joan Blaeu, *Atlas Maior of 1665*, p.37.

33 Koeman et al., eds. 앞의 글, p.1330.

3장 메르카토르와 오르텔리우스, 그리고 블라외 가문의 탁월한 역량

1 Hugh Chisholm ed., *The Encyclopaedia Britannica: A Dictionary of Arts, Sciences, Literature and General Information, vol. 20* (Cambridge: Cambridge University Press, 1911), p.332.

2 M. P. R. van den Broecke et al., eds. *Abraham Ortelius and the First Atlas: Essays Commemorating the Quadricentennial of His Death, 1598~1998* (HES, 1998), p.65.

3 지금도 널리 사용되고 있는 이탤릭체는 뛰어난 판각사이기도 했던 메르카토르

가 만든 것이다. 당시에는 지도에 지명을 표시할 때 유연성과 가독성, 우아함이라는 특징 때문에 라틴어를 적용했는데, 그는 정밀한 판각에 능한 자신의 능력을 기반으로 라틴어에 적절한 서체의 하나로 이탤릭체를 제안하면서 2천9백 단어로 된 소책자를 발간했다. 손일, 『네모에 담은 지구: 메르카토르 1569년 세계지도의 인문학』(푸른길, 2014), pp.142~143 참고.

4 Koeman et al., eds. 앞의 글, p.1319.

5 앞의 글, p.1320.

6 John Rennie Short, *Making Space: Revisioning the World, 1475~1600* (New York: Syracuse University Press, 2004), p.74.

7 David Woodward, "Italian Composite Atlases of the Sixteenth Century," *Images of the World: The Atlas through History*, ed. John Amadeus Wolter and Ronald E. Grim (New York: McGraw-Hill, 1997), pp.51~70을 Koeman et al., eds. 앞의 글, p.1319에서 재인용.

8 Koeman et al., eds. 앞의 글, p.1318.

9 앞의 글, p.1319.

10 Andrew Delahunty, *From Bonbon to Cha-cha: Oxford Dictionary of Foreign Words and Phrases* (Oxford: Oxford University Press: 2008), p.21.

11 Koeman et al., eds. 앞의 글, p.1323.

12 손일, 앞의 책, pp.154~155 참고.

13 앞의 책, 157~158.

14 메르카토르는 신교 박해를 피하기 위해 루뱅보다 좀 더 관용적인 사회였던 신성로마제국의 뒤스부르크로 거처를 옮겼다. 그리고 남은 30년의 생을 이곳에서 보냈다. 메르카토르는 뒤스부르크에서 발터 김을 만났는데, 그는 메르카토르의 친밀한 친구로서 그의 전기를 쓴 전기 작가이다. 발터 김이 남긴 메르카토르의 전기는 메르카토르의 학문적, 사적 뒷이야기를 살펴볼 수 있는 좋은 사료이다.

15 손일, 앞의 책, p.383 참고; 마크 몬모니어, 『지도 전쟁: 메르카토르 도법의 사회사』, 손일 옮김, (책과함께, 2006), p.59 참고.

16 손일, 앞의 책, p.109.

17 앞의 책, p.108~109.

18 앞의 책, p.110.

19 Koeman et al., eds. 앞의 글, p.1319.

20 헤마 프리시위스의 지구의는 11플로린에 판매된 반면에 메르카토르의 지구의는 24플로린에 판매되었다. 손일, 앞의 책, p.145.

21 티코 브라헤의 행성 관찰은 이전까지 행해진 모든 관찰을 능가하며 천문학적 관찰의 기술을 매우 높은 수준으로 끌어올렸다. Hermand Richter, "Willem Jansz. Blaeu with Tycho Brahe on Hven, and His Map of the Island: Some New Facts," *Imago Mundi* 3:1 (July 2008) p.55.

22 앞의 글, p.53.

23 앞의 글, p.55.

24 빌럼의 출판사는 17세기 네덜란드의 출판업계에서 일인자의 자리를 놓치지 않았던 만큼 출판 목록 또한 매우 다양했다. 그중에는 해양인들에게 정확한 정보를 제공하기 위한 목적으로 출판된 수학, 천문학, 지리학 및 항해에 관한 책들이 다수를 이루었고, 이외에도 고전 서적, 서체 모음집, 엠블럼 모음집, 여행 잡지 등이 많은 수를 차지했다. 또한 다니엘 헤인시우스Daniel Heinsius, 휘호 흐로티우스Hugo Grotius, 요스트 판덴 폰델Joost van den Vondel 같은 저명한 네덜란드 학자 및 작가들의 저작도 많이 출판했다. Hoftijzer, "Metropolis of Print: the Amsterdam Book Trade in the Seventeenth Century," p.256.

25 Herman de la Fontaine Verwey, "Willem Jansz. Blaeu, 'Mercator Sapiens'," In His Uit de Wereld van Het Boek, vol. 3, *In En Om De 'Vergulde Sonnewyser'* (Amsterdam, 1979), pp.9~34를 앞의 글, p.258에서 재인용.

26 Lawrence C. Wroth, *The Colonial Printer* (New York: Dover Publication, 1994), p.70.

27 Jerry Brotton, *A History Of The World In 12 Maps*, p.280.

28 앞의 책, p.280.

29 Richard L. Kagan and Benjamin Schmidt, "Maps and the Early Modern State: Official Cartography," *The History of Cartography vol. 3: Cartography in the European Renaissance*, ed. David Woodward (Chicago: Chicago University Press, 2007), p.668.

30 Brotton, 앞의 책, p.282.

31 1662년 〈아틀라스 마이오르〉가 출간된 이후에는 작업자들이 80명 이상까지

늘어났다. Cornelis Koeman, *Joan Blaeu and His Grand Atlas* (Amsterdam:
Theatrum Orbis Terrarum, 1970), pp.43~46 참고.

32 Herman de la Fontaine Verwey, *Vergulde Sonnewyser* (Amsterdam: N. Israel,
1979), p.170을 Koeman et al., eds. 앞의 글, p.1314에서 재인용.

33 Blaeu, *Atlas Maior of 1665*, p.36.

34 앞의 책, p.36.

35 앞의 책, p.36.

36 앞의 책, p.36.

37 앞의 책, p.36.

38 앞의 책, p.36.

4장 블라외 가문 vs 혼디우스 가문, 지도책 명문가의 라이벌 열전

1 Koeman et al., eds. 앞의 글, p.1315.

2 Brotton, *A History Of The World In 12 Maps*, p.275.

3 Koeman, 앞의 글, p.1325.

4 앞의 글, p.1325.

5 앞의 글, p.1322 참고.

6 앞의 글, p.1325.

7 앞의 글, p.1322.

8 블라외 가문과 혼디우스 가문은 평소 아무렇지도 않게 상대방이 제작한 지도를
베껴 자신의 지도책에 실었다. 이 같은 이유로 두 가문의 앙숙 관계는 날로 더 심
화되었다. 『아틀란티스 어펜딕스』에 실린 요도쿠스의 동판 37개에는 혼디우스
가문의 이름이 지워지고 블라외 가문의 이름이 각인되었다. Brotton, 앞의 책,
p.276 참고.

9 앞의 책, p.276.

10 M. M. Kleerkooper and Wilhelmus Petrus van Stockum, *De boekhandel te
Amsterdam voornamelijk in de 17e eeuw* (The Hague: Nijhoff, 1914~1916),
pp.1490~1491을 Koeman et al., eds. 앞의 글, p.1328에서 재인용.

11 Johannes Keuning, "Blaeu's Atlas," *Imago Mundi*, 14 (1959), p.77을 Brotton,

앞의 책, p.277에서 재인용.

12 Brotton, 앞의 책, p.277.

13 앞의 책, p.278.

14 앞의 책, p.283.

15 Koeman et al., eds. 앞의 글, p.1329.

16 이 지도책은 메르카토르가 염두에 둔 개념에 접근한 당대의 유일한 책이었다. 앞의 글, p.1329.

17 앞의 글, p.1324.

18 *Blaeu, Atlas Maior of 1665*, p.34.

19 Herman de la Fontaine Verwey, "Het werk van de Blaeus," *Maandblad Amstelodamum*, 39 (1952), p.103을 Brotton, 앞의 책, p.264에서 재인용.

20 윌리엄 폴라와의 이메일 인터뷰, 2019년 6월 25일.

21 Kapa Castro et al., eds. "Noninvasive and Nondestructive NMR, Raman and XRF Analysis of a Blaeu Coloured Map from the Seventeenth Century," *Analytical and Bioanalytical Chemistry* 391:1 (June 2008), p.434 참고.

22 오르텔리우스의 세계지도를 보면 북아메리카 대륙에서 캘리포니아 지역이 내륙으로 표현되어 있는 것을 확인할 수 있다. 그런데 〈아틀라스 마이오르〉의 세계지도에서는 캘리포니아가 섬으로 그려져 있어 이 역시 블라외 가문이 지리적 오류를 범한 사례로 볼 수 있을 것이다. 하지만 이는 〈아틀라스 마이오르〉뿐만 아니라 혼디우스 가문과 프레데릭 데 비트의 세계지도에서도 마찬가지다. 영국의 윌리엄 킵William Kip이라는 인물은 1610년에 세계지도를 제작했는데, 이 세계지도를 보고 세계지도 컬렉터 협회의 초대 회장을 역임한 로드니 월터 셜리Rodney Walter Shirley는 "이 지도는 이후에 나올 지도에서 캘리포니아를 섬처럼 보여주는 것을 기대할 수 있는 지도"라고 언급했다. 이처럼 1610년 이후의 세계지도에서는 윌리엄 킵의 영향을 받아 캘리포니아를 섬으로 표기한 것으로 여겨진다. Koeman et al., eds. 앞의 글, p.1367~1368 참고.

23 김소희, 「17세기 네덜란드 인형의 집 연구」, 『한국미술사교육학회』 37 (2019): p.101.

24 Klare Scarborough & Susan Dixon, *Art and Social Change* (Morrisville: Lulu Press, 2015), p.52.

25 이들은 자신들만의 정체성을 확고히 구축할 필요를 인지했으며 기존의 왕족과 귀족의 생활방식을 바탕으로 그들만의 문화와 유행을 만들어갔다. 김소희, 앞의 글, p.103.

26 요안은 동인도 무역선에 승선한 경비 대원부터 회사 이사에 이르기까지 동인도 회사의 모든 직원들과 알고 지냈다. Brotton, 앞의 책, p.280; 암스테르담 인구의 4분의 1 이상이 이 회사에 근무했으므로 신흥 지배계급뿐 아니라 중간계급의 인 물들 사이에서도 동인도회사의 공식 지도 제작자가 요안 블라외라는 것은 익히 알려진 사실이었을 것이다.

27 앞의 책, p.291.

28 마순자, 「17세기 네덜란드 화가의 사회적 신분」, 『한국미술사교육학회』 14 (2000): p.137.

29 블라외 가문과 혼디우스 가문의 치열한 경쟁으로 지구본, 지도, 지도책의 수준 이 비할 데 없이 높은 수준으로 격상되었다. Koeman et al., eds. 앞의 글, p.1314.

3부

1 교회 안을 장식한 작품들은 대다수가 처참히 파괴되었지만, 물론 살아남은 작품 들도 있었다. 이 작품들은 시민들이 사용하는 공적인 건물, 특히 마을회관에 전 시되었다. Reinier Boitet ed., *Beschryving Van Delft* (Delft, 1729), pp. 74~77을 Israel, *The Dutch Republic*, p. 548에서 재인용.

2 Michael North, *Art and Commerce in the Dutch Golden Age* Trans. Cathenne Hill (New Haven and London: Yale University Press, 1997), p. 79.

3 Peter Burke, *Culture and Society in Renaissance Italy 1420~1540* (London, 1972), Rev. ed: *The Italian Renaissance* (Cambridge, 1987), p. 255, 303~310 을 마순자, 앞의 글, p.119에서 재인용.

4 아르놀트 하우저, 『문학과 예술의 사회사 2』, 백낙청, 반성완 옮김, (창비, 2016), p. 356; 당시 중·하류 계급이 회화 작품을 살 수 있었던 이유는 홀란트의 미술 시 장에서 그림 가격이 매우 낮았기 때문이다. 물론 상당히 높은 값을 호가하는 작 품들도 많았지만, 대다수는 저렴한 가격에 판매되었다. 예컨대 당시 황소가 한 마리에 90길더 정도였는데, 훌륭한 한 폭의 초상화는 60길더였다. 17세기 네덜

란드의 풍속화가 얀 스테인은 세 폭의 초상화를 그려주고 27길더밖에 받지 못했다. 렘브란트 또한 〈야간순찰〉로 1,600길더를 받았을 뿐이다. 아르놀드 하우저, 앞의 책, p.362.

5   Jean Nicolas de Parival, *Les delices de la Hollande* (Amsterdam, 1651), p.25 를 Marëit Westermann, *Art & Home: Dutch Interiors in the Age of Rembrandt* (Zwolle: Waanders Publishers, 2001), p.31에서 재인용.

6   17세기 네덜란드에서 일어난 미술품 투기에 관한 자세한 내용은 아르놀트 하우저, 앞의 책, pp.356~362 참고.

7   Götz Eckardt, *Selbstbildnisse niederländischer Maler des 17. Jahrhunderts* (Berlin: Henschelverlag, 1971), pp.8~9를 마순자, 앞의 글, p.117에서 재인용.

8   미술이 번성한 암스테르담의 경우 "전체 인구가 15만 명이었던 17세기 중엽에 3백 명의 화가가 있었던 데 반해 생선 장수는 단지 70명이 있었다"고 한다. Götz Eckardt, *Selbstbildnisse niederländischer Maler des 17. Jahrhunderts*, pp.8~9를 마순자, 앞의 글, p.119에서 재인용.

5장 〈아틀라스 마이오르〉에 사용된 빨간색, 파란색, 노란색의 비밀

1   Christopher Land, "The Color of Old Maps", *Mercator's World 1*, no. 6 (1996), p.57을 David Woodward, "Techniques of Map Engraving, Printing, and Coloring in the European Renaissance," *History of Cartography vol. 3: Cartography in the European Renaissance*, ed. David Woodward (Chicago: Chicago University Press), p.604에서 재인용.

2   Groot, *The World of a Seventeenth-Century Collector*, p.329.

3   당대의 네덜란드에서는 현실 그대로의 사물이나 인물을 그림 속으로 옮겨놓은 것처럼 착각하게 만드는 화풍이 감상자들을 압도하고 매료시킬 수 있었다. 양정윤, 『내밀한 미술사: 17세기 네덜란드 미술 읽기』, (한울엠플러스, 2017), p.117.

4   앞의 책, p.113.

5   니콜라스 튈프 박사는 1641년 출간한 저서 『의학론Observations Medicae』에서 차 나무는 무엇과도 비교할 수 없는 최고의 나무라고 언급하며, 장수와 질병을 치료하는 음료로 차를 권장했다. 또 기운을 충전할 수 있는 에너지 음료로도 소개했다.

코르넬리우스 덱커 박사 역시 『차론Tractaat van het excellenste kruyd Thee』에서 여러 환자들이 체험한 차의 효능을 증명하면서 건강을 위해 남녀를 불문하고 매시간마다 차를 마실 것을 권유했다. 심지어는 하루에 2백 잔의 차를 음용할 것을 제안하기도 했다. 17세기 네덜란드인들의 차 문화에 관한 더 자세한 사항은 정은희, 「17세기 네덜란드 회화에 재현된 차문화」, 『국제차산업학』 41.1 (2018) 참고.

6 Jess Berry, *Fashion Capital: Style Economies, Sites and Cultures* (Leiden: Brill, 2020), p.189.

7 독일의 경제학자이자 사회학자인 베르너 좀바르트Werner Sombart가 16세기부터 18세기까지 사치를 근간으로 한 유럽의 자본주의 이론에서 언급한 용어이다. 그는 사치가 공적이었던 중세 시기와는 달리 17세기 이후로는 사적인 것이 되었는데, 사치는 점점 더 집 안으로 그리고 가정적인 것으로 옮겨졌다고 역설한다. 베르너 좀바르트, 『사치와 자본주의』, 이상률 옮김 (문예출판사, 2017), p.168.

8 Jean Nicolas de Parival, *Les delices de la Hollande* (Amsterdam, 1651), p.25를 Marëit Westermann, *Art & Home: Dutch Interiors in the Age of Rembrandt* (Zwolle: Waanders Publishers, 2001), p.31에서 재인용.

9 Sir William Temple, *Observations upon the United Provinces of the Netherlands*, Sir George Clark ed. (Oxford: Oxford University Press, 1972), pp.86~87을 Jan De Vries, "Luxury and Calvinism / Luxury and Capitalism: Supply and Demand for Luxury Goods in the Seventeenth-Century Dutch Republic," *The Journal of the Walters Art Museum* 1:57 (1999): p.79에서 재인용.

10 17세기 네덜란드인들의 사치 소비에 관한 자세한 내용은 De Vries, 앞의 글 참고.

11 17세기 중반기부터 프랑스는 패션뿐 아니라 가구, 장식, 문학, 예술적 취향, 사회적 매너 모두에서 '프랑스 스타일'이라는 이름으로 전 유럽을 지배했다. Joan Nunn, *Fashion in Costume 1200~2000* (Chicago: New Amsterdam Books, 2000), p.52 참고.

12 배수정, 「요하네스 베르메르의 작품을 통해 본 17세기 네덜란드 여성 시민복과 시민문화」, 『한국패션비즈니스학회』 17:4 (2013): pp.34~35.

13 양정윤, 앞의 책, p.51.

14 17세기 네덜란드 미술을 이해하는 데 가장 중요한 『화가의 서』에 관한 자세한 내용은 Walter S. Melion, *Shaping the Netherlandish Canon: Karel Van Mander's*

Schilder‐Boeck (Chicago: Chicago University Press, 1991) 참고.

15 Sheila D. Muller, *Dutch Art: an Encyclopedia* (New York: Garland Publishing, 1997), p.5 참고.

16 Arthur K. Wheelock Jr, "Colour Symbolism in Seventeenth‐Century Dutch Painting," *The Learned Eye: Regarding Art, Theory, and the Artist's Reputation: Essays for Ernst Van De Wetering*, ed. Marieke van den Doel (Amsterdam: Amsterdam University Press, 2005), p.99~100 참고.

17 Geroge Norman Clark, *The Seventeenth Century* (Oxford: Clarendon Press, 1957), p.347.

18 Harold John Cook and Sven Düpre, *Translating Knowledge in the Early Modern Low Countries* (Münster: LIT Verlag Münster, 2012), p.198.

19 Wheelock Jr, "Colour Symbolism in Seventeenth‐Century Dutch Painting," p.108.

20 네덜란드는 교통 문제로 인해 스페인, 포르투갈, 카리브 해 및 스페인과의 교역에 차질을 입었다. 그 결과 지중해 등지에서 얻을 수 있었던 인디고, 코치닐, 브라질우드와 같은 염료가 부족해져 값이 많이 비싸졌는데, 레반트나 이탈리아 등지에서 얻었던 희귀한 안료 역시 마찬가지였다. 그중에서도 빨간색, 파란색, 노란색 안료는 가장 큰 타격을 입었다. Israel, *The Dutch Republic*, p.559 참고.

21 흰색 표면에 그려진 푸른 문양은 황홀감을 줄 정도로 당대 네덜란드인들을 매혹시키기에 충분했다. 방병선,「네덜란드 공화국 유입 중국 도자가 델프트 도기에 미친 영향」,『한국불교미술사학회』, 48 (2017): p.319.

22 판만더가 다양한 색상에 부여한 의미에 관한 자세한 내용은 Kelley Hanson Brighton, "Coloring the Narrative Color Symbolism in Seventeenth Century Dutch Painting," (Master Dissertation, University of Maryland, 2008) 참고; 판만더는 녹색에 관해서도 근사한 상징성을 많이 투영했다. 그러나 당시 여성들 사이에서 유일하게 녹색 계통의 의복은 인기를 얻지 못했다. 미셸 파스투로,『파랑의 역사』, 고봉만·김연실 옮김 (민음사, 2017), p.180.

23 Wheelock Jr, "Colour Symbolism in Seventeenth‐Century Dutch Painting," p.108.

24 Melion, 앞의 책, p.18 Preface.

25　Wheelock Jr., "Colour Symbolism in Seventeenth-Century Dutch Painting", p.108 참고.

26　앞의 글, p.108.

27　앞의 글, p.107.

28　Chapurukha Makokha Kusimba et al., *Unwrapping the Textile Traditions of Madagascar* (California: UCLA Fowler Museum of Culture History, 2004), p.19.

29　앞의 책, p.19.

30　Brighton, 앞의 글, p.96.

31　앞의 글, p.100.

32　앞의 글, pp.97~100 참고.

33　앞의 글, p.93.

34　앞의 글, pp.93~94.

35　앞의 글, pp.105~107 참고.

36　앞의 글, p.95.

37　앞의 글, p.95, p.107.

38　Groot, *The World of a Seventeenth-Century Collector*, p.205.

39　체사레 리파, 『이코놀로지아』, 김은영 옮김 (루비박스, 2007), p.226.

40　앞의 책, p.346, p.418.

41　앞의 책, p.150.

42　앞의 책, p.232.

43　앞의 책, p.228.

44　앞의 책, p.230.

45　앞의 책, p.226.

46　『이코놀로지아』에서 아시아 대륙은 마호메트가 가르친 종교에 집착하는 사납고 야만적인 사람들이 사는 곳으로 묘사되고, 아프리카 대륙은 미신을 믿고 마호메트를 가장 숭배하며 헐벗고 황폐한 지역으로, 그리고 아메리카 대륙은 맹목적인 미신이 만들어낸 신들이 많은 지역으로 묘사된다. 앞의 책, pp.228~233 참고.

47　앞의 책, p.150.

48　문장은 발전 과정에서 다양한 상징과 이미지를 결합한 형상에 따라 신분, 권위,

통제 및 장식에 이르기까지 유럽 사회 문화 전반을 읽어낼 수 있는 문화 융합체가 되었다. 김연순, 「중세 유럽 문장의 도형 형상 연구」, 『성균관대학교 인문학연구원 인문과학 70권』, (2018년 8월): p.75.

49 하마모토 다카시, 『문장으로 보는 유럽사』, 박재현 옮김, (달과소, 2004), pp.58~59 참고.

50 마르코 판에흐몬트와의 이메일 인터뷰, 2021년 3월 11일.

51 스페인 합스부르크 제국은 카를로스 1세와 펠리페 2세 시기를 전성기로, 펠리페 3세, 펠리페 4세와 카를로스 2세 시기를 쇠퇴기로 본다. 이 왕가는 유럽의 가톨릭 수호를 위해 반종교개혁에 앞장서며 영국, 네덜란드 등의 신교 국가들과 전쟁을 치르며 국력이 쇠퇴하기 시작했다. 결국 카를로스 2세가 후세를 남기지 못하면서 스페인 합스부르크 왕가는 막을 내린다.

52 궁전 외벽과 지붕이 선명한 빨간색이 아니라 채도가 낮은 색으로 표현된 것은 마차를 타고 궁전 앞을 행차하는 왕족들을 더 부각시키기 위한 것으로 추측된다.

53 Brighton, "Coloring the Narrative Color Symbolism in Seventeenth Century Dutch Painting," p.93.

54 앞의 글, p.97, pp.105~106.

6장 가성비와 고퀄리티 사이에서: 안료와 종이의 선택

1 피터르 판데르 크로흐트, 마르코 판에흐몬트, 윌리엄 폴라와의 이메일 인터뷰. 각각 2020년 3월 26일, 2021년 3월 12일, 2021년 3월 19일.

2 David Woodward, *Art and Cartography* (Chicago: University of Chicago Press, 1987), p.90.

3 Susan Dackerman, *Painted Prints: The Revolution of Color in Northern Renaissance & Baroque Engravings, Etchings and Woodcuts* (Pennsylvania: The Pennsylvania State University Press, 2002), p.75.

4 채색되어 있는 예술책은 가장 첫 번째 카테고리를 차지했는데, 그 수는 놀랄 만큼 방대했다. Groot, *The World of a Seventeenth-Century Collector*, p.89.

5 Jonathan Israel, "Adjusting to hard times: Dutch art during its period of crisis and restructing, c. 1621-c. 1645," *Art History* 20:3 (December 2003), p.465를 Mira S. de Roo, "The Trade in Blue During the 17th Century: An examination of the Western European pigment trade in Azurite, Indigo, Lapis Lazuli and Smalt during the 17th Century through works in the Collection of the National Gallery, London," *Christie's Education London Master's Programme* (September 2004) p.19에서 재인용.

6 〈아틀라스 마이오르〉는 종이로 제작되었으므로 이 안료들은 수채로 사용되었다. 수채화는 선사 시대부터 존재했는데, 기원전 3000년경 이집트에서는 무덤 속의 벽이나 미라에 두른 천, 나무에 수채 물감을 이용해 그림이나 문자를 표현했다. 중세에는 양피지, 비단, 상아에 수채화가 그려졌고, 15세기 중엽부터는 판화와 서적 출판용 동판 인쇄물에 수채화가 이용되었다.

7 Jo Kirby, "The Painter's Trade in the Seventeenth Century: Theory and Practice in Painting in Antwerp and London: Rubens and Van Dyck," *National Gallery Company Limited*, 20:3 (March 1999): p.30 참고.

8 17세기에 아주라이트는 수채화의 안료로서 울트라마린의 대용으로 사용하기에 가장 적합하고 훌륭한 파란색 안료로 사용되었다. R. D. Harley, *Artists' Pigments c. 1600~1835: A Study in English Documentary Sources* 2nd. ed. (London: Butterworth, 1982), p.48.

9 중세 시대부터 20세기까지의 많은 미술품에서 보이는 다양한 주제와 기법, 그리고 안료를 분석한 학술적 자료를 제공하고 있는 colourlex.com에 제시되어 있는 연구 결과를 보면, 17세기 네덜란드 화가들이 사용한 빨간색, 파란색, 노란색의 안료는 대부분 버밀리언, 아주라이트, 레드틴 옐로임을 확인할 수 있다. 이에 관한 자세한 사항은 https://colourlex.com 참고.

10 버밀리언, 아주라이트, 레드틴 옐로가 사용된 것으로 판별된 1640년의 지도는 『아틀라스 누보Atlas Novus』에 삽입된 이탈리아의 베네치아 지도이다. 판별된 안료들에 관한 자세한 연구 결과는 Kapa Castro et al., eds. "Noninvasive and Nondestructive NMR, Raman and XRF Analysis of a Blaeu Coloured Map from the Sseventeenth Century," *Analytical and Bioanalytical Chemistry* 391 (March 2008) 참고.

11 Stephanie Elizabeth Stillo, "Putting the World in its 'Proper Colour': Exploring Hand-Coloring in Early Modern Maps," *Journal of Maps &*

Geography Libraries 12:158~186 (August 2016): p.173.

12 앞의 글, p.174.

13 Carel van Mander, *Karel Van Mander, the Lives of the Illustrious Netherlandish and German Painters, from the First Edition of the Schilder-boeck* (1603~1604): Lives (Gelderland: Davaco, 1998), p.218.

14 Krekel, C. & Burmester, A., *Das Münchner Taxenprojekt*, (2001), p.32를 Mira S. de Roo, *The Trade in Blue during the 17th Century*, p.27에서 재인용.

15 R. D. Harley, *Artists' Pigments c. 1600~1835*, p.127.

16 Filip Vermeylen, "The colour of money: dealing in pigments in sixteenth-century Antwerp," *Trade in Artists' Materials: markets and commerce in Europe to 1700*, Jo Kirby et al., eds. (London: Archetype Publications, 2010), p.361.

17 Gerald W. R. Ward ed., *The Grove Encyclopedia of Materials and Techniques in Art* (Oxford: Oxford University Press, 2008), p.508.

18 예술 시장의 규모가 커지면서 16세기부터 안트베르펜에서는 북유럽 예술가들에게 안료를 전문적으로 공급하는 전문 딜러가 생겨났다. 당시의 예술가들은 이 딜러들을 통해 안료를 구입했다. Kirby, 앞의 글, p.358.

19 Magdalena Bushart and Friedrich Steinle, *Colour Histories: Science, Art, and Technology in the 17th and 18th Centuries* (Berlin: De Gruyter, 2015), p.183.

20 Harley, *Artists' Pigments c. 1600~1835*, p.45.

21 렘브란트는 울트라마린을 사용하기 어려워서 파란색을 표현할 때 아주라이트를 사용했다. Barbara H. Berrie, *Mining for Color: New Blues, Yellows, and Translucent Paint in Early Modern Color Worlds* (Leiden: Brill, 2016), p.321 참고; 렘브란트는 보통 인디고나 스몰트를 사용했는데, 이는 안료의 가격 때문이었다.

22 Roy Ashok and Smith Perry, *Painting Techniques: History, Materials and Studio Practice* (London: International Institute for Conservation of Historic & Artistic Works, 1998), p.83.

23 윌리엄 폴라와의 이메일 인터뷰, 2018년 6월 29일.

24 Groot, *The World of a Seventeenth-Century Collector*, p.289.

25 Jordi Vigue, *Great Masters of American Art* (New York: Watson-Guptill Publications, 2004), p.18.

26 레드틴 옐로 외에도 네이플스 옐로naples yellow, 웰드 옐로weld yellow가 대체 안료로 이용되기도 했다. Amos Nussinovitch, *Plant Gum Exudates of the World: Sources, Distribution, Properties, and Applications* (Boca Raton: CRC Press, 2009), p.351; 하지만 일반적으로 금의 대체 안료로 추천되는 노란색은 레드lead 기반의 옐로였다.

27 Arthur K. Wheelock Jr, *Vermeer and the Art of Painting* (New York and New Haven: Yale University Press, 1995), p.122.

28 Antony Griffiths, *The Print before Photography: an Introduction to European Printmaking 1550~1820* (London: British Museum Press, 2016), p.31; 프랑스의 제지 산업에서 큰 수익성을 발견한 네덜란드의 많은 인쇄업자들은 프랑스의 제지 공장에 투자하거나 외국의 제지 업체와 프랑스의 제지 업체 사이에서 매입 대리인으로 활동했다.

29 앞의 책, p.31 참고.

30 Muller, *Dutch Art*, p.277.

31 앞의 책, p.277.

32 James Daybell, *The Material Letter in Early Modern England: Manuscript Letters and the Culture and Practices of Letter–Writing, 1512~1635* (London: Palgrave MacMillan, 2012), p.34 참고.

33 Ferdinando Salamon, *The History of Prints and Printmaking from Durer to Picasso* (New York: American Heritage Press: 1972), p.41.

34 앞의 책, p.41.

35 Ozaki Akihiro, "Rembrandt and Japanese Washi Paper: Toward an Aesthetic of Black," *Images, Philosophy, Communication: Aesthetics and Thought in Japan and the World*, Christopher Craig et al., eds. (Milan: Mimesisi, 2021), p.80.

36 Salamon, 앞의 책, p.41.

37 Charles M. Rosenberg, *Rembrandt's Religious Prints: The Feddersen Collection at the Snite Museum of Art* (Indiana: Indiana University Press, 2017), p.350.

38 렘브란트는 흰색 종이로 프랑스산을 주로 사용했지만, 인도에서 제조한 오프 화이트off-white 컬러의 종이도 사용했다. Ward, *The Grove Encyclopedia of*

Materials and Techniques in Art, p.457.

39 Anne-Marie Logan and Michiel C. Plomp, *Peter Paul Rubens: The Drawings* (New Haven and London: Yale University Press, 2005), p.10.

40 Gerald Egan and Eric Nebeker, "Other Common Papers: Papermaking and Ballad Sheet Sizes," English Broadside Ballad Archive, 2007. https://ebba. english.ucsb.edu/page/papermaking.

41 Jonathan I. Israel, *Dutch Primacy in World Trade: 1585~1740* (Oxford: Clarendon press, 1989), p.350.

42 Griffiths, *The Print before Photography*, p.65.

43 17세기 네덜란드에서는 종이를 다섯 등급으로 분류했다. 이 중 〈아틀라스 마이오르〉와 비슷한 크기는 일상적으로 사용되는 종이 중 가장 큰 크기인 72×55cm의 '임페리얼Imperial'로 볼 수 있다. 따라서 〈아틀라스 마이오르〉에 사용된 종이는 당시 네덜란드에서 임페리얼로 불렸을 것으로 추측된다. 당시 네덜란드 종이의 등급과 사이즈에 관한 더 자세한 사항은 앞의 책, p.31 참고.

7 도상의 의미를 찾아서: 알레고리와 문장에 숨은 뜻

1 Brotton, *A History Of The World In Twelve Maps*, p.287.

2 앞의 책, pp.267~268 참고.

3 앞의 책, p.289.

4 Blaeu, *Atlas Maior of 1665*, p.12.

5 앞의 책, p.12.

6 Muller, *Dutch Art*, p.5.

7 앞의 책, p.6.

8 리파, 『이코놀로지아』, p.128.

9 앞의 책, p. 90.

10 앞의 책, p.78.

11 앞의 책, p.234.

12 Hope B. Werness, *Continuum Encyclopedia of Animal Symbolism in World Art* (New York: Continuum International Publishing Group, 2007), p.94;

James Hall, *Dictionary of Subjects and Symbols in Art* (Boulder: Westview Press, 2008), p.231.

13 손수연, 「네덜란드 장르화에서 고전의 탐색」, 『서양미술사학회논문집』50 (2019): p.162 참고.

14 Albert Blankert, *Dutch Classicism In Seventeenth Century Painting* (Rotterdam: NAi Publishers, 1999), p.15.

15 김경희, 정희숙, 『서양교육사』, (집문당, 2002), pp.201~207 참고.

16 Malcolm Walsby and Natasha Constantinidou, *Documenting the Early Modern Book World: Inventories and Catalogues in Manuscript and Print* (Leiden: Brill, 2013), p.148; 판데르헴의 서적 컬렉션에는 라틴어로 제작된 책이 가장 많은 부분을 차지했다. Groot, *The World of a Seventeenth-Century Collector*, pp.66~67.

17 도서와 예술품 수집가들이 고전 양식에 관심을 보인 당시 상황에 대한 더 자세한 내용은 Groot, 앞의 책, pp.94~99 참고.

18 Martha Hollander, *An Entrance for the Eyes: Space and Meaning in Seventeenth-Century Dutch Art* (Berkeley: University of California Press, 2002), p.47.

19 Muller, *Dutch Art*, p.188 참고.

20 앞의 책, p.5.

21 "The Art Market in the Dutch Golden Age," The Cleveland Museum of Art, https://www.clevelandart.org/sites/default/files/documents/gallery-card/Dutch_Art.pdf

22 Jan de Vries and David Freedberg, *Art in History History in Art: Studies in Seventeenth-Century Dutch Culture* (Chicago: University of Chicago Press, 1991), p.319.

23 오픈 챔버 시스템에 관한 더 자세한 내용은 John Michael Montias, *Art at Auction in 17th Century Amsterdam* (Amsterdam: Amsterdam University Press, 2002), pp.15~26 참고; *Art at Auction in 17th Century Amsterdam*의 87페이지에 나와 있는 이 표는 16세기 초반부와 16세기 중반부로 분류되어 그림의 수와 퍼센티지를 제공한다. 초반부에 신화-알레고리의 작품이 104개인 것에 반해 중반부에서는 198개로 개수가 상승하는 모습을 보인다. 이 결과를 통해 17세기

중엽에 고전에 대한 관심이 더욱 높아진 것을 알 수 있다.

24 Loyd Grossman, "Heraldic Design on New England Gravestones," *Society for the Preservation of New England Antiquities* 64:234 (1973): p.55.

25 William Camden, *Remaines Concerning Britaine: Their Languages, Names, Surnames, Allusions, Anagrammes, Armories, Monies, Empreses, Apparell, Artiilarie, Arillarie, Wise Speeches, Proverbs, Poesies, Epitaphes,* fifth edition (London, 1674), p.341을 Elaine Jennifer Grummitt, "Heraldic Imagery in Seventeenth-Century English Poetry," (Ph.D. dissertation, University of Durham, 2000), p.3에서 재인용.

26 Grummitt, 앞의 글, pp.6, 17 참고.

27 앞의 글, p.8.

28 Frank Smith Fussner, *The Historical Revolution: English Historical Writing and Thought 1580~1640* (London: Routledge, 2011), p.31.

29 Arthur K. Wheelock Jr, "Dutch Paintings of the Seventeenth Century," *National Gallery of Art Online Edition* (April, 2014): p.1258 참고.

30 Groot, *The World of a Seventeenth-Century Collector*, p.62.

31 영국의 문장학자 아서 찰스 폭스 데이비스Arthur Charles Fox-Davies의 저서 『문장학에 관한 완전한 안내서A Complete Guide To Heraldry』는 문장관에 대한 내용은 물론이거니와 영국 문장학에 관한 다양한 정보를 세세히 담고 있다. 문장학이 가장 발달했던 영국에 대한 더 자세한 내용은 Arthur Charles Fox-Davies, *A Complete Guide To Heraldry*; Arthur Charles Fox-Davies, *A Complete Guide To Heraldry* (New York: Skyhorse, 2007) 참고.

32 대다수의 〈아틀라스 마이오르〉 수집가들은 이 지도책의 장정을 금박 장식으로 화려하게 제작했는데, 때때로 이 장정에는 그들 가문의 문장이 새겨졌다. Groot, *The World of a Seventeenth-Century Collector*, p.284.

33 옥스퍼드셔 주 지도 왼쪽의 오리엘 칼리지 다음에는 뉴 칼리지(1375년 설립), 올 소울스 칼리지(1437년 설립), 브레이지노스 칼리지(1513년 설립), 크라이스트 처치 칼리지(1546년 설립), 세인트존스 칼리지의 순으로 나열되어 있다. 한편 오른쪽은 상단에서부터 베일리얼 칼리지(1264년 설립), 엑서터 칼리지(1316년 설립), 퀸스 칼리지(1340년 설립), 링컨 칼리지(1420년 설립), 모들린 칼리지

(1459년 설립), 코퍼스 크리스티 칼리지(1516년 설립), 트리니티 칼리지(1556년 설립), 지저스 칼리지(1571년 설립) 순으로 묘사되어 있다.

34 우드스톡의 토머스 공작 왼편에 있는 두 개의 문장은 글로스터 백작들의 문장이다. Blaeu, *Atlas Maior of 1665*, p.206. 안타깝게도 이 백작들과 그들의 문장에 대한 정보를 찾을 수 없어서 이 책에서는 토머스 공작부터 리처드 3세까지의 문장들만 언급한다.

35 하마모토 다카시, 『문장으로 보는 유럽사』, p.55.

36 영국의 작가이자 편집자이며 문장학회 회원으로 활약했던 줄리언 프랭클린의 저서 『문장학 백과사전』은 영국의 문장학에 관한 많은 정보를 담고 있다. 문장학 용어에 관한 더 자세한 사항은 Julian Franklyn and John Tanner, *An Encyclopaedic Dictionary of Heraldry* (London: Pergamon, 1970) 참고.

37 1640년에 스페인이 포르투갈의 지배권을 상실했음에도 불구하고 1668년까지 스페인 합스부르크 문장에 포르투갈의 문장이 나타나는 것을 확인할 수 있다.

38 하마모토 다카시, 『문장으로 보는 유럽사』, p.87.

39 Arthur Charles Fox-Davies, *A Complete Guide to Heraldry* (New York: Dodge Publishing, 1909), p.234 참고.

40 유럽에서 가장 역사가 깊고 가장 광범위한 영토를 차지한 왕가 중 하나가 바로 합스부르크 가문이었다. 합스부르크 왕가는 루돌프 1세 시기인 1273년에 시작되었다. 이후 스페인과 오스트리아에서 신성로마제국의 황제와 왕을 배출하며 유럽의 패권을 장악했다. 스페인의 합스부르크 왕가는 합스부르크 가문의 카를로스 1세(신성로마제국 카를 5세)가 스페인의 왕위에 오르며 시작되었는데, 이후 카를로스 1세가 퇴위한 뒤에 신성로마제국의 황제는 오스트리아의 동생 페르디난트에게 넘겨졌다. 이로써 합스부르크 왕가는 스페인의 합스부르크 왕가와 오스트리아의 합스부르크 왕가로 양분되었다.

41 Michel Pastoureau, *Heraldry: Its Origins and Meaning* (London: Thames and Hudson, 1997), p.98.

42 고봉만, 「프랑스 왕실 백합 문장의 역사와 의미 연구」, 『비교문화연구』57 (2019): pp.163~165 참고.

8장 명품 지도책을 탄생시킨 일등공신: 최고의 장정가와 채색가

1 Groot, *The World of a Seventeenth-Century Collector*, p.63.

2 Herman de la Fontaine Verwey, "The Binder Albert Magnus and the Collectors of his Age," *Quaerendo* 1:3 (January 1971): p.159.

3 앞의 글, p.177.

4 앞의 글, p.158.

5 앞의 글, p.161 참고.

6 Foot Mirjam, *The Decoration Bindings in Marsh's Library, Dublin* (New York: Routledge, 2017), p.82.

7 La Fontaine Verwey, "The Glory of the Blaeu Atlas and the 'Master Colourist'," p.197.

8 당시 남성들에게는 인쇄물에 채색하는 것이 고상한 상류사회의 고급 취미로 여겨졌다. 판데르헴도 인쇄물을 구입해 직접 채색하며 컬렉션을 채워나간 것으로 유명하다. 특히 여성들과 아이들에게는 지도를 채색하는 것이 아주 교육적이고 바른 취미라고 인식되었는데, 당시의 미술 교과서 중 하나인 『아카데미아 이탤리카Academia Italica(The Publick School of Drawing, or the Gentlemans Accomplishment)』 (London, 1666)에서는 여성들이 지도를 채색한다면 그들은 남성만큼 유능한 사람이 될 수 있다고 피력하며 이 취미를 권고했다. 요안은 이 같은 당시 상황을 고려해 채색과 장정이 되어 있지 않은 〈아틀라스 마이오르〉를 도서 시장에 판매하기도 했다. Stephanie Elizabeth Stillo, "Putting the World in its 'Proper Colour': Exploring Hand-Coloring in Early Modern Maps," p.166 참고.

9 La Fontaine Verwey, "The Binder Albert Magnus and the Collectors of his Age," p.164.

10 Filips von Zesen, *Beschreibung der Stadt Amsterdam* (Amsterdam, 1660), pp. 215~216을 La Fontaine Verwey, 앞의 글, p.164에서 재인용.

11 La Fontaine Verwey, "The Glory of the Blaeu Atlas and the 'Master Colourist'," pp.197~198.

12 Philippa Marks, *The British Library Guide to Bookbinding: History and Techniques* (Toronto: University of Toronto Press, 1998), p.23 참고.

13 오랜 전통에 따라 이 아름다운 장정들은 현재 '마흐뉘스 장정'이라 불린다. La

Fontaine Verwey, "The Binder Albert Magnus and the Collectors of his Age," p.158.

14 앞의 글, pp.163~164.

15 Groot, *The World of a Seventeenth-Century Collector*, p.286; 17세기에는 송아지 가죽을 이용한 제본이 보편적이었지만, 더욱 튼튼한 제본을 위해서는 모로코가 죽이 흔히 사용되었다. 뤼시앵 페브르·앙리 장 마르탱,『책의 탄생』, p.196.

16 Koeman et al., eds. "Commercial Cartography and Map Production in the Low Countries, 1500-ca. 1672," p.1341; 토스카나의 대공 또한 판데르헴의 도서관을 방문했다. 그는 1667년과 1669년 두 차례에 걸쳐 교육적인 목적으로 암스테르담을 방문했는데, 이곳의 문화를 경험하기보다 화가들의 작업실과 개인 도서관에서 작품이나 컬렉션을 살펴보는 데 더 많은 시간을 보냈다. Groot, *The World of a Seventeenth-Century Collector*, p.154.

17 1678년 판데르헴이 사망한 후, 그의 〈아틀라스 마이오르〉는 최종적으로 그의 손자가 물려받았다. 손자는 1730년 당시 오스트리아가 지배한 남부 네덜란드의 총독, 외젠 드 사부아 왕자에게 이 지도책을 판매했다. 이후『아틀라스 블라외-판데르헴』은『외제니우스-아틀라스Eugenius-Atlas』로 알려졌다. 외젠 왕자는 이를 빈으로 옮겨왔고, 현재는 오스트리아 국립도서관에서 소장하고 있다.『아틀라스 블라외-판데르헴』은 1992년 화재로 인해 거의 소실되었지만, 이후 디지털 방식으로 변형해 2003년 유네스코 세계문화유산에 등재되었다.

18 『결혼 성경』은 마흐뉘스가 금박 장정 기술의 달인이었음을 잘 보여준다. La Fontaine Verwey, "The Binder Albert Magnus and the Collectors of his Age," p.161.

19 Truusje Goedings, "'Master colourist' Dirk Jansz van Santen(1637/ 38~ 1708)" (Amsterdam / Paulus Swaen Geldrop 1992), http://www.hibcor. com/Dirk-Jansz-van-Santen.php

20 17세기에 거래된 안료의 가격에 대한 자세한 사항은 Andreas Burmester et al., "Pigmenta et Colores: The Artist's Palette in Pharmacy Price Lists from Liegnitz (Silesia)," *Trade in Artists' Materials: markets and commerce in Europe to 1700*, Jo Kirby et al., eds. (London: Archetype Publications, 2010), pp. 314~324 참고.

21 Goedings, "'Master colourist' Dirk Jansz van Santen(1637/38~1708)".

22 R. D. Harley, *Atists' Pigments c. 1600~1835: A Study in English Documentary Sources* 2nd ed (London: Butterworth, 1982), p.92 참고.

23 초기 르네상스 시대의 피렌체 회화에서 독자적인 위치를 차지하고 있는 프라 안젤리코의 작품들을 보면 금색의 찬란한 빛으로 작품이 더욱 돋보이는 듯하다. 17세기 중반에도 작품에 금색을 표현하는 것이 참 어려웠는데, 그보다 2백여 년 전에 프라 안젤리코가 금색을 눈부시게 표현했다니 신기하게 느껴진다. 사실 프라 안젤리코는 금색을 물감으로 칠해 표현한 것이 아니라 아주 얇은 금박을 그대로 여러 겹 입혀 표현했다. 그리고 당시 길드의 엄격한 규정에 따라 생산된 최고급의 금박을 사용했다. 이 같은 이유로 그의 작품 속 금색은 다른 어떠한 재료와도 섞이지 않아 금박 자체의 찬란한 빛을 지금도 느낄 수 있는 것이다. 프라 안젤리코가 사용한 금박에 관한 자세한 연구는 Douglas MacLennan, Laura Llewellyn, John K. Delaney, "Visualizing and measuring gold leaf in fourteenth-and fifteenth-century Italian gold ground paintings using scanning macro X-ray fluorescence spectroscopy: a new tool for advancing art historical research," *Heritage Science*, 25 (2019) 참고.

24 Goedings, "'Master colourist' Dirk Jansz van Santen(1637/38~1708)".

25 판산텐의 작품을 소장한 당대 네덜란드 수집가들에 관한 더 자세한 사항은 앞의 글 참고.

26 앞의 글.

27 Groot, *The World of a Seventeenth-Century Collector*, p.97.

28 C. Koeman, *Collections of Maps and Atlases in the Netherlands* (Leiden, 1961), p.48을 La Fontaine Verwey, "The Glory of the Blaeu Atlas and the 'Master Colourist'," p.221에서 재인용; La Fontaine Verwey, 앞의 글, pp.219~221 참고.

29 Goedings, "'Master colourist' Dirk Jansz van Santen(1637/38~1708)".

30 Koeman, *Collections of Maps and Atlases in the Netherlands*, pp.31~32; La Fontaine Verwey, "The Glory of the Blaeu Atlas and the 'Master Colourist'," pp.201~207 참고.

31 사이토 다카시, 『곁에 두고 읽는 니체』, 이정은 옮김, (홍익출판미디어그룹, 2008), p.52.

에필로그

1 존 레니에 쇼트, 『지도, 살아 있는 세상의 발견』, 김희상 옮김, (작가정신, 2009), p.289 참고.

2 앞의 책, pp.280~283 참고; 제리미 블랙, 『지도, 권력의 얼굴』, 박광식 옮김, (심산, 2006), pp.206~211 참고.

3 파리의 완벽한 모습을 보여주는 이 지도들은 20장으로 표현되었는데, 한 권의 책으로 묶여 지도책이 되었다. 이를 모두 펼쳐 모으면 3.6m×2.5m 크기의 대지도가 완성된다. Matthew H. Edney and Mary Sponberg Pedley, *The History of Cartography, vol. 4: Cartography in the European Enlightenment* (Chicago: Chicago University Press, 2020), p.291.

참고문헌

국문

김경희, 정희숙,『서양교육사』, 집문당, 2002.

김소희,「17세기 네덜란드 인형의 집 연구」,『한국미술사교육학회』, 37 (2019):
87~114.

김연순,「중세 유럽 문장의 도형 형상 연구」,『성균관대학교 인문학연구원 인문과학』,
70:0 (2018): 65~87.

고봉만,「프랑스 왕실 백합 문장의 역사와 의미 연구」,『비교문화연구』, 57 (2019):
149~176.

방병선,「네덜란드공화국 유입 중국도자가 델프트 도기에 미친 영향」,『한국불교미술
사학회』, 48 (2017): 311~335.

데이바 소벨,『경도 이야기: 인류 최초로 바다의 시공간을 밝혀낸 도전의 역사』, 김진
준 옮김, 웅진지식하우스, 2012.

데이바 소벨, 윌리엄 앤드류스,『경도』, 김진준 옮김, 생각의 나무, 2001.

로제 샤르티에, 굴리엘모 카발로 엮음,『읽는다는 것의 역사』, 이종삼 옮김, 한국출판
마케팅연구소, 2006.

러셀 쇼토,『세상에서 가장 자유로운 도시, 암스테르담』, 허형은 옮김, 책세상, 2016.

뤼시앵 페브르, 앙리 장 마르탱,『책의 탄생』, 강주헌, 배영란 옮김, 돌베개, 2014.

마순자,「17세기 네덜란드 화가의 사회적 신분」,『한국미술사교육학회』, 14 (2000):
115~138.

마크 몬모니어,『지도 전쟁: 메르카토르 도법의 사회사』, 손일 옮김, 책과함께, 2006.

미셸 파스투로,『파랑의 역사』, 고봉만 옮김, 민음사, 2017.

배수정,「요하네스 베르메르의 작품을 통해 본 17세기 네덜란드 여성 시민복과 시민문
화」,『한국패션비즈니스학회』, 17:4 (2013): 22~39.

베르너 좀바르트,『사치와 자본주의』, 이상률 옮김, 문예출판사, 2017.

사이토 다카시,『곁에 두고 읽는 니체』, 이정은 옮김, 홍익출판 미디어 그룹, 2008.

손수연, 「17세기 네덜란드 판화와 물질문화」, 『미술사 연구』, 28 (2014): 33~58.

손수연, 「네덜란드 장르화에서 고전의 탐색」, 『서양미술사학회논문집』 50 (2019): 149~173.

손일, 『네모에 담은 지구: 메르카토르 1569년 세계지도의 인문학』, 푸른길, 2014.

아르놀트 하우저, 『문학과 예술의 사회사 2』, 백낙청, 반성완 옮김, 창비, 2016.

양정윤, 『내밀한 미술사: 17세기 네덜란드 미술 읽기』, 한울엠플러스, 2017.

윤경철, 『지도학개론』, 진샘미디어, 2008.

에곤 프리델, 『근대문화사 2: 바로크와 로코코, 30년 전쟁에서 7년 전쟁까지』, 변상출 옮김, 한국문화사, 2015.

정은희, 「17세기 네덜란드 회화에 재현된 차문화」, 『국제차산업학』, 41.1 (2018): 93~124.

존 레니에 쇼트, 『지도, 살아있는 세상의 발견』, 김희상 옮김, 작가정신, 2009.

제리미 블랙, 『지도, 권력의 얼굴』, 박광식 옮김, 심산, 2006.

체사레 리파, 『이코놀로지아』, 김은영 옮김, 루비박스, 2007.

하마모토 다카시, 『문장으로 보는 유럽사』, 박재현 옮김, 달과소, 2004.

영문

Ackley, Clifford S et al., eds. "Printmaking: The Evolving Image: an Exhibition on the Occasion of the 100th Anniversary of the Founding of the Museum's Print Department." *Museum of Fine Arts, Boston, the Lois and Michael Toft Gallery* (April~July, 1987).

Alpers, Svetlana. *The Art of Describing Dutch Art in the Seventeenth Century.* Chicago: Chicago University Press, 1983.

Ashok, Roy and Perry, Smith. *Painting Techniques: History, Materials and Studio Practice.* London: International Institute for Conservation of Historic & Artistic Works, 1998.

Berry, Jess. *Fashion Capital: Style Economies, Sites and Cultures.* Leiden: Brill, 2020.

Berrie, Barbara H. *Mining for Color: New Blues, Yellows, and Translucent Paint in Early Modern Color Worlds.* Leiden: Brill, 2016.

Blaeu, Joan. *Atlas Maior of 1665.* Cologne: Taschen, 2016.

Blankert, Albert. *Dutch Classicism in Seventeenth-century Painting.* Rotterdam: NAi Publishers, 1999.

Brotton, Jerry. *A History Of The World In 12 Maps.* London: Penguin Books, 2014.

Broecke, M. P. R. van den et al., eds. *Abraham Ortelius and the First Atlas: Essays Commemorating the Quadricentennial of His Death, 1598~1998.* HES, 1998.

Bushart, Magdalena and Steinle, Friedrich eds. *Colour Histories: Science, Art, and Technology in the 17th and 18th Centuries.* Berlin: De Gruyter, 2015.

Castro, Kapa et al., eds. "Noninvasive and nondestructive NMR, Raman and XRF analysis of a Blaeu coloured map from the seventeenth century." *Analytical and Bioanalytical Chemistry* 391:1 (March 2008): 433~441.

Cavallo, Guglielma and Chartier, Roger. *A History of Reading in the West.* New Africa House: University of Massachusetts Press, 1999.

Chisholm, Hugh eds. *The Encyclopedia Britannica: A Dictionary of Arts, Sciences, Literature and General Information, Vol. 20.* Cambridge: Cambridge University Press, 1911.

Clair, Kassia St. *The Secret Lives of Colour.* London: John Murray Press, 2016.

Clark, Geroge Norman. *The Seventeenth Century.* Oxford: Clarendon Press, 1957.

Cook, Harold John and Düpre, Sven. *Translating Knowledge in the Early Modern Low Countries.* Münster: LIT Verlag Münster, 2012.

Cormack, Lesley B. "Maps as Educational Tools in the Renaissance." *The History of Cartography Vol. 3: Cartography in the European Renaissance.* ed. Woodward, David. Chicago: University of Chicago Press, 1987.

Crane, Nicholas. *Mercator: The Man who Mapped the Planet.* London: Orion Publishing Group, 2003.

Cruz, Laura. "The Geographic Extent Of The Dutch Book Trade In The 17th Century An Old Question Revisited." *Studies in Central European Histories* 48 (January 2009): 119~137.

Dackerman, Susan. *Painted Prints: The Revelation of Color in Northern Renaissance and Baroque Engravings, Etchings, and Woodcuts.* Pennsylvania: Pennsylvania

State University Press, 2002.

Daybell, James. *The Material Letter in Early Modern England: Manuscript Letters and the Culture and Practices of Letter-Writing, 1512-1635.* London: Palgrave MacMillan, 2012.

Deinema, Michael. "Amsterdam's re-emergence as a major publishing hub in a changing international context." *Amsterdam institute for Metropolitan and International Development Studies* (August, 2008): 1-28.

Delahunty, Andrew. *From Bonbon to Cha-cha: Oxford Dictionary of Foreign Words and Phrases.* Oxford: Oxford University Press, 2008.

Descartes, Rene and Kenny, Anthony. *The Philosophical Writings of Descartes: Volume 3, The Correspondence.* Cambridge: Cambridge University Press, 1984.

De Vries, Jan and Freedberg, David. *Art in History/History in Art: Studies in Seventeenth-Century Dutch Culture.* Chicago: University of Chicago Press, 1999.

De Vries, Jan. "Luxury and Calvinism / Luxury and Capitalism: Supply and Demand for Luxury Goods in the Seventeenth-Century Dutch Republic." *The Journal of the Walters Art Museum 57* (1999): 73~85.

Edney, Matthew H and Pedley, Mary Sponberg eds. *The History of Cartography, Vol. 4: Cartography in the European Enlightenment.* Chicago: Chicago University Press, 2020.

Emrys, Jones. Metropolis: *The World's Great Cities.* Oxford: Oxford University Press, 1990.

Folda, Jaroslav, Wrapson, Lucy J. *Byzantine Art and Italian Panel Painting.* Cambridge: Cambridge University Press, 2015.

Feller, Robert L. *Artists' Pigments: A Handbook of their History and Characteristics.* Cambridge: Cambridge University Press, 1986.

Feuer, Lewis Samuel. *Spinoza and the Rise of Liberalism.* New Jersey: Transaction Publishers, 1987.

Foot, Mirjam. *The Decorated Bindings in Marsh's Library, Dublin.* New York:

Routledge, 2017.

Fox-Davies, Arthur Charles. *A Complete Guide to Heraldry*. New York: Dodge Publishing, 1909.

_____. *A complete Guide to Heraldry*. New York: Skyhorse, 2007.

Franklyn, Julian. *An Encyclopaedic Dictionary of Heraldry*. London: Pergamon, 1970.

Fussner, F. Smith. *The Historical Revolution: English Historical Writing and Thought 1580-1640*. London: Routledge, 2011.

Gage, John. *Color and Culture: Practice and Meaning from Antiquity to Abstraction*. London: Thames and Hudson, 1993.

Garai, Jana. *The Book of Symbols*. New York: Simon&Schuster, 1973.

Gettens, Rutherford J. *Painting Materials: A Short Encyclopedia*. New York: Dover Publication, 2011.

Groot, Erlend Petrus Jacobus Maria de. *The World of a Seventeenth-century Collector: The Atlas Blaeu-Van Der Hem*. 't Goy-Houten: HES & De Graaf Publishers, 2006.

Grossman, Loyd. "Heraldic Design on New England Gravestones." *Society for the Preservation of New England Antiquities* 64:234 (1973): 55~60.

Grummitt, Elaine Jennifer. "Heraldic Imagery in Seventeenth-Century English Poetry." Ph. D dissertation. University of Durham, 2000.

Griffiths, Antony. *The Print Before Photography: An introduction to European Printmaking 1550~1820*. London: British Museum Press, 2016.

Hanson, Brighton Kelley. "Coloring the Narrative Color Symbolism in Seventeenth Century Dutch Painting." Master dissertation. University of Maryland, 2008.

Hall, James Byron. *Dictionary of Subjects and Symbols in Art*. Boulder: Westview Press, 2008.

Harley, Rosamond D. *Artists' Pigments C.1600~1835: A Study in English Documentary Sources*. London: Butterworth, 1982.

Hoftijzer, Paul. "Dutch Printing and Bookselling in the Golden Age."

International Symposium in Europe 1990 (March 2001): 59~67.

Herbert, Harvey Rowen and de Witt, John. *Grand Pensionary of Holland, 1625~1672*. Princeton: Princeton University Press, 1978.

Herman, Richter. "Willem Jansz. Blaeu with Tycho Brahe on Hven, and His Map of the Island: Some New Facts." *Imago Mundi* 3:1 (July 2008): 53~60.

Hollander, Martha. *An Entrance for the Eyes: Space and Meaning in Seventeenth-Century Dutch Art*. Berkeley: University of California Press, 2002.

Homan, Roger. *The Art of the Sublime: Principles of Christian Art and Architecture*. Farnham: Ashgate Publishing, 2006.

Israel, Jonathan Irvine. *Dutch Primacy in World Trade: 1580~1740*. Oxford: Clarendon Press, 1989.

_____. *The Dutch Republic, Its Rise, Greatness, and Fall 1477~1806*. Oxford: Clarendon Press, 1995.

Jons, Heike et al., eds. *Mobilities of Knowledge*. New York: Springer, 2017.

Kahr, Madlyn Mille. *Dutch Painting in the Seventeenth Century*. London: Routledge, 2018.

Kagan, Richard L and Schmidt, Benjamin. "Maps and the Early Modern State: Official Cartography." *The History of Cartography Vol 3: Cartography in the European Renaissance*. ed. Woodward, David. Chicago: Chicago University Press, 2007.

Keuning, J. "Blaeu's Atlas." *Imago Mundi* 14 (1959): 74~89.

Kirby, Joe. "The Painter's Trade in the Seventeenth Century: Theory and Practice in Painting in Antwerp and London: Rubens and Van Dyck." *National Gallery Company Limited* 20:3 (March 1999): 5~49.

_____ et al., eds. *Trade in Artists' Materials: Markets and Commerce in Europe to 1700*. London: Archetype Publication, 2010.

Koeman, Cornelis. *Joan Blaeu and His Grand Atlas*. Amsterdam: Theatrum Orbis Terrarum, 1970.

_____ et al., eds. "Commercial Cartography and Map Production in the Low Countries, 1500-ca. 1672." *History of Cartography vol.3: Cartography in the*

European Renaissance. ed. Woodward, David. Chicago: Chicago University Press, 2007.

Kusimba, Chapurukha Makokha et al., eds. *Unwrapping the Textile Traditions of Madagascar*. UCLA Fowler Museum of Culture History, 2004.

La Fontaine Verwey, Herman De. "The Netherlands Book in the Seventeenth Century." *Bibliotheekleven* 51 (1966): 458~474.

_____. "The Binder Albert Magnus and the collectors of his age." *Quaerendo* 1:3 (January 1971): 158~178.

_____. "The Glory of the Blaeu Atlas and the 'Master Colourist'." *Quaerendo* Amsterdam 11:3 (January 1981): 197~229.

Logan, Anne-Marie S. *Peter Paul Rubens: The Drawings*. New York: Metropolitan Museum of Art, 2005.

Luijten, Ger et al., eds. *Dawn of the Golden Age: Northern Netherlandish Art, 1580~1620*. New Haven: Yale University Press, 1993.

MacLennan, Douglas et al., eds. "Visualizing and measuring gold leaf in fourteenth-and fifteenth-century Italian gold ground paintings using scanning macro X-ray fluorescence spectroscopy: a new tool for advancing art historical research." *Heritage Science* 25 (May 2019).

Marks, Philippa. *The British Library Guide to Bookbinding: History and Techniques*. Toronto: University of Toronto Press, 1998.

McCulloch, J. R. *A Statistical Account of the British Empire: Exhibiting Its Extent, Physical Capacities, Population, Industry, and Civil and Religious Institutions*. Cambridge: Cambridge University Press, 2011.

Mckitterick, David. *A History of Cambridge University Press: Volume 2, Scholarship and Commerce, 1698~1872*. Cambridge: Cambridge University Press, 1998.

Melion, Walter S. *Shaping the Netherlandish Canon: Karel van Mander's Schilder-Boeck*. Chicago: University of Chicago Press, 1992.

Mijnhardt, Wijnand W. "Urbanization, Culture and the Dutch Origins of the European Enlightenment." *BMGN-Low Countries Historical Review* 125 (January 2010): 141~177.

Mirjam, Foot. *The Decoration Bindings in March's Library, Dublin.* New York: Routledge, 2017.

Montias, John Michael. *Art at Auction in 17th Century Amsterdam.* Amsterdam: Amsterdam University Press, 2002.

Muller, Sheila D. *Dutch Art: An Encyclopedia.* New York: Garland Publishing, 1997.

Nadler, Steven M. *Spinoza: A Life.* Cambridge: Cambridge University Press, 2001.

North, Michael. *Art and Commerce in the Dutch Golden Age.* Trans. Hill, Catherine. New Haven and London: Yale University, 1997.

Nussinovitch, Amos. *Plant Gum Exudates of the World: Sources, Distribution, Properties, and Applications,* Florida: CRC Press, 2009.

O'Brien, Patrick Karl et al., eds. *Urban achievement in early modern Europe: golden ages in Antwerp, Amsterdam, and London.* New York: Cambridge University Press, 2001.

Parks, Franklin A. *The Colonial printer in the Transatlantic World of the Eighteenth Century.* Pennsylvania: The Pennsylvania State University Press, 2012.

Pastoureau, Michel. *Heraldry: Its Origins and Meaning.* London: Thames and Hudson, 1997.

_____. *Blue: The History of a Color.* Princeton: Princeton University Press, 2000.

Pettegree, Andrew and Der Weduwen, Arthur. *The Bookshop of the World: Making and Trading Books in the Dutch Golden Age.* New Haven: Yale University Press, 2019.

_____ and Der Weduwen, Arthur. "What was published in the seventeenth-century Dutch Republic?." *Livre. Revue historique* (March 2018): 1~22.

Primeau, Thomas. *Painted Prints: The Revelation of Color in Northern Renaissance and Baroque Engravings, Etchings and Woodcuts.* University Park, PA: Pennsylvania State University Press, 2002.

Randall, William Madison. "The Library Quarterly: Information, Community, Policy." *University of Chicago Press* 22:1 (April 1952).

Richter, Hermand. "Willem Jansz. Blaeu with Tycho Brahe on Hven, and His

Map of the Island: Some New Facts." *Imago Mundi* 3:1 (July 2008): 53~60.

River, James. "Seventeenth Century Review." *National Society Colonial Dames XVII Century* (October 1992).

Roo, Mira S. de. "The Trade in Blue during the 17th century." Christie's Education London Master's Programme (September 2004): 1~115.

Rosenberg, Charles M. *Rembrandt's Religious Prints: The Feddersen Collection at the Snite Museum of Art*, Indiana: Indiana University Press, 2017.

Salamon, Ferdinando. *The History of Prints and Printmaking from Durer to Picasso*. New York: American Heritage Press, 1972.

Schilder, Gunter. "Organization and Evolution of the Dutch East India Company's Hydrographic Office in the Seventeenth Century." *Imago Mundi* 28:1 (January 1976): 61~78.

Scarborough, Klare and Dixon, Susan. *Art and Social Change*. Morrisville: Lulu Press, 2015.

Seaman, Ezra Champion. *Essays on the Progress of Nations, in Civilization, Productive Industry, Wealth and Population: Illustrated by Statistics of Mining, Agriculture, Manufactures, Commerce, Coin, Banking, Internal Improvements, Emigration and Population*. New York: C. Scribner, 1852.

Short, John R. *The World Through Maps: A History of Cartography*. New York: Firefly Books, 2003.

———. *Making Space: Revisioning the World, 1475~1600*. New York: Syracuse University Press, 2004.

———. *Korea: A Cartographic History*. Chicago: Chicago University Press, 2012.

Shirahata, Y zabur and Boot, W. J. *Two Faces of the Early Modern World: The Netherlands and Japan in the 17th and 18th Centuries*. Kyoto: International Research Center for Japanese Studies, 2001.

Stillo, Stephanie Elizabeth. "Putting the World in its 'Proper Colour': Exploring Hand-Coloring in Early Modern Maps." *Journal of Maps & Geography Libraries* 12:2 (August 2016): 158~186.

Sutton, Peter C. *Jan van der Heyden: 1637~1712*. New Haven: Yale University

Press, 2006.

Tolias, George. "Maps in Renaissance Libraries and Collections." *Cartography in the European Renaissance Vol.3: Cartography in the European Renaissance*. ed. Woodward, David. Chicago: Chicago University Press, 2007.

Unger, Richard. "Dutch Herring, Technology, and International Trade in the Seventeenth Century." *The Journal of Economic History* 40:2 (June 1980): 253-280.

Van Mander, Carel. *Karel Van Mander, the Lives of the Illustrious Netherlandish and German Painters, from the First Edition of the Schilder-boeck (1603-1604): Lives*, Gelderland: Davaco, 1998.

Van Veen, Johan. *Dredge Drain Reclaim: The Art of a Nation*. New York: Springer, 2013.

Vigue, Jordi. *Great masters of American Art*. New York: Watson-Guptill Publications, 2004.

Walsby, Malcolm and Constantinidou, Natasha. *Documenting the Early Modern Book World: Inventories and Catalogues in Manuscript and Print*. Leiden: Brill, 2013.

Ward, Gerald W. R ed. *The Grove Encyclopedia of Materials and Techniques in Art*. Oxford: Oxford University Press, 2008.

Werness, Hope B. *Continuum Encyclopedia of Animal Symbolism in World Art*. New York: Continuum International Publishing Group, 2007.

Westermann, Mareit. *Art & Home: Dutch Interiors in the Age of Rembrandt*. Zwolle: Waanders Publishers, 2001.

Wheelock Jr, Arthur K. *Vermeer and the Art of Painting*. New York and New Haven: Yale University Press, 1995.

_____. "Colour Symbolism in Seventeenth-Century Dutch Painting." *The Learned Eye: Regarding Art, Theory, and the Artist's Reputation: Essays for Ernst Van De Wetering*, ed Doel, Marieke van den. Amsterdam: Amsterdam University Press, 2005.

_____. "Dutch Paintings of the Seventeenth Century." *National Gallery of Art*

Online Edition (April 2014): 1~1518.

White, Christopher. *Rembrandt as an etcher: a study of the artist at work*. New Haven:
　　Yale University Press, 1999.

Wijnand, Mijnhardt. "Urbanization, Culture, and the Dutch Origins of the
　　European Enlightenment." *Low countries Historical Review* 125:2 (January
　　2010): 139~177.

_____. *The Senset of Tradition and the Origin of the Great War*. Newcastle upon Tyne:
　　Cambridge Scholars Publishing, 2018.

Wolfheze, Alexander. *The Sunset of Tradition and the Origin of the Great War*.
　　Newcastle upon Tyne: Cambridge Scholars Publishing, 2018.

Woodward, David and Harley, John Brian ed. *History of Cartography Vol. 1:
　　Cartography in Prehistoric, Ancient, and Medieval Europe and the Mediterranean*.
　　Chicago: University of Chicago Press, 1987.

_____. *Art and Cartography*. Chicago: University of Chicago Press, 1987.

_____. *The history of Cartography Vol. 2: Cartography in the Traditional Islamic and
　　South Asian Societies*. Chicago: The University of Chicago Press, 2007.

_____. "Techniques of Map Engraving, Printing, and Coloring in the European
　　Renaissance." *Cartography in the European Renaissance Vol. 3: Cartography
　　in the European Renaissance*. ed. Woodward, David. Chicago: Chicago
　　University Press, 2007.

Wroth, Lawrence C. *The Colonial Printer*. New York: Dover Publication, 1994.

웹사이트

Egan, Gerald and Nebeker, Eric. "Other Common Papers: Papermaking and
　　Ballad Sheet Sizes," English Broadside Ballad Archive, 2007. https://ebba.
　　english.ucsb.edu/page/papermaking

Goedings, Truusje. "'Master colourist' Dirk Jansz van Santen". Amsterdam:
　　Paulus Swaen Auction & Gallery, 1992. http://www.hibcor.com/Dirk-
　　Jansz-van-Santen.php

Hoftijzer, Paul G. "The Dutch Republic, Centre of the European Book Trade in the 17th Century." European History Online (November 2015). http://ieg-ego.eu/en/threads/backgrounds/the-book-market/paul-g-hoftijzer-the-dutch-republic-centre-of-the-european-book-trade-in-the-17th-century

Knoeff, Rina. "Dutch Anatomy and Clinical Medicine in 17th-Century Europe." European History Online, Leidniz Institute of European History (June 2012). http://ieg-ego.eu/en/threads/models-and-stereotypes/the-dutch-century/rina-knoeff-dutch-anatomy-and-clinical-medicine-in-17th-century-europe

Meade, Bruce. "Rembrandt and Gampi." World of Washi (June 2003), https://hiromipaper.com/blogs/newsletter/rembrandt-and-gampi

Pettegree, Andrew and Der Weduwen, Arthur. "What was published in the seventeenth-century Dutch Republic?." Livre-Revue historique. 20 (March 2018). https://hal.archives-ouvertes.fr/hal-01713274/document

The Art Market in the Dutch Golden Age. The Cleveland museum of art. https://www.clevelandart.org/sites/default/files/documents/gallery-card/Dutch_Art.pdf

https://en.wikipedia.org/wiki/Amsterdam

https://en.wikipedia.org/wiki/Coat_of_arms

아틀라스 마이오르
세상에서 가장 아름다운 지도책

ⓒ 강민지, 2021

초판1쇄 발행 2021년 11월 22일

지은이   강민지
펴낸이   김철식
펴낸곳   모요사
출판등록   2009년 3월 11일(제410-2008-000077호)
주소   10209 경기도 고양시 일산서구 가좌3로 45, 203동 1801호
전화   031 915 6777
팩스   031 5171 3011
이메일   mojosa7@gmail.com

ISBN   978-89-97066-70-4 03900

— 이 도서는 한국출판문화산업진흥원의 '2021년 출판콘텐츠 창작 지원 사업'의
  일환으로 국민체육진흥기금을 지원받아 제작되었습니다.